아이들 눈높이와 함께하는 초등교육

수업을 살리는
교과정

KB104345

아이들 눈높이와 함께하는 초등교육

수업을 살리는
교육과정

서우철, 이경원, 한은정 지음

맘에드림

아이들 눈높이와 함께하는 초등교육

수업을 살리는
교육과정

발행일 2013년 8월 20일 초판 1쇄 발행
2016년 6월 17일 초판 4쇄 발행

지은이 서우철, 이경원, 한은정

발행인 방득일

발행처 맘에드림

주 소 서울시 중구 묵정동 31-2 2층

전 화 02-2269-0425

팩 스 02-2269-0426

e-mail nurio1@naver.com

ISBN 978-89-97206-13-1 03370

교육은 과거의 가치전달에 있는 것이 아니라
미래의 새로운 가치창조에 있다.

- 존 듀이 -

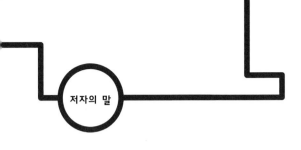

수업을 살리는 교육과정을 펴내며

몇 년 전 교육과정이 개편되면서 '역사' 내용이 6학년에서 5학년으로 내려가다 보니 6학년 사회 교육과정에서 1학기 동안 배우는 역사를 30여 시간에 모두 지도하게 되었던 적이 있었다. 이때 수업은 어떻게 진행되었을까? 지금은 5학년 1년에 걸쳐 역사를 배우고 있지만 이때 대한민국의 역사를 1학기도 아닌 그 짧은 시간에 가르치려다 보니 교사들은 그냥 줄줄줄 설명하기 바쁘고, 아이들은 너무 많은 내용을 듣다 보니 전혀 듣고 있지 않는 수업이 되었다.

교육과정이 바뀌는 시점이었기 때문에 불가피했다고 하지만 과연 아이들 입장에서 조금만이라도 생각해 본다면 얼마나 배움에 역행하는 일이었는지 알 수 있다. 아이들을 가르치고 있는 교사도, 아이들의 교육을 계획하는 교육부에서도 아이들의 배움에 대해 제대로 고민했다면 이런 일을 만들지 않았어야 할 일이었다.

가끔 교사들은 아이들에게 쭉 설명하고 '알았지?' 하고 넘어가는 경우가 많다. 이렇듯 교사들은 '설명하면 아이들이 다 배웠다'고 생각하는 경향이 있다. 이런 점을 우리 교사들은 항상 반성적 사고로 경계하며 짚어가면서 가야 한다. 아이들은 지금 배우고 있는 내용을 기존의 자기 지식과 경험과 연결하면서 사고를 넓혀 나가는 과정이 필요한데 설명만 듣고 넘어가면 그런 과정은 일어나지 않게 되는 것이다. 교사가 가르친다고 다 배우고 있는 것이 아닌 것이다. 그래서 교사는 아이들이 가장 잘 배울 때가 언제인지, 어떻게 해야 가장 잘 배우는지 항상 고민하면서 계획하고 적용해야 하는 것이다.

주제 중심으로 교육과정을 재구성해 보니 주제 중심 교육과정은 아이들의 배움을 항상 고민할 수 있게 만드는 틀이 되었다. 진도 따라가기 교과서 중심 수업과는 전혀 다르게 새롭게, 창의적으로 교육활동을 고민할 수 있게 만들어 주었다. 그것도 혼자가 아니라 동료 교사들과 함께 즐겁게 고민하고 계획할 수 있게 해 주었다. 교사가 즐겁게 수업을 고민하게 되니 그 혜택은 그대로 아이들에게 돌아갔다. 아이들은 교사들이 만들어 놓은 학습의 공간에서 즐겁게 놀고 공부하였다. '아이들이 어떻게 하면 배움에 빠져들 수 있을까?', '어떻게 하면 배움의 자발성을 가질 수 있을까?', '어떻게 하면 스스로 하는 힘을 기를 수 있을까?' 하는 고민들은 아이들을 배움의 즐거움으로 인도하였고, 그와 더불어 교사들을 성장시켰다.

올해 같은 학년 선생님들과 때로는 교육에 대한 생각이 안 맞아 어떻게 하면 마음을 맞출 수 있을까 고민하기도 하기도 했었지만 아이들 문제로, 수업 발전을 위해 함께 고민하고 어려움을 들어주기도 하는 시간들을 함께 보내다 보니 정말 진정한 동료성이 무엇인지, 전문적 학습 공동체가 무엇인지 느낄 수 있었다. 이 자리를 빌어 이런 교육과정을 함께 재구성하고 실천해 온 선생님들께 감사드린다. 그 선생님들이 함께했기에 아이들도, 학부모도 행복한 교육과정을 계획하고 실천할 수 있었다. 이 책이 나오게 된 것도 그러한 선생님들의 아이들에 대한 헌신적인 열정과 아이디어가 있었기에 가능하게 된 것이다. 이 책은 글쓴이의 것이 아닌 함께 학년을 운영했던 선생님들 모두의 책이다. 아름다운 선생님들의 노력에 이 책을 바친다.

이 책을 함께 쓰신 이경원 선생님, 한은정 선생님의 교육에 대한 열정에 항상 감사하고 배우게 된다. 이 분들이 있었기에 우리 학교의 교육과정 연구와 실천 문화가 지속되고 있다고 생각한다. 먼저 시작하고 노력해 왔기에 서정초등학교가 교육과정 운영 중심의 학교로 가능하게 된 것이다. 함께 글을 쓰느라 고생하신 선생님들께 감사의 말씀을 드린다.

아울러 함께 글을 쓰지 않았지만 주제 중심으로 교육과정을 재구성하여 운영하며 함께 교육을 만들어 가고 있는 다른 학년 선생님들, 그리고 이렇게 마음껏 교육과정에 창의적인 스토리를 부여할 수 있도록 지원해 주시는 이우영 교장선생님께 감사의 말씀을 드린다.

그리고 작년 연구년을 함께 하면서 다른 학교 선생님들도 쉽게 교육과정 재구성을 시도할 수 있는 방안을 함께 고민하고 만들어 낸 혁신학교 아카데미 전문가 과정 초등 선생님들 10분의 치열한 노력이 있었기에 이 책에서 나름대로 방안을 제시할 수 있었음을 밝히고 진심으로 감사드린다.

마지막으로 서정초등학교에서 첫 해는 '학교가 이렇게 바뀔 수가 있구나!'라고 느꼈고, 둘째 해부터는 '교사가 이렇게 성장할 수 있구나!'란 것을 느꼈다. 수동적이고 억눌린 교사의 모습에서 해방되어 창의적이고 협력적이며 자발적인 교사로 거듭나게 만들어 준 서정초등학교 학교문화가 만들어 낸 모습이었다. 교사로서 참 행복함을 느끼고 있다. 다른 학교 선생님들께도 꼭 이 길을 걸어보시길 권해 드리는 바이다.

저자들을 대표하여

서우철

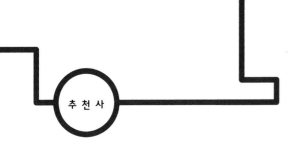

아이들 하나하나의 삶을 위한 교육과정

'교과서를 버려라'는 말이 있습니다. 듣는 이에 따라서는 공교육을 거부하는 말로 오해할 수도 있습니다. 그런 심정 이해합니다. 그동안 우리 한국의 교사들에겐 무엇을 '어떻게' 잘 가르칠까 고민하는 일이 훌륭한 교사로서의 성장에 핵심 역량인 양 주문받아왔고, 대부분의 교사들은 이를 아무런 고민 없이 받아들여 온 것이 한국 교직사회의 현실이기 때문입니다. 물론 교과서가 국가 교육과정이 요구하는 성취 수준을 가장 잘 반영한 교재인 것만은 분명합니다. 문제는 그러다 보니 전국의 모든 학교 모든 선생님이 하나의 교재를 들고 다를 게 별반 없는 비슷한 수업을 하고 있는 것이 한국 교실의 풍경입니다. 흡사 같은 모양의 빵을 찍어내는 거대한 빵공장? 아니면 거대한 입시학원 같다고나 할까요?

인간은 하나하나가 전체이고 우주입니다. 모든 삶은 그 자체로 귀한 의미가 있습니다. 교육은 삶을 그 자체로 온전히 하는 인간 작용입니다. 교육이 그러기 위해서는 어떤 모습이어야 할까요?

언제부턴가 학교는 교육과정의 개별화, 다양화, 특성화, 자율화를 부르짖고 있습니다. 참으로 다행스런 일입니다. 그럼 이 같은 일은 어떻게 가능할까요? 이 땅의 모든 선생님들이 금과옥조와 같이 여기는 교과서를 버려야 가능합니다. 훌륭한 교사는 어떤 사람일까요? 아이들 하나하나의 삶을 귀하게 여기고 언덕이 되는 친구 같은 어른 아닐까요? 이제 이 땅의 선생님들은 '어떻게' 잘 가르칠 수 있을까보다는 '왜 가르치나? 우리 아이들이 무엇을 배워야하지?' 하고 고뇌하고 성찰하는 교사가 되어야 합니다.

서정초등학교는 개교와 함께 경기도 혁신학교로 출발하여 공교육의 새로운 표준을 나름대로 만들어보고자 노력해 왔습니다. 그중에 가장 힘주어 노력한 일은 공교육 교육과정 혁신입니다. 교육을 아이들 하나하나의 '삶을 위한 교육'으로 자리매김하고자 분절된 교과주의를 버리고, 국가 교육과정을 통합적으로 해석하고 의미 있는 배움이 일어나는 수업을 만들고자 주제 중심 통합 교육과정으로 재구성하여 운영해 왔습니다.

이 책은 그러한 우리 서정초등학교 선생님들의 땀과 노력입니다. 수업 잘 하는 교사이기보단 교육과정을 고민하고 성찰하는 선생님이 되고자 한 몸부림입니다. 이러한 우리의 노력이 어디쯤 와 있는지 두렵습니다. 그러나 아이들은 알겠지요. 읽는 분들의 과감한 비판과 질책이 소중한 자양분이 될 겁니다. 감사합니다.

서정초등학교 교장

이 우 영

차 례

1부

누구나
도전할 수 있는
교육과정 재구성

건강한 Family

나의 꿈 찾기!

칭찬 릴레이

나의 탄생 이야기

꿈찾아 함께 달리기

서로를 존중해요

1장
미지의 세계로 가는 통합 교육과정

교과서 중심 교육활동의 문제

우리나라는 중앙집권형 교육과정이 강하게 처음부터 자리 잡고 있는 상태이기 때문에 교과서를 벗어난다는 생각을 쉽게 하지 못하고 지금도 교사들은 표준화된 교육과정을 벗어나는 것에 많은 도전을 받게 된다.

교과서는 훌륭한 교육 자료이다. 얼마나 많은 사람들이 모여서 교과서를 만들기 위해 많은 노력을 기울였겠는가? 교육목표를 분석하여 체계적으로 학년 교육목표를 달성하기 위해 살을 덧붙이고 단계를 잘 설정하여 많은 고민 끝에 풍부한 자료를 만들어 냈을 것이다.

하지만 교과서는 표준화된 내용으로 지역의 특성, 학교의 특성, 아이들의 특성을 모두 담아냈다고 보기에는 어렵다. 나름대로 그 특성들을 반영하기 위한 노력들이 필요하다. 또한 교과서는 철저히 교과 중심, 단원 중심, 차시 중심으로 엮어져 있기 때문에 전체적인 큰 틀 속에서 내용을 보기가 어렵다. 차시의 내용만 보게 된다. 그렇다 보면 중복되거나 연결되는 내용들을 파악하기 어려워 진도를 나가고 나서 그때에서야 알게 된다. 그리고 교과서는 과목별로 분절화되어 있다 보니 교과의 지식을 개인별로 습득할 수 있게 하는 내용이 주를 이루게 되어 아이들 개인별 활동 중심 내용들이 많아 협력을 통한 학습에 어려움을 주고 있다. 그리고 아이들의 경험에서 끌어내기보다 표준화된 형태로 주어진 내용에 따라 진행하다 보니 아이들은 재미를 느끼지 못하고 수업에 흥미와 관심을 갖기 어렵다.

초등 교사라면 누구나 느끼겠지만 중등 교사에 비해 제대로 교재연구하려면 정말 많은 시간이 소요된다. 중등 교사는 1시간을 준비하면 몇 시간씩 같은 수업을 계속하지만 초등 교사는 상황이 다르다. 매시간 다른 내용을 준비해야 한다. 그리고 각자 맡고 있는 업무까지 더해지게 되면 수업연구 시간은 점점 짧아지고 수업의 질은 떨어지게 마련이다. 그러다 보니 더욱 교과서를 붙들고 있을 수밖에 없게 된다. 표준 내용을 전달만 해도 되니 잘 쪼개져 있는 교과서 내용을 인터넷 자료와 함께 활용하면 큰 내용에 대한 고민 없이 지도할 수 있게 되는 것이다. 그래서 그동안은 교과서 내용을 어떻게 잘 전달할 것인가가 고민이었다.

가르치는 것에 연구하고 준비하는데 바빠야 하는데 그렇지 못한 상황들 때문에 오히려 국가에서 주는 교과서에 충실하게 되는 수업의 현실이 참 아이러니하다. 더 잘 가르치게 하기 위해 교과서를 만들었고 교과서를 참고 자료로 다양한 연구를 통해 가르치게 했지만 현실은 교과서만 가르치기에도 벅찬 시간으로 교과서에 얽매이게 된다. 교사들은 그냥 그런 현실에 의미를 부여하여 교과서는 벗어날 수 없는 존재로 여겨버리고 교과서가 곧 교육과정이라는 등식으로 수업에 임하게 되는 것이다.

이것은 교육과정을 고민하지 않게 되는 현실을 낳게 되고 교과서에 한정된 수업연구에 그치게 되는 현실을 낳을 뿐만 아니라 교과서 외에 크게 동료 교사와 함께 협력하여 가르칠 필요성을 못 느끼게 만드는 상황을 낳게 된다. 그러다 보니 학교 현장에서 더 잘 가르치기 위한 노력은 수업연구 대회 같은 걸로 억지 부흥회를 열어 그냥 극히 개인별로 하게 만드는 현실을 낳고 있는 것이다. 여기에 중간·기말고사란 것을 통해 철저히 교과서를 벗어날 수 없는 평가 시스템으로 교과서를 못 벗어나게 하고 있는 것도 교과서 중심 교육의 한몫을 한다.

주제 중심 통합 교육과정의 의미와 필요성

교육과정 재구성이란 교사가 스스로 전문성에 기초해 주어진 교육과정 목표를 효과적으로 달성하기 위해 교육계획 및 교과서

를 재조직화, 수정, 보완, 통합하는 등의 활동을 말한다.[1]

그동안 이러한 교육과정 재구성의 중요성은 현장 교사들에게 충분히 인식되어 왔지만 교과서와 일제식 시험을 치러야 하는 교육적 현실 속에서 제대로 전개되지 못하였다.

현장 교사들에게 '교육과정 재구성'은 대체로 교과서 내용을 가르치는 구성이나 순서를 조정한다는 의미로 이해되고 있다. 이것은 엄밀히 말해서 교육과정 자체를 다루고 있지 않기 때문에 어쩌면 실제 교육활동의 의미를 정확히 반영하지 않는 용어일 수도 있다. 그래서 여기서는 교육과정 재구성이란 표현보다는 교육과정론에 나오는 '교과의 통합 운영'이라는 개념을 주로 사용하기로 하겠다.

교과의 통합 운영[2]이란 국가 수준 교육과정에서 명확히 구분하고 있는 교과들을 다양한 방식으로 상호 연관을 지어서 계획하고 가르치며 평가하는 활동을 말한다. 교과를 통합적으로 운영하는 것은 다음과 같은 교육적 가치를 지닌다.

첫째, 교과의 통합 운영은 교과별로 상호 관련되는 내용을 묶어 제시함으로써 필수적인 교육내용을 선정하는 데 도움을 주고 교과들 속에 포함된 중복된 내용들과 중복된 기능들을 줄임으로써, 학생들이 배워야 할 필수적 교육내용을 배울 시간을 확보해 준다. 둘째, 교과들 간의 관련성을 파악하는데 도움을 주고, 교과 학

---

1. 서명석외, 『교육과정. 수업. 거대담론. 해체』, 아카데미프레스, 2012 참조
2. 김대현, 『교육과정의 이해』, 학지사, 2011 참조

습과 생활과의 연관성을 높여 교과 학습의 의미를 삶과 관련지어 인식할 수 있게 해 준다. 셋째, 학생들의 흥미와 관심을 반영하기 쉬우며, 주제나 문제를 중심으로 조직될 때 학생들의 학습 선택권이 확대된다. 또한 대개 활동 중심 교육과정으로 학생의 적극적인 참여와 학습동기가 높고 학습에 대한 책임감을 갖게 한다. 넷째, 학생이 정보들을 유형화하거나 관련지을 때 효과적으로 학습할 수 있도록 두뇌 작용이 일어난다는 인지심리학의 연구 결과와 일치한다. 이것은 학생의 비판적 사고 능력뿐만 아니라 교과의 경계를 벗어나서 독립적으로 문제를 해결하는 능력을 길러준다.

이렇게 교과를 통합적으로 편성하여 운영하면 여러 가지 교육적 이익을 얻을 수 있기 때문에 계통적인 학습이 요구되는 상황에서는 교과별 수업을 하고, 교과의 사회적 적합성을 높이고 학생의 사회 문제 해결력을 신장시키고자 할 때는 교과를 통합하여 운영하는 것이 바람직하다.

일반적인 교육과정 이론서를 보면, 교과의 통합 운영이 학생들에게 주는 좋은 효과들에 대해 많은 이야기들이 나온다. 그러나 그런 이론적인 설명조차 학교 현장에서 교과의 통합 운영을 통해 아이들에게서 발견하는 실제적인 효과를 표현하기에는 부족한 느낌을 준다.

3년째 주제 통합 교육과정을 실시하고 있는 서정초등학교에서 근무해 보니 아이들은 이제 거의 통합 교육과정에 익숙해져 가고 있다. 아이들은 다가오는 주제가 무엇인지, 이번 주제에는 무엇을 배우는지, 주제와 관련된 활동들에는 무엇이 있는지 굉장히 궁금해한다. 필자는 서정초등학교에서 개교하면서 2년을 업무부장으로 근무하고, 1년은 연구년 교사로 나가 있었고, 2013년 처음으로 담임을 맡게 되어 아이들과 함께 주제 중심 교육과정을 처음 운영하였는데, 주제가 시작될 때 무엇을 배우는지 아이들이 계속 다음과 같은 질문을 던진다.

"선생님, 이번 주제 이름이 뭐예요?"
"이번 주제 마인드맵은 언제 그려요?"
"주제 마인드맵 그릴 때가 제일 신나요."
"이번 주제에는 체험학습은 어디로 가요?"
"이번 주제에는 어떤 활동을 하나요?"

이렇게 궁금해한다는 것은 교과서 중심의 교육을 할 때 느껴보지 못했던 점들이다. 교과서 중심의 교육을 했을 때는 아이들은 그런 흥미를 보여주지 못했는데 서정초에서는 아이들이 보여주는 학습에 대한 흥미는 상당히 높다.

주제 통합 교육과정을 한다고 해서 교과서 수업을 안 하고 있는 것은 아니다. 교과서가 담고 있는 내용의 상당 부분을 진행해 나가고 있는데도 주제와 연관 지어 여러 교과들을 통합해서 교육과정을 수업으로 진행하는 것으로 큰 교육적 효과를 거두고 있다. 학교를 재미있게 여기고 주제에 의미를 부여하는 것이 아이들에게 큰 교육적 가치를 부여할 수 있음을 느끼게 된다.

또한 통합 교육과정을 통해 수업을 진행하면, 통합으로 인해 시간이 충분히 확보되다 보니 교과서 중심의 개인별 활동 중심에서 벗어나 시간이 충분히 필요한 모둠 과제를 많이 제시하게 된다. 이렇게 아이들끼리 협력하는 활동들이 많다 보니 함께 무엇인가를 만든다던지, 함께 역할극을 하는 활동들에 익숙해져 협력이 잘 일어난다. 수업 시간 역시 40분 단위가 아니라 80분 단위로 진행되기 때문에 아이들에게 주어지는 시간이 충분해서 그런 활동들이 얼마든지 진행될 수 있게 되어 있다.

아이들은 친구들과 협력하면서 깊게 생각하고 배우는 과정들을 거치게 된다. 혼자 생각하고 거수하고 발표하는 수업에서는 혼자만 알고 더 이상 지식의 확장은 이루어지지 않는다. 하지만 조금만 모둠에서 생각의 차이를 느끼고 차이를 조정하고 뭔가를 함께 만들어가게 하면 자기 생각과 다른 친구의 생각이 만날 수 있는 기회도 주고, 자기의 생각을 고칠 수도, 주장하기도 해야 하는 기회를 주기 때문에 또 다시 사고할 수밖에 없는 것이다. 이런 과정을 통해 깊게 생각하는 과정을 가지게 되는 것이다. 당장 눈앞에 있는 지식을 외우지는 못하더라도 어떻게 학습하고 어떻게 협력해 나가는지를 배우게 된다.

교사들은 이런 활동들을 시행착오를 거치면서 계획해 나가게 된다. 이렇게 쌓아왔던 교육활동들은 아이들에게 스스로 할 수 있는 힘, 협력하면서 해결해 나가는 힘, 의견을 조정해 나가면서 함께해 나가는 힘을 기르게 한다. 이것이 통합 교육과정을 통해 아이들이 얻게 되는 교육적 효과라고 할 수 있다.

통합 교육과정을 위한 동료 교사들의 협력

역사는 되풀이되는 것일까? 전국은 아니지만 경기도부터 불고 있는 통합 교육과정을 위한 교사들의 노력은 1990년대 '열린 교육'의 열풍을 많이 닮아 있다. 1990년대 교사들을 자발적으로 움직이게 했던 '열린 교육'은 교사들의 숨어있는 열정을 일깨우며 다양한 방향들로 전개되어 왔었다.

아이들의 개별적인 수준에 맞는 교육 방안을 찾기 위해 노력했었고, 교과별로 분절화된 교육과정을 아이들의 실제 생활과 맞게 통합하려는 노력을 했었다. 그 노력들의 결과에 대해서는 다양한 의견이 제시될 수 있지만 20년 전 선배 교사들의 노력은 영원히 후배 교사들이 본받아야 할 모범들이었다고 할 수 있다. 그 모범들 중에서도 다양한 통합 교육과정에 대한 연구와 실천은 교사들의 순수한 열정과 자발성이 있었기에 가능한 일이었고 장애를 극복해 가면서 실천해 왔다고 할 수 있다. 지금도 그때 선배 교사들의 통합 교육과정에 대한 노력과 기록들을 살펴보면 실로 놀랍지 않을 수 없다. 여러 벽에 부딪히면서 사그라지고 말았지만 두고두고 회자되었다. 교육의 역사가 후퇴하고 있는 시점에 '열린 교육'은 다시 혁신학교, 혁신교육이라는 광풍을 만나면서 또 다른 형태로 살아나고 있다.

여러 가지의 움직임 중에서 통합 교육과정에 대한 운동은 혁신이라는 말을 떠나서 충분한 필요성을 가지고 확산되고 있는 추세이다. 경기도의 경우 도교육청의 추진력과 맞물려 다소 강하게 전개되고 있고 다른 시도에서는 교육방법에서 교육과정에 대한 고민으로 넘어가고 있는 추세이다. 각 시도별로 중점적으로 요구하는 연수 내용이 다르지만 통합 교육과정에 대한 요구는 누구나 필요성을 공감하면서 전국적으로 확산되어 가고 있는 시점이다.

이 움직임은 20년 전 '열린 교육' 때와 매우 흡사하면서 다른 양상을 띠고 있다. 통합을 위한 노력은 비슷하게 가고 있지만 예전에는 교사들 혼자만의 노력이었다면 이제는 학교 구조적으로 함께 노력하는 양상을 띠고 있다는 점이 다르다. 교사들 개인들의 노력일 때는 정말 힘이 드는 조건들이 많았다. 업무량도 엄청나고 각종 평가가 지속적으로 전개되고 있는 상황이었기 때문에 노력에 비해 한계를 가질 수밖에 없었던 상황이 20년 전이었다면 이제는 교사들이 교육과정과 수업에 몰두할 수 있는 환경도 조성하고 교육과정에 대한 전문성과 자율성을 추구할 수 있는 방향으로 전환해 가면서 통합 교육과정에 대한 노력들을 하고 있는 점이 크게 다르다고 할 수 있다. 매우 바람직한 방향이고 확산에 큰 도움이 된다고 본다.

좀 더 아이들에게 맞는 교육을 하고 싶다는 열망이 교과서에서 벗어나서 교육과정을 보게 하는 것이다. 이 길로 가려면 많은 시간을 소요하게 된다. 학기 시작 전에 이미 한 학기 또는 1년 교육 내용을 전체적으로 봐야 가능하다. 혼자 하기에는 방대한 작업이기 때문에 같은 학년 교사들이 함께 모여 고민해야 하는 시간을 가져야 한다. 방학 내내 그 고민을 하고 있어야 가능하다.

1,000시간 가까운 수업 내용들을 살펴보면서 연결될 수 있는 내용을 찾고 그 연결에 의미를 부여하고 교과서에 있는 내용이 아니라 좀 더 아이들이 재미있게 학습에 임할 수 있는 내용으로 바꾸려고 또 다른 자료들을 찾는 작업들은 상당한 시간을 요구한다. 학기를 시작하기 전에 이 작업들을 통해 학년 교육과정 전체 내용을 몇 번 살펴보면서 준비할 수 있는 시간들을 가지게 되는 것이다.

교과서 중심으로 교육을 할 때와 다르게 준비해 주는 교육이 아닌 교사의 전문성을 바탕으로 준비된 교육을 하게 되는 것이다. 그것도 혼자가 아니라 함께 준비하는 것이다. 이렇게 준비하고 들어가는 교육과정과 수업은 남다르게 다가온다. 자기의 노력으로 준비하고 만든 교육과정이 자기 것이라는 생각이기 때문에 교사의 의욕은 남다르게 솟아나게 된다. 같은 학년의 연구 풍토는 학기 내내 살아 움직이게 된다. 그런 교육을 받는 아이들에서 교육의 즐거움을 느끼는 모습을 발견하면서 더욱 보람을 느끼게 되는 것이다.

통합을 통해서 아이들이 느끼는 교육적 가치가 크지만 교사의 효능감과 전문성에 대한 보람을 통해 느끼는 교육적 가치가 정말 크다고 할 수 있는 것이다. 이런 즐거움을 조금이라도 맛본 교사들은 힘들더라도 학기가 시작하기 전에 다시 도전하게 된다. 교육과정을 통합하고 있는 학교들의 교사들을 혁신학교 평가나 컨설팅을 통해 상당수 면담해 보았는데 거의 모든 교사가 이런 도전을 즐겁게 받아들이고 있었다.

교과 통합 운영의 원칙

교과 통합에는 상당히 어려운 과정이 전개된다. Dranke는 교과 통합의 과정을 신화에 나오는 영웅이 미지의 세계에서 겪는 모험에 비유하였다.[3] 영웅이 모험의 세계로 들어가 갖가지 실패를 겪고 좌절하지만 마침내 어려움을 극복하고 귀환하듯이, 교과를 통합적으로 운영하고자 하는 교사들은 교과 통합에 대한 잘못된 신념을 버리고, 학교 안팎의 저항을 극복하면서 교과를 통합적으로 운영한 다음, 자신이 겪은 이러한 체험을 다른 교사들과 함께 나눈다는 것이다.

교과 통합이 얼마나 어렵기에 이런 비유까지 나왔을까? 하지만 영웅으로 비유했듯이 많은 어려움 속에서도 교과 통합의 보람을 나중에는 충분히 느낄 수 있을 것이다. 이런 통합을 하는데 있어 자칫 놓치기 쉬운 원칙들이 있다.

이 원칙들을 준수하는데 있어 항상 교사 내면 또는 교사 간에

---

3. 김대현, 『교육과정의 이해』, 학지사, 2011 참조

심리적 갈등을 유발하게 된다. 가장 중요하게 생각해야 할 원칙은 중요한 내용을 놓쳐서는 안 된다는 점이다. 통합하면서 교사의 판단으로 가르쳐야 할 내용과 가르치고 싶은 내용사이에서 고민하다가 결정하다보면 교과의 중요한 내용을 빠뜨릴 수 있다. 어쩌면 중요한 내용을 빠뜨렸다고 생각하지 않고 더 중요한 내용을 가르치고 있다고 자기 신념화하는 오류를 빚을 수도 있다. 진짜 그런 점이 오류일 수도 있고, 정말 아이들에게 도움이 될 수도 있다. 항상 어느 선까지 우리가 중요한 내용으로 잡고 가르쳐야 하는지 고민해야 한다.

두 번째로 통합을 통해 재구성한 내용과 수업이 일관되게 연결되어야 한다. 교과 통합한 내용의 목적을 생각하며 전체 흐름 속에서 수업이 어떤 위치를 차지하고, 왜 이런 내용을 지금 하게 되는지 항상 학습자에게 상기시켜 주어야 통합의 의미를 학습자들이 인지할 수 있다.

세 번째로 교과 통합은 교과 간 내용의 관련성도 중요하지만 학습자들에게 의미 있고 효과적으로 다가가기 위해서는 통합된 내용이 학습자의 삶과 연결이 되어 있어야 한다. 삶과 동떨어져 그냥 주어지는 교과서는 학습자들에게 흥미를 떨어뜨리는 것이 될 뿐이다. 교사가 통합을 통해서 학습자들에게 배우는 내용이 학습자의 삶과 연결되어 있는지 보여주어야 하고 이를 통해 학습의 의미를 찾아가게 해 주어야 하는 것이다.

여기에서 중요한 점은 혼자 고민해서 이 원칙들을 지켜나가기 쉽지 않다는 점이다. 함께 의논할 같은 학년 교사나 같은 학교 동료 교사가 있어야 한다. 주위와 소통하지 않은 채 혼자 만들어가고 실행해 나가다 보면 자유롭게 할 수 있을지 모르겠지만 학력 저하에 대한 우려나 평가에 대한 압박에서 결코 자유롭지 못할 것이다. 학습자들도 마찬가지이겠지만 교사들도 동료 교사를 통해 더욱 깊은 사고를 배우고 할 수 있게 된다. 그렇게 되었을 때 교육과정의 깊이는 더해 갈 것이다.

주위의 동료 교사들에게 함께할 것을 먼저 제안하자.

2장
누구나 시도할 수 있는 교육과정 재구성 모형

보편적 적용을 위한 교육과정 통합의 접근 원리

학교 현장의 교사들은 통합의 필요성을 느끼고 시도하고 있지만 현실적인 제약들과 제각각의 경험에 따라 천차만별의 상황이 벌어지고 있는 실정이다. 어떤 학교는 통합의 무풍지대에 있어서 전혀 논의조차 해 본 적이 없는 경우도 있고, 혁신학교로서 교육과정을 혁신하기 위해 안 해 본 교과 통합을 하고자 하지만 어디서부터 손을 대야 할지 막막해 하는 경우도 있다. 통합은 했지만 소극적인 교육과정 재구성에 그쳐 순서 바꾸기 정도에 그치고 있어 진정한 교과 통합의 의미를 못 찾고 있는 경우도 있고, 교과의 계열성을 지키고 있는지 의문스러운 경우도 있고, 교과서 지식 중심의 내용을 학습자들이 경험하며 느낄 수 있도록 활동 중심으로 재구성하는 경우 학력이 떨어지지 않을까 하고 의문을 가지고 선생님이나 학교도 많았다. 주제 중심 통합 교육과정을 연구하고 혁신학교부터 혁신예비학교, 일반 학교 등을 방문하고 컨설팅하면서 혼란스러운 교육 현실을 파악할 수 있었다.

교육과정을 재구성하는 데 좀 더 쉽게 접근하면서, 학교 현실을 반영하면서도 창의적인 교과 통합이 될 수 있는 절차적 방안을 논의하고 정리할 필요성을 느끼게 되었다. 그래서 경기도 교육청에서 주관한 '혁신학교 아카데미 전문가 과정'을 이수했던 초등 교사들이 함께 모여 각 학교의 교과 통합 현실을 파악하고, 현장에 가장 적합한 통합 방안을 정리하여 제시하고자 시도하게 되었다.

여기서 제시하는 통합 절차 모형은 교과서에 담겨 있는 교육과정에 근거하되, 교과서에 얽매이지 않는 자율성을 확보할 수 있고, 창의적 재량활동도 쉽게 결합될 수 있는 방향으로 전개하고자 한다. 학부모의 인식이나 학교의 평가를 고려할 때 너무 어려운 현실들이 존재하기 때문에 바로 교과서를 벗어날 수는 없다고 판단하였기 때문이다. 이론과 경험에 근거한 교과 통합으로 현장 교사들 누구나 쉽게 도전할 수 있도록 절차를 만드는 것을 목표로 하여 교사들이 통합의 의미를 느낄 수 있도록 하고자 하였다. 통합 방안을 논의하면서 학교 현장의 적합성을 높이고 일반 학교에도 적용할 수 있도록 하기 위해 세 가지 목표를 가지고 접근하였다.

첫째, 보편성을 추구하였다. 현재 학교에서는 교과 통합을 시도하기에는 제약 조건이 많다. 혁신학교의 경우 평가로부터 각종 제약을 스스로 뛰어넘어 통합을 시도하고 있지만 일반 학교에서는 어려움을 겪고 있는 것이 사실이다. 이에 몇 가지 제약은 있지만 보편적으로 하고자 한다면 누구나 시도해 볼 수 있는 교과 통합의 절차를 만들어 보려고 했다. 어디부터 손을 대야 할지 모르는 교과 통합을 위한 재구성 과정을 단계별로 정리하여 누구나 쉽게 접근할 수 있도록 절차적 모형을 만들었다.

둘째, 다양성을 추구하였다. 교과 통합은 시도하는 교사들의 철학, 집단 지성에 따라 다양하게 전개될 수 있다. 여러 교과의 영역들이 주제로 통합되는 다양한 전개 방식을 제시함으로써 교사가 스스로 전문성을 발휘하여 다양한 주제로 교육과정을 재구성할 수 있도록 절차를 고안했다.

셋째, 간편성을 추구하였다. 교과 통합을 막는 가장 큰 장벽이 형식에 얽매여 실제 내용을 고민하기보다 형식을 맞추는 데 많은 시간을 허비하는 것이다. 그래서 가장 간단한 형식에 기초해서 교사들의 자율적인 재구성 방안이 녹아들어갈 수 있도록 양식을 최소화하였다.

넷째, 전문성을 추구하였다. 교과 통합은 자칫 잘못 재구성할 경우 흥미 위주로 구성되어 필요한 교과 지식을 놓쳐버리는 경우를 낳을 수 있다. 이에 교과의 학문적 계열성을 최대한 추구하면서 통합을 통해 통합적 사고력을 키울 수 있도록 철저히 성취 기준을 근거로 재구성하려고 하였다. 또한 교사의 경험과 역량에 근거한 교과 통합이 될 수 있도록 전문성을 발휘하고자 하였다.

이러한 방향을 바탕으로 다음과 같이 절차를 만들었다.

[표1] 교과 통합 교육과정 재구성 단계별 절차

1단계	주제 선정을 위한 교과 마인드맵 작성
2단계	주제 선정
3단계	주제별 관련 교과 단원 추출 및 주제별 교과 구성표 작성
4단계	주제별 상세 교과 구성안 작성
5단계	주제 마인드맵 작성
6단계	주제 재구성 이유 작성
7단계	주제별 통합 활동 재구성표 작성 (주제별 평가 내용, 체험학습 포함)
8단계	활동 지도안 작성 (주제별 평가 내용, 체험학습 포함)
9단계	주제중심 교육과정 시간 편성 운영 계획 작성 주제별 시수 및 내용 계획표 작성

1단계. 주제 선정을 위한 교과 마인드맵 작성

주제를 선정하기 위해 주제 선정에 가장 자주 이용하는 교과인 사회, 도덕, 과학 교과의 단원과 내용 구성을 살펴보고 마인드맵으로 함께 그려 보면서 전체적인 내용을 파악한다. 학기별 전체적인 내용이 있는 지도서를 펼쳐놓고 큰 단원을 표시하고 단원별 교과 내용을 간단한 제목으로 그려 나간다.

[사진1] 과목별 마인드맵 작성

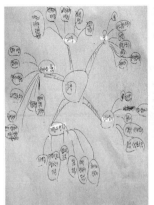

6학년 1학기 과학 마인드맵

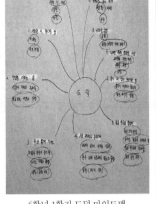

6학년 1학기 도덕 마인드맵

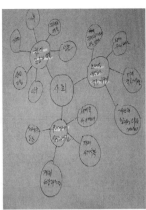

6학년 1학기 사회 마인드맵

[그림1] 도덕 6학년 1학기 마인드맵

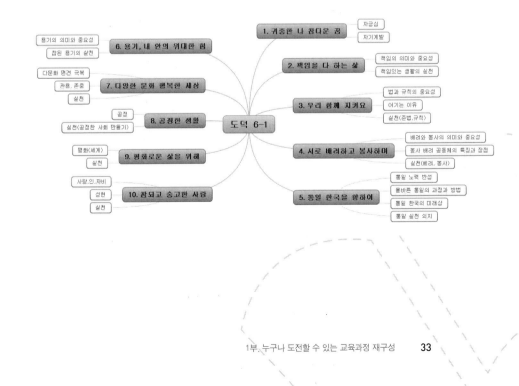

[그림2] 과학 6학년 1학기 마인드맵

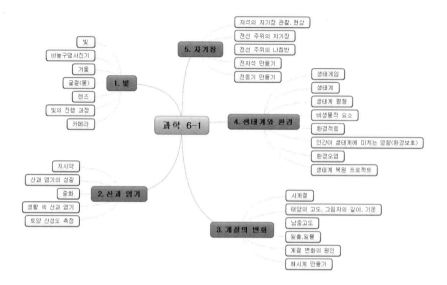

[그림3] 사회 6학년 1학기 마인드맵

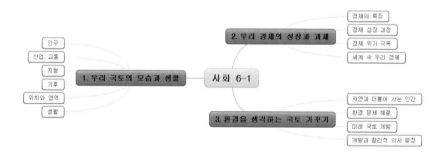

2단계. 주제 선정

세 과목의 마인드맵을 함께 붙여놓고 살펴보면서 공통된 요소를 찾는다. 다음은 마인드맵을 보면서 주제를 선정하는 다양한 방법들이다.

- 세 교과 관련 있는 내용으로 주제를 선정한다.
- 두 교과 관련 내용으로 주제를 선정한다.
- 한 교과와 도구 교과를 활용하여 주제를 선정한다.
- 1년 연중 시기와 관련된 행사로 주제를 선정한다.

이때 중핵 교과를 선정함에 따라 주요 활동 전개가 달라지므로 공통된 키워드에서 어떤 교과를 중핵 교과로 할 것인지 결정해야 한다. 6학년 1학기 과학, 도덕, 사회 교과의 단원별 마인드맵을 통해 환경, 인권, 미디어 세 가지 주제를 도출하였다. 환경의 경우 세 교과에 공통적으로 나오는 주제였고 인권의 경우 두 교과, 미디어의 경우 한 교과와 도구 교과를 활용한 경우이다.

3단계. 주제별 관련 교과 단원 추출 및 주제별 교과 구성표 작성

선정된 주제와 직접적으로 연관된 교과(사회, 과학, 도덕)의 단원명을 적는다. 그리고 국어를 비롯한 다른 도구 교과를 살펴보면서 주제와 연관된 단원을 적는다. 이때 도구 교과는 여러 주제에 걸쳐서 활용될 수도 있고 일부 시간만 활용할 수도 있으므로 관련 있는 단원을 모두 적어 둔다. 다음 단계에서 조정하여 뺄 수 있도록 한다.

[사진2] 주제별 관련 교과 단원 추출

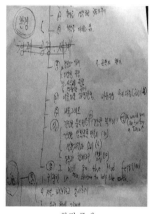   

| 환경 주제 | 인권 주제 | 미디어 주제 |

대강의 주제 교과 구성표를 양식에 맞게 다음과 같이 나타내었다.

[표2] 주제 교과 구성표

주제명	관련 과목	단원명
인권	도덕	1. 귀중한 나 3. 우리 함께 지켜요 4. 서로 배려하고 봉사하기
	국어	3. 다양한 주장 6. 타당한 근거
	수학	비율 그래프
	미술	4. 내 마음의 이야기

주제명	관련 과목	단원명
환경	사회 (중핵교과)	환경을 생각하는 국토 가꾸기
	과학	생태계와 환경
	도덕	책임을 다하는 삶
	국어	2. 정보와 이해 3. 다양한 주장 5. 사실과 관점 6. 타당한 근거 7. 문학의 향기
	미술	아름다운 자연 향기
	수학	비율 그래프
	실과	간단한 음식 만들기
	영어	I will go the Mud festival.

주제명	관련 과목	단원명
미디어	과학	1. 빛
	국어	5. 정보 전달
	미술	12. 사진과 영상
	실과	인터넷과 정보
	도덕	우리 함께 지켜요 7. 다문화

4단계. 주제별 상세 교과 구성안 작성

다시 주제별 교과 배치를 쉽게 보기 위해 주제에 해당하는 교과의 단원명을 적고, 이와 함께 적당하게 시수를 조절하기 위해 시간 수까지 적는다. 이때 교과별 진행 시기, 주제별 총 시수 등을 고려하여 도구 교과의 시수를 조정하여 분산한다. 그리고 지도 시기와 내용을 고려하여 평가에서 관련 단원이 너무 멀지 않도록 주제별 단원을 선정한다. 단원의 성취 목표가 반영된 키워드를 함께 추출하여 기록하면 주제망이나 활동망을 구성할 때 도움이 된다.

[표3] 주제별 상세 교과 구성안 – 미디어

교과 주제	국어	수학	사회	과학	도덕
미디어	5. 사실과 관점(12) 뉴스, 뉴스 듣기 (말) 의도나 목적, 고유어, 한자어, 외래어, 외국어(읽)			1. 빛 (8) 빛, 바늘구멍사진기, 거울, 굴절, 렌즈, 카메라	3. 우리 함께 지켜 요.(3) 7. 다양한 문화 행 복한 세상 (3) 다양한 문화, 이해, 행복
	체육	음악	미술	실과	창체
총 시수			12. 사진과 영상 (6) 사진, 영상, 애니메이션	2. 인터넷과 정보 (10) 인터넷, 정보탐색, 체험활동 보고서	
39					

[표4] 주제별 상세 교과 구성안 - 환경

교과 / 주제	국어	수학	사회	과학	도덕
환경 (중핵교과와 비슷한 시기의 단원 선택)	6. 타당한 근거 (12) 연설문(말) 이어주는 말 주장과 근거(읽)	비율그래프(6) 원그래프, 띠그래프	3. 환경을 생각하는 국토(17) 환경 개발, 국토 개발, 녹색성장, 갈등과 합리적 의사 결정	4. 생태계와 환경 (10) 태양의 고도, 계절, 일출, 일몰, 계절	2. 책임을 다하는 삶(3) 책임, 판단, 선택
	체육	음악	미술	실과	창체
			2. 자연환경과 미술(4) 자연 환경, 아름다움	간단한 음식 만들기(10) 식생활, 밥, 빵, 전통음식, 향토음식	
총 시수					
62					

[표5] 주제별 상세 교과 구성안 - 소중한 우리

교과 / 주제	국어	수학	사회	과학	도덕
소중한 우리 (핵심가치 : 인권)	3. 다양한 주장 (12) 토의 절차, 토의하기(말) 논설문, 주장과 근거(읽) 8. 함께 하는 마음 (6) 배려하는 말(말)	6. 비율 그래프 (6) 띠그래프, 원그래프			1. 귀중한 나 (3) 나, 노력, 꿈 3. 우리 함께 지켜요 (3) 규칙 만들기 4. 서로 배려하고 봉사하기 (3) 배려, 협동
	18	6			9
	체육	음악	미술	실과	창체
	1-2. 보건과 안전 (5) 술, 담배, 금주, 금연, 재해예방과 대처방안		5. 경험 표현(6)즐거웠던 경험 9. 상상의 세계 (4) 상상 10. 디자인과 생활 (6) 디자인, 포스터	진로 (4)	너 (2) 우리 (1) 학교 폭력, 성폭력 예방(2)
총 시수					
63	5		15		8

5단계. 주제 마인드맵 작성

교과별 성취 기준과 주제를 고려하여 주제별 마인드맵을 같은 학년 교사들이 함께 작성한다. 주제를 어떤 활동으로 풀어갈 것인지 고민하여 성취 기준을 고려하여 활동을 선정하되 성취 기준에 들어가지 않는 활동들은 창의적 재량활동에 포함하여 마인드맵을 넓혀 나간다.

활동 내용을 잡을 때 교사의 상상력과 집단 지성이 필요하다. 주제별 활동을 전개할 때, 활동을 분류할 때 소주제로 분류하여 활동을 계획하거나 활동 특징을 분류하여 이해-탐구-표현처럼 계획한다. 또는 불룸의 6단계를 도입하여 활동 내용을 계획할 때 지식-이해-탐구-적용-분석-종합-평가-비판적 사고력-감정이입으로 분류해도 좋을 것이다.

활동 내용을 세울 때 교과에서 나온 키워드를 중심으로 같은 학년 교사들이 함께 협의하여 정한다. 이때 교과에 가급적 얽매이지 않고 창의력을 발휘하여 집단 지성을 바탕으로 활동을 계획해야 한다.

[그림4] '인권' 주제 마인드맵

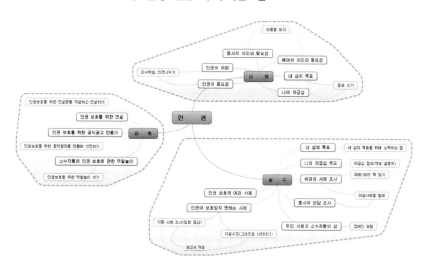

　　주제 선정과 주제별 재구성 활동 내용을 선정한 이유를 작성한다. 이 때 주제의 핵심 가치, 주제를 연결하는 교과들의 연결 가치를 교과 단원별 키워드를 통해 찾아내면 재구성 활동을 찾을 때 도움이 된다. 이때 교육과정 운영에서 요구하는 핵심 역량 항목을 추가한다.

1. 주제(핵심가치) : 소중한 우리 (인권)

2. 연결 가치 : 우리, 규칙, 배려, 봉사

3. 핵심 역량 : 대인관계능력, 의사소통능력, 문제해결능력

핵심 역량	주요 활동
대인관계능력	• 대화를 통해 차이점 존중하기
의사소통능력	• 규칙의 필요성을 인식하고 함께 지켜야 할 학급 규칙 정하기
문제해결능력	• 만장일치 의사 결정으로 사막에서 살아남기

4. 주제 재구성 이유

도덕 교과의 인권을 핵심 가치로 선정하여 중핵 교과로 잡고 다른 교과를 도구교과로 활용하였다. 도덕 교과의 1. 귀중한 나, 3. 우리 함께 지켜요, 4. 서로 배려하고 봉사하기 단원의 핵심가치인 나, 규칙, 배려와 봉사를 연결하여 인권을 핵심가치로 선정하고 다시 작은 주제로 귀중한 우리, 우리 함께 지켜요, 배려와 봉사로 선정하여 각자의 소중함을 깨닫고, 서로를 존중하는 삶을 위해 지켜야 하는 규칙에 대해 학습하고, 규칙을 넘어 서로에 대한 배려와 봉사로 살아가는 태도를 익힐 수 있도록 구성하였다.

'우리'라는 주제를 통해 자신과 타인을 이해하고 서로 힘을 합쳤을 때 더 큰 시너지를 발휘할 수 있음을 깨달아 대인관계능력, 협동능력, 문제해결력 핵심 역량을 키우도록 활동을 구성하였다.

도덕 교과의 '1. 귀중한 나'의 범위를 넓혀 나, 너, 우리 모두를 확인할 수 있는 활동으로 확대하고 도덕 교과의 활동들을 국어, 미술, 창체, 체육을 도구 교과로 이용하여 활동을 재구성하였다.

핵심 역량은 지식 위주의 교육과정, 전달 위주의 교수방법, 획일적인 학습자 평가에서 벗어나 21세기 지식기반 사회의 다양한 문제 해결 상황을 해결하는 능력 함양을 위해 OECD에서 제안한 개념이다. 핵심 역량(Key Competency)은 다양한 현상이나 문제를 효율적으로 혹은 합리적으로 해결하기 위해 학습자에게 요구되는 지식, 기능, 태도의 총체를 뜻한다. OECD는 DeSeCo 프로젝트를 통해서 다음과 같이 크게 3가지 핵심 역량을 제안하고 각국 교육과정에 반영할 것을 권고하여 각국에서는 적극적으로 반영하고 있다.

이런 핵심 역량 기반 교육과정을 각국에서 실천한 결과를 보면, 이러한 교육과정을 운영하기 위해서는 범교과적 교육과정 재설계, 교과 지식 내용의 축소, 교사의 교육과정 자율권 확보 등의 밑바탕이 필요함을 알 수 있었다. 캐나다의 경우 주제 중심 교육과정 형태로 핵심 역량 기반 교육과정을 실제로 운영하고 있다.

핵심 역량 기반 교육과정은 이런 핵심 역량을 받아들여 교육과정을 단순히 지식 전달의 관점이 아니라 교과 지식의 전달과 연계하여 핵심 역량 개발의 관점에서 설계하는 것을 말한다. 우리나라에서는 연구 단계이지만 경기도교육청에서는 적극적으로 이 개념을 받아들여 교과 위주의 교육과정을 핵심 역량을 기를 수 있는 교육과정으로 변화시키도록 각 학교에 권고하고 있다. 핵심 역량 기반 교육과정이 단순 지식 암기 위주의 우리 교육의 문제점을 개선할 수 있는 장점이 있기에 주제 중심 교육과정을 만들 때

[표6] 핵심 역량 구성 영역 비교

OECD의 DeSeCo 프로젝트		뉴질랜드 핵심 역량	영국의 핵심 기능	프랑스 핵심 역량	이광우 외 (2008)
1. 양방향적으로 도구를 활용하기	1-1. 언어와 상징, 텍스트를 양방향적으로 활용하기	언어와 상징, 텍스트의 활용		모국어 구사 능력	기초 학습능력
				외국어 구사 능력	
	1-2. 지식과 정보를 양방향적으로 활용하기		수의 응용	수학 및 과학 기초 지식	
	1-3. 정보기술을 양방향적으로 활용하기		정보통신기술	정보와 통신 기술 활용 능력	정보 처리능력
2. 다양한 구성원들과 상호작용하기	2-1. 타인과 관계 맺기	타인과 관계 맺기	타인들과의 협력	인본주의적 소양	대인관계 능력
	2-2. 팀속에서 일하고 협동하기		의사소통	사회성 및 민주성	의사소통 능력
	2-3. 갈등을 관리하고 해결하기	참여와 기여			
3. 자율적으로 행동하기	3-1. 장기적 전망속에서 행동하기	자기관리	스스로의 학습과 성취 개선	자주성 및 주도성	자기관리 능력
					진로개발 능력
	3-2. 인생의 계획과 개인적 과제를 설정하고 수행하기				시민의식
	3-3. 권리와 관심, 한계, 필요를 주장하고 보호하기				국제사회 문화이해
		사고력 (사고력과 문제해결력)	문제해결		창의력
					문제해결 능력

적극적으로 반영할 것을 권한다. 주제 중심 교육과정의 교육활동을 정할 때 교과 내용을 줄이고 역량을 키우는 교육이 될 수 있게 설계할 것을 제안한다.

이를 위해 핵심 역량 기반 교육과정의 경우 핵심 역량을 기를 수 있는 활동을 주제와 연결해서 재구성 활동에 포함할 수 있도록 한다. 현재 핵심 역량 기반 교육과정의 고민 수준은 재구성활동을 정한 뒤 관련 핵심 역량을 선정하는 수준인데 반해 의도적으로 핵심 역량을 선정하고 재구성 활동에 포함시킬 수 있다. 이런 측면에서 교육과정 재구성 이유를 밝힐 때 어떤 핵심 역량을 어떤 활동에서 키울 것인가를 고민하면서 설계하고 명시한다.

다음은 핵심 역량을 주제 중심 교육과정에 반영할 때 역량별 활동으로 적합한 것을 여러 학습 과제들에서 추출한 것으로 주제 중심 교육과정을 통해 기르고자 하는 역량을 키울 수 있는 활동 과제들이다. 주제 중심 통합 활동을 계획할 때 이 과제들을 참고하면 도움이 될 것이다.

7단계. 주제별 통합 활동 재구성표 작성 (주제별 평가 내용 포함)

주제 마인드맵을 바탕으로 주제별 재구성 이유를 생각하면서 통합 활동을 선정하여 재구성표를 작성한다. 통합을 통해 재구성된 활동별로 재구성되기 이전의 교과별 성취 기준과 재구성 이후 주제에 맞게 수정한 성취 수준을 작성한다. 작성의 편의를 위

[표7] 핵심 역량을 위한 수업 활동 과제

핵심 역량	요소	핵심역량 수업 활동 과제
창의력	창의적 사고 기능, 창의적 사고 성향	●추리하기 신비에 쌓인 대상을 탐구하거나 추리하는 과제 ●산출물 제작하기 다양한 요소를 활용하여 산출물을 제작하는 활동 ●체크리스트법 아이디어의 다양한 용도를 전용, 응용, 수정, 대용, 대체, 역전, 조합 등의 다양한 방법으로 사고하는 활동
문제해결 능력	문제 인식, 해결방안의 탐색, 해결방안의 실행과 평가 논리적 사고력, 비판적 사고력	●설계하기 산출물을 보다 체계적으로 제작하기 위하여 계획하고 준비하는 과정 ●상황문제 해결하기 ●과학적 과제 여러 가지 알려진 사실들에 대하여 과학적 실험이나 관찰을 통하여 검증하는 활동 ●가상역할 수행 감정이입을 위해 가상역할을 부여하여 주어진 문제를 해결하는 활동
의사소통 능력	말하기, 듣기, 쓰기, 읽기	●의견조정하기 각기 다른 의견을 서로 조율하고 이해를 구하는 활동 ●설득하기 타인에게 본인이 가지고 있는 생각을 말하고 설득하는 활동 ●토론하고 판정하기 입장별로 나누어 토론하고 논리적 근거로 판정하기 ●상황의사결정학습 감정이입된 문제상황에 대해 강제선택 전략이 있는 활동
정보처리 능력	정보수집, 정보분석, 정보활용, 정보윤리, 매체활용능력	●이야기 만들기 과제 학습자가 알고 있는 것을 프리젠테이션 도구 등을 이용하여 학습자 입장에서 재정리하여 발표하는 과제 ●편집하기 수집된 그림이나 텍스트를 이용하여 자료집을 편찬하는 활동 ●기사 작성 객관적 사실을 수집하여 기사로 작성하는 활동 ●분석하기 주어진 주제에 대하여 분석하고 표 등으로 나타내보는 활동 ●인터넷 활용 가상 현장학습

자기 주도적 학습력		●학습 내용의 선택과 계획하기
기초학습 능력	기초적 읽기, 기초적 쓰기, 수리력	●교과 관련 도서 읽기
자기관리 능력	자아정체성 확립, 여가 선용, 건강관리, 합리적 경제생활 기본생활습관	●자기발견 과제 도덕적 이슈나 개인의 책임에 대한 성찰을 통하여 자기 를 발견해 가는 활동
시민의식	공동체 의식, 준법 정신, 환경 의식, 윤리의식, 봉사정신	●규칙 제정과 실천하기
범지구적 소양	우리 문화 이해, 다문화 이해, 문화 향유 능력 국제사회 이해, 외국어 소양	●문화적 차이 발견 팜플렛 제작 ●가상 박물관 제작하기
진로의식	진로의식, 진로탐색, 진로설계	●가상 직업 체험, 소개하기
대인관계 능력	타인 이해 및 존중, 협동, 갈등관리 관계 형성, 리더쉽	●생각 차이 확인, 인정하기 ●입장 바꾸어 역할극 수행하기

해 처음에는 단원별 시수를 그대로 가지고 온다. 재구성 활동을
정할 때 주제별 체험학습도 포함하여 활동 내용을 선정하여 재구
성표에 체험활동을 기록한다. 현재 학교마다 독특한 양식을 사용
하고 있어 모두를 소개하여 비교를 통해 좋은 양식을 선정하는데
도움이 되고자 한다. 서정초등학교 양식은 다른 장들에서 볼 수
있다.

　다음은 안양 교육지원청 교육과정 연구모임에서 만든 재구성

양식으로 관련 단원을 추출한 [내용분석]과 재구성활동과 목표, 활동, 유의점, 관련 교과가 포함되어 있는 [지도계획]을 분리하였다.

[표8] 단원 내용분석 – 안양 교육지원청 교육과정 연구모임

교과	단원(차시)	성취 기준	내용 요소
사회	3. 사회변화와 우리생활 (15차시)	– 현대사회 가족 구성의 특성과 바람직한 가족의 의미를 이해한다. – 성 역할에 대한 고정관념을 깨고, 양성 평등 의식을 제고한다. – 저출산 고령화로 인한 인구 구성 변화가 미치는 영향과 그 해결 방법을 탐구한다. – 사회 구성원의 문화적 다양성을 수용하여 소수자 인권을 존중하는 태도를 갖는다.	– 현대가족의 다양성 – 바람직한 가족의 의미 – 성 역할의 변화 – 양성평등의 사회 – 인구구성의 변화 – 인구문제 – 바람직한 여가 활용 – 사회적 약자와 소수자의 권리
국어	4. 이럴 때는 이렇게 (6차시)	– 말차례를 지키면서 바른 태도로 대화를 나눈다. – 읽는 이를 고려하여 자신의 마음을 표현하는 글을 쓴다.	– 소개하는 말하기 – 대화를 자연스럽게 이어가기 – 적절한 표현하기
도덕	3. 따스한 손길 행복한 세상 (3차시)	– 가족과 이웃 간 예절의 중요성을 이해하고 다양한 생활 장면에서 지켜야 할 예절을 실천하며 이웃들과 다정하고 화목하게 지내려는 태도를 지닌다.	– 배려의 행동 알고 실천하기 – 배려에 관한 역할극
체육	5. 여가활동 (3차시)	– 다양한 여가 활동의 의미와 특성을 이해하고 창의적으로 여가활동을 계획하고 체험한다.	– 주어진 환경에서 여가활동 계획하고 체험하기
미술	표현활동 (2차시)	– 자유로운 발상을 통해 다양한 주제를 탐색하고 표현하기	– 자신의 생각과 느낌 표현하기
창체	진로활동 정보통신 (2차시)	– 현대 사회의 다양한 직업과 성 역할의 변화 살펴보기 – 인터넷 검색을 통하여 알맞은 자료 찾기	– 현대사회의 다양한 직업과 나의 장래희망 말하기

[표9] 단원 지도계획 – 안양 교육지원청 교육과정 연구모임

차시	학습목표	주요학습내용 및 활동	운영상의 유의점	관련 교과
1-2	주제망 만들기	〈단원 도입 이야기〉 ●추석 이야기(가족과 친지) ●일기 발표하기 ●주제 인식: 사회 변화와 우리 생활 ●어떤 내용의 공부가 가능할까요? ●주제망 짜기 ●마인드 맵: 개별 정리 ●주제통합학습 전개과정 안내하기	〔선행과제〕 ●추석에 했던 일 일기쓰기 (가족과 친지의 모임, 하는 일, 가족의 형태에 관련하여) 〔자료 및 유의점〕 ●마인드 맵을 하고 학생들이 하고 싶어 하는 활동을 유동적으로 적용하기(학생들의 의견을 최대한 수용하기)	사회
3-4	여러 가지 가족의 형태 알아보기	●자신의 가족을 친구들에게 소개하기 ●옛날과 현대의 가족의 형태 알아보기 ●여러 가지 가족의 형태 알아보기 ●현대 가족의 특징을 살펴보고 설명하기	〔자료 및 유의점〕 ●과거와 현재의 가족의 공통점과 차이점을 살펴보고 현대사회와 관련지어 그 특징을 설명할 수 있도록 한다.	사회 국어 (말듣)
5-7	가족신문을 만들고 우리 가족 소개하기	●가족들의 인터뷰 자료와 설명 자료 모으기 ●가족에 대한 기사 쓰기 ●신문의 틀에 맞추어 가족신문 제작하기 ●가족신문을 돌려 보며 읽기	〔선행과제〕 ●추석에 가족과 친지가 모였을 때, 인터뷰 자료와 설명자료, 사진 준비하기(사전과제로 제시)	사회 국어 (쓰기)
8	옛날과 오늘날의 가족 구성원의 역할 비교하기	●지금까지 알아 본 것을 토대로 가족 구성원의 역할 변화에 대해 살펴보기	〔대체활동〕 ●영상자료를 비교하여 보며, 옛날과 오늘날의 가족 구성원의 역할 비교하기	사회
9	수행평가	●사회의 변화와 관련지어 자신의 30년 후 가족의 모습 소개하기	〔자료 및 유의점〕 ●논술 및 구술평가	사회
10	배려의 행동 알고 실천하기	●배려의 의미 알기 ●가족과 이웃에게 배려의 마음을 나누어야 하는 까닭 생각해 보고 친구들과 이야기 나누기 ●우리 생활에서 배려가 필요한 사례 말하기	〔대체활동〕 ●배려와 관련한 공익광고 만들기	도덕

11-14	가족 간의 갈등문제를 합리적으로 해결하기에 관한 역할극 만들기	11	〈모둠활동〉 ●가족 간의 갈등이 일어난 경험을 친구들과 나누기 ●여러 사례 중 하나를 선택하기	〔자료 및 유의점〕 ●최대한 다양한 사례가 나올 수 있도록 유도하기 역할극을 준비하면서 서로 협동하여 할 수 있도록 지도하기	사회 국어 (쓰기) 도덕
		12~13	●주제와 관련하여 역할극 대본 쓰기 ●역할극 연습하기 ●역할극에 필요한 소품 준비하기		
		14	●역할극 발표하기(관찰평가) ●역할극을 보고, 갈등을 합리적으로 해결하는 방법에 대해 이야기 나누기	〔대체활동〕 ●모의 가족회의 개최하기	
15-16	현대 사회의 다양한 직업과 성 역할의 변화 살펴보기		●옛날과 오늘날의 성역할 비교하기 ●달라진 직업의 모습 살펴보기 ●나의 장래희망 말하기/표현하기	〔대체활동〕 ●진로활동에 초점을 맞추어 진로사이트를 방문하여 새롭게 만들어진 직업 조사하기, 성역할이 달라진 직업 찾기	사회 창체
17	양성평등의 바람직한 태도 알고 실천하기		●성차별에 대한 사례나 표현 조사하기 ●양성평등과 관련하여 사례와 표현을 바꾸어 보기 ●성 역할에 대한 바람직한 태도에 대해 친구들과 이야기 나누기	〔대체활동〕 ●양성평등에 관련 광고 만들기 ●조선시대의 유교사상에서 성차별적 요소를 집중 탐구하여 개선안 제시하기	사회
18-20	〈집중탐구〉 현대사회에서 인구구성의 문제점 조사하여 해결방법 제시하기		〈프로젝트〉 ●인터넷을 탐색하여 인구문제와 관련된 뉴스거리 찾기 ●찾은 자료를 모아 현대사회에서의 인구문제 유추하기 ●고령화사회/저출산문제 등의 문제 중 한 가지 주제를 집중 탐구하기 ●문제점과 해결방법에 제시하기 ●친구들과 의견 나누기	〔대체활동〕 ●현대사회에서 인구구성의 문제점 조사하여 해결방법 토의하기 ●인터넷을 탐색하여 인구문제와 관련된 뉴스거리 찾기 ●찾은 자료를 모아 현대사회에서의 인구 문제 유추하기 ●현재의 인구문제로 인하여 미래사회에 미칠 영향 유추하기 ●현대사회의 인구문제의 원인 찾기 ●인구문제의 해결방법에 대해 자신의 의견 말하기	사회 창체 국어 (말듣)
21-22	인구문제의 해결방법을 다양한 방법으로 제시하기		●토의한 결과를 다양한 방법으로 제시하기 (포스터, 표어, 노래가사 바꾸어 부르기 등)		사회 미술 창체

차시	주제	주요 활동	자료 및 유의점	관련 교과
23-24	친구들의 여가 생활 조사하기 대중매체를 이용한 여가 생활에 대해 토론하기	● 친구들의 여가 생활을 조사하기 ● 조사한 것을 발표하기 ● 대중매체의 장,단점 조사하기 ● 바람직한 여가생활에 대한 자신의 생각 정리하기 ● 대중매체를 통한 여가 생활에 대해 토론하기	〔선행과제〕 ● 토론주제 미리 제시하여 자신의 의견과 뒷받침할 자료 준비하기	사회 국어 (말듣)
25-27	주어진 환경에서 여가활동 계획하고 체험하기	● 학교 내에 있는 도구를 이용한 미니 올림픽 계획하기 ● 미니 올림픽 개최하기 ● 눈농을 통한 여가 활용의 좋은 점에 대해 이야기 나누기	〔대체활동〕 ● 다양한 여가 활동 체험하기(음악, 미술, 체육 등)	사회 체육
28	사회적 약자와 소수자의 권리 알아보기	● 우리 사회에서의 약자와 소수자들의 차별 사례를 조사하기 ● 인권에 대해 알아보기	〔자료 및 유의점〕 ● 자신의 경험에 근거하여 말하기 〔대체활동〕 ● 인권나무 만들기 ● 지식채널-e를 활용한 수업	사회 도덕
29-30	소수자의 권리를 보호하는 방법 알아보기	● 소수자 권리를 보호하는 방법에 대해 토의하기 ● 교내 캠페인 활동하기(표어, 포스터, 공익광고 등)	〔자료 및 유의점〕 ● 자연스럽게 다문화와 장애인 교육이 이루어지도록 한다.	사회 도덕 미술
31	배운 것 실천하기	● 사회가 변화함에 따라 우리 생활이 어떻게 바뀌어 가는 지를 생각하며 자신의 태도에 대한 성찰 일기 쓰기	〔자료 및 유의점〕 ● 배운 것에 대한 지식적 의미뿐만 아니라 태도적인 의미를 짚어 주고 자신의 경험에 대한 반성과 앞으로의 다짐에 대해 성찰하는 일기를 쓰도록 지도한다.	사회 도덕 국어 (쓰기)

위 양식들은 너무 간단하거나 복잡하여 작성하기에도, 내용을 채워 넣기에도 어렵게 되어 있다. 그래서 경기도 혁신학교 아카데미 전문가 과정 1기 교사들이 기존 여러 학교에서 사용하는 양식의 문제점을 보완하여 같이 개발하였는데 다음과 같은 특징을 가진다.

(1) A4에 작성 가능하고 정해진 양식에 맞출 필요 없이 계속 연결할 수 있게 만든 양식으로 관련 교과 성취 기준과 재구성 활동 내용, 재구성 성취 수준, 평가를 한번에 볼 수 있게 만들었다.

(2) 통합 활동 전개 순서에 맞게 관련 단원의 성취 기준을 가져와서 통합 활동 학습목표와 시간 수가 나올 수 있도록 하였다.

(3) 평가는 관련 내용 아래에 바로 기술하여 평가를 놓치는 일이 없도록 한다.

(4) 통합할 때 가져온 교과와 성취기준을 바탕으로 마인드맵으로 통합 활동을 선정한 다음 통합 활동 학습 목표를 주제와 연결하여 정한다.

(5) 기존 여러 가지 양식이 있지만 누구나 쉽게 이해할 수 있게 양식을 간편하게 만들었고 틀에 구애받지 않고 지속적으로 이어 쓰거나 수정할 수 있다.

(6) 이후 작성하는 통합 활동 수업 계획안은 교과별 통합 활동이 아니라 ▶로 연결되는 통합 활동 모둠별로 작성하여 과도한 수업계획안 작성에 부담을 주지 않도록 한다.

(7) 수업을 하는 교사는 위에서부터 순서대로 진행하면 되고 같은 학년 협의회를 통해 얼마든지 수정할 수 있다.

[표10] 주제 중심 통합 교육과정 재구성표 - 주제 : 소중한 우리

교과	단원 및 성취기준	통합 활동	통합 활동 학습목표	시수
창체		▶ [주제망 짜기] ●주제인식 ●마인드 맵: 개별 정리 ●주제통합학습 전개과정 안내하기	▶[자료 및 유의점] ●마인드맵을 하고 학생들이 하고 싶어 하는 활동을 유동적으로 적용하기(학생들의 의견을 최대한 수용하기)	1
도덕	1. 귀중한 나, 참다운 꿈 ●자긍심의 의미와 중요성 및 자긍심이 높은 사람과 낮은 사람의 특징을 알 수 있다. ●자신이 원하는 바람직한 사람이 되기 위해 추구해야 할 가치와 목표를 가질 수 있다. ●목표를 달성하고 자긍심을 높일 수 있는 방법과 이를 실천하는 자세를 가질 수 있다.	소주제 1 : 귀중한 우리 ▶[나] ●자기에 대해 알기 ●나의 꿈 찾기 ●꿈을 위해 어떤 노력을 해야 하는지 알아보기	●나를 알고 장래희망을 위해 노력해야 할 점을 알 수 있다.	3
미술	9. 상상의 세계 ●책을 읽고 인상깊은 장면이나 자유로운 상상의 세계를 표현할 수 있다.	●미래 나의 모습 그리기 ●전시하기	●미래의 나의 모습을 상상하여 표현할 수 있다.	4
체육	2. 보건과 안전 ●심신건강에 악영향을 미치는 흡연과 음주의 피해를 이해하고 금주 및 금연 홍보 활동 등에 참가할 수 있다.	●소중한 나의 몸 지키기 ●음주, 흡연 피해 사례 조사 및 캠페인	●소중한 나의 몸을 위해 지켜야 할 점에 대해 알아보고 금주 및 금연 홍보 활동을 실천할 수 있다.	3
수행 평가	자기의 장래희망을 이루기 위해 어떤 노력을 해야 하는지 조사하여 정리하기	관찰법	3월 2주	1
창체		▶[너] ●서로에 대해 알기 ●차이점 존중하기 (모둠 세우기)	●친구에 대해 알아보고 친구의 생각을 존중할 수 있다.	2
창체		▶[우리] ●시너지 개발 (모둠 세우기)	●모두가 힘을 합쳤을 때 더 큰 힘을 발휘할 수 있다는 것을 알 수 있다.	1
체육	1-2. 보건과 안전 ●재해의 뜻과 종류를 알고, 재해의 종류에 따른 예방 및 대처 활동을 실천할 수 있다.	●재해 피해 알기 ●재해예방과 대처를 통해 우리를 보호하는 방법 알아보기	●재해 피해의 심각성을 알고 예방과 대처방안을 통해 우리를 보호하는 방법을 알고 실천할 수 있다.	2

도덕	3. 우리 함께 지켜요 ●준법의 중요성과 우리가 지켜야 할 법과 규칙을 알 수 있다.	소주제 2 : 우리 함께 지켜요 ▶[규칙] ●규칙의 종류 ●규칙이 필요한 이유		3
국어	3. 다양한 주장 ●학습 상황이나 일상생활에서 제기되는 문제를 토의를 통하여 해결한다.	●규칙이 필요한 이유를 주장과 근거를 들어 말하기	●규칙이 필요한 이유를 주장과 근거를 들어 말할 수 있다.	12
도덕	3. 우리 함께 지켜요 ●법과 규칙을 어기게 되는 이유와 잘 지키기 위한 방법을 알 수 있다. ●법과 규칙을 잘 지키기 위한 다짐을 통해 실천할 수 있다	▶[규칙 만들기] ●규칙 토의		2
국어	3. 다양한 주장 ●논설문을 읽고 주장과 근거의 타당성과 적절성을 평가 할 수 있다.	●규칙 논설문		10
미술	10. 디자인과 생활 ●시각전달 디자인의 특징을 알고 목적에 맞는 포스터를 표현할 수 있다. ●글과 그림으로 내용을 전달하는 작품을 만들 수 있다.	●규칙 포스터		6
도덕	4. 서로 배려하고 봉사하기 ●배려와 봉사의 의미와 중요성을 알 수 있다. ●구성원들이 서로 배려하고 봉사하는 공동체의 특징과 장점을 알 수 있다. ●배려와 봉사를 실천하는 방법과 꾸준히 실천하는 태도를 가질 수 있다.	소주제 3 : 배려와 봉사 배려하는 마음		3
국어	8. 함께 하는 마음 ●공식적, 비공식적 상황에서 사회적 관계를 고려하여 적절한 인사말을 할 수 있다.	배려하는 표현		6
		협동 봉사활동		4
			총 시수	63

재구성표를 작성하면서 주의할 점은 수행평가 및 성취도 평가 계획을 작성하여 평가 계획이 포함되도록 하는 것이다. 성취도 평가의 경우 최소한 평가 시기의 자율성을 확보하여 평가 시기에 주제가 포함될 수 있도록 한다. 교육과정 운영은 반드시 같은 학년이 함께 운영해야 평가에 대한 여러 가지 문제가 해결되므로 같은 학년 공동 운영 교육과정이 되도록 한다.

8단계. 활동 지도안 작성

차시별 상세 계획이 아닌 모듈별 계획안으로 간략하게 작성한다. 과도하고 지나치게 많은 분량의 지도안 작성에 얽매여 교육과정 운영에 어려움을 겪는 일이 없도록 한다. 교과 통합은 수업 혁신을 위한 목적이므로 반드시 활동 지도안을 배움이 있는 수업이 될 수 있도록 같은 학년이 함께 고민하여 작성한다. 지도안 작성 시기는 학기전이나 학기 중에 상관없지만 같은 학년 협의회를 통해 반드시 함께 작성하여 수업 개선이 될 수 있도록 해야 교육과정을 통한 수업 개선이 이루어진다. 지도안을 작성하지 않더라도 반드시 같은 학년 협의회를 통해 교과 통합이 구체화될 수 있도록 노력하는 것이 중요하다.

양식을 최소화하여 꼭 필요한 내용만 기술될 수 있도록 통합 수업안을 다음과 같이 만들어 보았다. 학교마다 필요한 내용을 달리 하여 양식을 수정하여 사용할 수 있을 것이다.

주제별 전체 흐름은 [주제 중심 통합 교육과정 재구성표]를 통해 확인할 수 있게 개괄적인 내용을 나타내고 통합 수업안에는 모듈별 활동이 수업을 진행할 수 있을 정도의 대강의 계획이 나타날 수 있도록 학기 전에 작성한다. 모듈별 활동의 의미는 한 차시별 활동을 의미하는 것이 아니라 의미를 구성하는 통합 활동을 의미하므로 여러 차시가 포함된다. 통합 수업안에는 또한 통합 활동을 하면서 계획되는 체험학습, 수행평가가 모두 포함되도록 한다.

또한, 학기 전에 대강의 모듈별 계획을 세운 뒤 얼마든지 학기 중에 같은 학년 협의회를 가감, 수정하면서 통합 교육과정을 만들어가는 것이 중요하다.

9단계. 교육과정 시간 편성 운영 계획 작성, 주제별 시수 및 내용 계획표 작성

8단계 활동지도안 작성은 사실 쉽지 않다. 학기 시작 전에 약식으로 계획하더라도 상세 계획을 짠다는 것은 상당히 벅찬 일이다. 간혹 학교마다 재구성을 할 경우 시간별 계획까지 학급이나 학년 교육과정에 넣게 하고 있는데 교사들로 하여금 교육과정 재구성을 하지 말라는 소리라고 들릴 만큼 과도한 작업이다. 이 작업을 위해 고생하다 보면 '이런 고생을 하느니 그냥 교과서 그대로 나가고 말지' 하는 말이 나오게 마련이다. 그리고 사실 교육과정은 학기가 진행되면서 끊임없이 수정되고 보완되기 때문에 사

[표11] 통합 수업안

통합 활동	통합 활동 목표	활동 차시
환경에 대한 글읽고 주장과 근거 찾기	환경문제에 관한 글과 작품을 접해보고 주장과 근거를 프로젝트북에 기록하기	3
옛날 책 만들기		

| 통합 교육과정 활동 내용 | ■ 활동1 - 환경책 〈지구를 살리는 불가사의한 7가지 물건들〉 읽고 주장과 근거의 타당성과 적절성을 발표하기
　1. 내용 요소
　　· 자전거, 콘돔, 천장선풍기, 빨랫줄, 쌀국수, 무당벌레, 공공도서관
　2. 핵심 질문
　　· 저자의 주장과 근거는 무엇인가?
　　· 나는 저자의 주장에서 동의하는 정도에 따라 순서를 정하고 이유 말해보기
　3. 활동 내용
　　· 임옥상 작가의 하수구를 보고 이야기하기(네이버 검색)
　　· 책을 읽고 주장과 근거를 찾아보기
　　· 좀 더 타당하고 적절한 순으로 순서를 정해보기
　　· 모둠 활동에서 협의 과정을 통해 우리 모둠의 순서 만들고 발표하기
　　· 〈지구를 신음하게 하는 7가지 물건들〉의 주제로 주장과 근거가 담긴 글쓰기
　　· 모둠 발표하고 나누기

■ 활동2 - 개발과 환경보존에 관한 작품 감상하기
　1. 준비물
　　· 토마스 데이나거의 〈재활용〉 작품
　　· 민중미술화가 임옥상의 〈하수구〉
　　· 얀 샤우덱의 〈하늘에서 본 지구〉 작품
　2. 핵심질문
　　· 작품을 통해 작가의 의도는 무엇일까?
　　· 마음에 드는 작품을 고르고 그 느낌을 발표하기
　3. 활동 내용
　　· 자연에서 찾은 아름다움 찾기
　　· 작품을 보고 그 의도를 찾아보기
　　· 민중미술 화가 작품을 통해 작품의 시대상황 이야기하기
　　· 마무리 정리

🖋 수행평가 : 환경을 살리는 물건 3가지를 더 찾아보고 그 주장과 근거를 타당하고 적절하게 제시하는가? |

전에 모든 계획을 세운다는 것은 큰 의미가 없다.

전체 형식을 맞추기 위해 활동 지도안을 제시했지만 큰 그림 속에서 메모한다는 기분으로 적어둔다는 느낌으로 부담 갖지 않고 기록해 두는 정도로 넘어갔으면 좋겠다.

이렇게 주제마다 계획이 나오고 시수가 나오면 학기별 또는 학년별 전체 시간 계획을 작성해야 한다. 주제별 교과에 들어가는 시수와 통합 시수를 구분하고 전담시간을 고려하여 시수표에 배치해 보고 전체 주제별 기간이 어떻게 되는지 확인하면서 다음과 같이 한 눈에 볼 수 있는 시간 계획이 나와야 한다.

[표12] 3학년 1학기 교육과정 편성 · 운영 계획

지도 기간	주제	통합 일반	국어	도덕	사회	수학	과학	체육	음악	미술	영어	창체	계	관련 체험 학습
3.4 -3.11	학기초 학습	일반	15	3		4		1			4	3	30	
1주제 3.12 -4.9(2)	나를 찾아 떠나는 여행	통합	13	9	17		16	8	5	8		12	88	
		일반				13					5		18	
2주제 4.9(3) -5.6	우리가 만드는 서정 행주 문화제	통합	22		20			9	9	8		8	76	창체 - 무용2(동) 성교육3(자) *고양 시티 투어1
		일반				12					7	5	24	
3주제 5.7 -5.30 (4)	떴다. 패밀리	통합	15	3				14	9	7	12		4	64	*국립생물 자원관
		일반				12						7	4	23	

4주제 5.30 (5) -7.1 (2)	보물을 찾아라	통합	27		17		11	16	8	4		4	87	*수영장 (수영강습)
		일반			15						8	2	25	★고양 시티 투어2
5주제 7.1(3) -7.18 (1)	힘 내! 지구야	통합	9				13	11	6	4		8	51	*과천 과학관
		일반			8					4		9	
7.18 (2) -7.26	학기말 학습	일반	7	3	7				1	2	1	4	25	
1학기 계			108	18	54	71	54	54	36	38	36	54	523	
2학기 계			96	16	48	64	48	48	32	30	32	48	462	
총 수업 시수			204	34	102	136	102	102	68	68	68	102	986	
연간 기준 시수			204	34	102	136	102	102	68	68	68	102	986	

　학기 시작 전에 이런 전체 계획을 세운 뒤 학기가 시작될 때 주제별 시수 및 내용 계획표를 작성하면 훨씬 전체의 흐름 속에서 진행하기 쉽다. 주제 중심 교육과정은 끊임없이 전체 흐름 속에 개별 수업을 볼 수 있어야 하기 때문에 다음과 같이 매일 시수가 어떻게 흘러가고 과목별 전개가 어떻게 되는지, 전담 교과는 어떻게 되는지 알 수 있게 주제 시작 전에 전체 내용을 계획해야 원활한 주제 중심 교육과정을 운영할 수 있다. 전체 흐름을 계획하지 않을 경우 단위 수업을 왜 하는지 흐름을 놓치지 일쑤다. 힘들더라도 주제 시작 전에 다음과 같이 전체 100차시를 한 눈에 볼 수 있게 주제 전체 계획표를 작성해야 한다. 이 전체표가 있으면 전체 흐름을 생각하며 수업을 전개해 나가는 데 편리하다. 처음 작

성할 때 복잡하고 시간이 꽤 걸리지만 꼭 필요한 작업이다. 또한 학습내용에 수업 내용을 계속 추가하면서 써 내려가면 훌륭한 교재연구가 된다. 그리고 여기 일부분만 편집하면 주간학습안내로 만들 수도 있다. 8단계 수업 지도안을 모두 작성하기 힘들다면 다음 표와 같이 간단하게 학습내용을 계속 추가해 나가는 정도의 수업 지도 계획을 작성해도 충분할 것이다. 중요한 것은 교사들끼리 논의하면서 수업 내용을 함께 만들어가는 것이기 때문에 다음 표를 함께 보면서 학습내용을 수정, 보완해 나가면 된다.

[표13] 수업 지도 계획

차시 (100)	주	요일	시간	과목	과목 시수	단원명	학습내용	비고
1주제		4.8 월	1	창체		다모임	●학급 노래 발표하기 ●리코더 3학년 합주하기 ●명함 교환하기	
			2					
			3	보건		성교육		
			4					
2주제 1	1	4.9 화	1	창체		주제학습 마무리	●주제 서술형 평가 실시 ●주제 자기 평가 하기	
			2					
			3	창체	1	주제열기	―행주문화제 경험 이야기 하기 ―작년 행주 문화제 영상보고 느낀 점과 특징 이야기하기 http://youtu.be/pF0jlJhb7iQ ―서정 행주 문화제 브레인스토밍, 문화제 계획하기 (2013.05.02 ~ 2013.05.05)	
2			4	창체	2		―우리 고장 고양 탐구 지명 유래 읽기 ―고양시 지명 유래 모둠별로 선택하여 더 조사하기 (사전과제로 제시 or 도서관, 컴퓨터실 조사) [참고] 고양문화원-디지털도서관-고양시사-3권 마을과 민속-마을과 지명 유래	

차시	주제	날짜	교시	과목	소차시	단원	학습내용	자료
3		4.9 화	5	음악	1	1. 어깨동무	전래동요 어깨동무 박자에 맞추어 노래 배우기	
4			6	영어	1	2. What's this?(5)	듣기. Hello World!	
5			1	수학	1	3. 평면도형(1)	각을 알아보기	
6			2	체육	1	1. 움직임 세상 속으로	여러 가지 방법의 움직임 알아보기	
7	1	4.10 수	3	사회	1	2. 고장의 자랑	〈고양 알기〉 ●고양시 지명 유래 읽고 조사하여 모둠별로 나누어 다양하게 표현하기 —사회 조사 및 정리 방법 익히기(중요한 내용 간추리기, 자료 찾기 등) —고양시 생각 주머니 모으고 분류해 보기(포스트잇) —고양시의 다양한 특징이 담긴 사진 보고 고양시 특징 이야기하기 —고양시 나타내는 캐릭터 또는 슬로건, 표어 만들기 —모둠별 지명 유래 조사 내용을 표현할 방법 정하고 연습하기: 역할극으로 표현하기, 신문이나 포스터 만들기, 그림으로 표현하기	고양시 특징 사진 슬라이드 조사 방법 안내 및 조사 내용 기록 학습지
8			4	사회	2			
9		4.11 목	1	사회	3	2. 고장의 자랑	●고양시 지명 유래 읽고 조사하여 모둠별로 나누어 다양하게 표현하기 —조사내용 다양한 방법으로 발표하기	
10			2	수학	2	3. 평면도형(2)	직각 알아보기	
11			3	국어	1	6. 좋은 생각이 있어요.(읽)	●고양시 인물 관련 이야기 읽고 깨달은 점 말하기 —이야기를 읽고 깨달은 점 말하기 —이야기를 읽고 글쓴이의 생각을 찾는 방법 알기	
12			4	국어	2			
13			5	미술	1	8. 수묵화와 판본체	●서정 행주 수묵화전 준비 —수묵화에 필요한 재료와 용구 탐색하기	
14			6	미술	2			

15			1		4		●고양시 인물과 자랑거리 신문 만들기	
16			2	사회	5	2. 고장의 자랑	—사전과제 : 고양시 인물 조사 —고장의 자랑거리, 인물 생각 주머니 모으기 —인물에 대한 감사장과 기념비 만들기	
17	1	4.12 금	3	체육	2	1. 움직임 세상 속으로	제 자리에서 여러 가지 방법으로 움직이기	
18			4	수학	3	3. 평면도형(3)	직각 삼각형 알아보기	
19			5		3		●고양시 인물 관련 이야기 읽고 깨달은 점 말하기	
20			6	국어	4	6. 좋은 생각이 있어요.(읽)	—고양시 인물 관련 이야기 읽고 깨달은 점 말하기 참고 : 고양 이야기 여행(효자 박태성과 호랑이 이야기 383, 동산동 밥 할머니 석상 이야기 263) 우리고장 고양탐구(63~68)	

97			1	창체	12	보건	
98	5	5,6 월	2	사회	19	단원정리	
99			3	사회	20	주제 정리 및 평가	
100			4	창체	13		

교육과정 통합 운영에 대한 질문과 답변

다음은 주제 중심 교과 통합을 하면서 많은 받았던 질문들에 대한 대답을 모아본 것이다.

1. 한 학기 전부를 주제에 포함시켜야 하는가?

한 학기 전부를 주제 교육과정에 포함할 수는 있겠지만 주제와 맞지 않는 단원을 억지로 연관시킬 수밖에 없는 오류가 발생한다. 이렇게 될 경우 교과의 성취 기준이 모호해질 수도 있고 통합에 어려움을 겪기 때문에 꼭 모두 교과 내용을 주제에 포함할 필요가 없다.

2. 모든 교과를 주제에 포함시켜야 하는가?

모든 교과를 주제에 포함하기 사실 어렵다. 수학의 경우 위계성이 강하여 주제와 연관 짓기가 쉽지 않아 상당수의 학교들이 수학은 따로 운영하는 경우가 많다. 반면에 접근이론에 의한 주제 중심 통합 교육과정은 일부러 위계성이 강한 수학과 과학을 포함시켜 통합하기도 한다. 억지로 모든 교과를 넣기보다 주제 특성에 맞는 교과를 자연스럽게 찾아내는 노력을 통해 통합 범위를 넓혀가는 것이 좋다.

3. 교육과정 재구성에는 주제 중심밖에 없는가?

교육과정 재구성 방법은 주제 중심 외에도 프로젝트 접근법에 의한 통합, 문제중심 학습에 의한 통합 등 다양한 방안들이 있으며 주제 중심 통합에도 교사의 교육철학과 경험에 따라 다르게 전개될 수 있다. 각 학교 실정과 교사의 역량에 따라 다양한 통합 방안을 전개할 수 있을 것이다.

4. 교과서도 훌륭한데 왜 꼭 통합을 해야 하는가?

교과서도 훌륭하지만 교과서 역시 성취 기준을 집필진에 의해 새롭게 구성한 내용들이다. 그렇다 보니 아이들의 경험과 흥미와 동떨어진 경우도 있어 교과 학습에 흥미를 잃어버리는 경우가 많다. 교사의 전문성을 발휘하여 자기가 맡고 있는 아이들의 경험과 흥미, 수준을 고려하고 통합적 사고력을 키울 수 있게 통합 활동으로 재구성하게 되면 학생들의 수업 참여도는 훨씬 높아질 것이다.

5. 주제에 포함되지 않는 교과는 어떻게 운영하는가?

주제에 포함되지 않는 교과는 지도 시기를 조절하여 주제가 운영되지 않을 때 운영하게 된다. 수학의 경우 주기 집중으로 몰아서 지도하는 경우도 나온다. 융통성을 발휘하여 주제 교육과정 시간을 집중도가 높은 오전으로만 몰아서 하던지 해서 조절하여 함께 병행할 수도 있을 것이다.

6. 전담교과에 해당하는 교과는 통합교육과정을 운영할 때 어떻게 운영하는가?

전담교사들이 함께 통합 교육과정에 참여하게 되면 제일 훌륭한 교육과정 운영이 되겠지만 그렇지 못할 경우 할 수 없이 전담 고정시간 외에만 통합 교육과정이 운영된다. 방학때 이루어지는 교육과정 재구성 작업에 전담교사들이 함께 참여할 수 있도록 하는 것이 제일 좋은 방안이라고 할 수 있다. 실제로 1학기에 전담교사가 참여하여 운영해 본 결과 전담교사가 참여하는 고정시간에 맞추어 주제를 맞추기가 쉽지는 않지만 주제를 살리면서 전담 교과를 운영할 수 있었다.

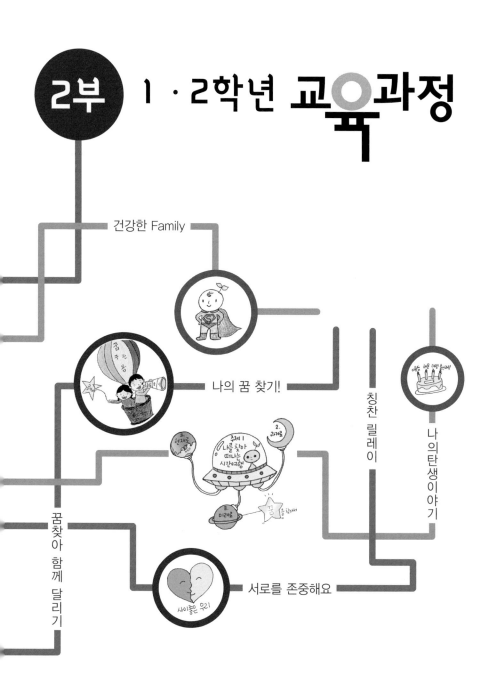

2부 1·2학년 교육과정

건강한 Family

나의 꿈 찾기!

꿈 찾아 함께 달리기

칭찬 릴레이

나의 탄생 이야기

서로를 존중해요

1장
어린이의 눈높이에서 가르침을 생각하자

아이들 눈망울에 아이들 마음이 담겨 있다

1996년도에 교사 생활을 시작했다. 경기도 동두천으로 초임 발령을 받고 처음 아이들을 만났을 때 나는 무엇을 어떻게 해야 할지 무척 막막했다. 고개를 들고 나만을 쳐다보고 있는 30명의 어린 아이들…. 내가 가르치는 그대로 따라하는 모습들이 신기하기도 하고, 행여 내가 잘못 가르치면 어쩌나 걱정되기도 하였다.

그 당시 3학년 담임을 맡았는데, 반 아이들 중에서 구구단을 못 외우는 아이들이 10여 명이나 되었다. 남아서 구구단을 외워 보고 숙제로 내서 다음날 검사 해 보기도 했는데, 잘 외웠다가도 다시 물어보면 제자리였다. 아이들과 내 사이가 구구단 하나로 인해 점점 멀어지는 느낌이 들어 방과 후에 어미 오리, 아기 오리 산책하듯이 뒤뚱뒤뚱 운동장을 돌면서 아이들과 함께 구구단을 외웠다. 어차피 잘 외우지 못한 건 마찬가지였지만 아이들의 얼굴은 환해 보였다. 구구단을 못 외웠던 것은 잊은 채 선생님과 운동장을 돈 것을 친구들에게 자랑하기까지 했고, 그런 마음과 표정은 수업 시간으로 이어져서 즐거운 수업 시간이 되었다. 아이들의 환한 모습을 또 보고 싶어서 집에서 재미있는 영어책을 가져와서 조금씩 읽어주었다. 그 당시는 지금처럼 방과후 교육이나 학교 도서관이 활성화되지 않았기 때문인지는 몰라도 내가 작은 것을 준비해서 보여 주어도 아이들의 눈빛이 반짝 반짝 빛났다. 더러운 교실 벽에 아이들 작품을 거는 것이 영 마음에 걸려서 희망하시는 어머니들 몇 분과 팔을 걷어붙이고 페인트칠을 하기도 했다. 언니 또래의 엄마들과 이 얘기 저 얘기 하면서 페인트칠을 했었는데 아이들을 마음으로 받아들이기에 너무나 부족했던 나에게 아이들을 이해하는 큰 기회였다. 또한 우리 반에는 다른 아이들과 '피부색'이 다른 아이들이 두 명 있었는데, 그 아이들에게 담임으로서 할 수 있었던 유일한 일은 다른 아이들과 마찬가지로 똑같이 대해 주고 아이들 사이에도 서로 친구로서 그런 분위기를 만들도록 도와주려고 마음을 썼던 것밖에 없다. 해바라기처럼 나를 바라보는 올망졸망한 아이들과 함께 했던 그 시절…. 새내기 교사로서 많은 것을 경험하고 배웠던 시기였지만 한편으로는 서투른 담임이어서 그 당시 우리 친구들에게 미안한 마음이 든다.

　17년이 지난 지금도 동두천에서 아이들과 함께한 그 2년을 잊지 못한다. 가르치는 기술이 세련되지 못했고(물론 지금도 아직 많이 부족하지만), 아이들의 마음을 모으는 데도 미숙했으며, 부모님들을 어떻게 대해야 하는지도 잘 몰랐다. 그렇지만 그때 아이들의 눈망울 만은 또렷이 기억이 난다. 나와 함께 있는 아이들이 나를 힘들게 할 때나 내 마음이 흐려질 때는 초임 시절 그 아이들의 눈을 기억하려 애쓴다. 순수하게 아이들을 바라보던 그 시절 나의 마음을 느낄 수 있기 때문이다.

'맑은 눈 고운 마음'

언제부터인가 우리 반 급훈으로 정한 후 지금까지 우리 반 급훈은 '맑은 눈 고운 마음'이다. 선생님과 처음 만난 아이들은 수줍어 말은 못하지만 마치 '저 올해에는 정말 잘하고 싶어요.'라고 말하는 것처럼 호기심 가득한 눈빛으로 선생님을 바라본다. 잘못을 저질렀거나 화가 나 있을 때는 다른 곳만 쳐다보던 아이들이 하고 싶은 말이 생기면 선생님의 눈을 두려움 없이 당당하게 쳐다본다. 지루한 수업 시간에 힘든 것을 참으며 억지로 선생님을 바라보고 있는 아이들을 보면 좀 더 노력하지 못한 내 자신이 부끄러워진다. 차라리 지루하다고 말하면 화라도 낼 수 있을 텐데. 아이들이 말로는 표현하지 못하지만 선생님에게 보내는 다양한 신호들을 예민하게 알아채고 싶다. 언제나 잘하고 싶어 하고, 바르게 성장하고 싶어 하는 아이들을 마음 속 깊이 느끼고 싶다.

요즘은 많이 다양해졌지만 얼마 전까지만 해도 3월 초 담임 소개를 하는 안내장에는 간단한 인사말과 필요한 준비물, 연락처 등을 적는 것이 일반적이었다. 그런데 내가 아이들을 생각하는 마음을 학부모님들께 전달할 수 있는 기회가 많지 않았고, 상담을 받는 몇몇 학부모님들에게만 간간히 전달했었다. 이런 생각을 한 뒤 담임 소개 안내장을 바꾸기 시작했다.

> 멋진 2009년도에 담임과 제자, 그리고 학부모로 인연을 맺게 된 것을 매우 기쁘게 생각합니다. 저는 이번 1학년 3반 담임을 맡게 된 교사 한은정입니다. 교사가 된 지는 벌써 10년하고도 몇 년이 더 넘었네요. 강산이 한 번하고도 조금 더 변할 동안 1학년부터 6학년까지 골고루 경험해 보고 많은 친구들과 즐겁게 학교생활을 했습니다. 우리 성신초에서는 6학년과 4학년 친구들과 생활을 했어요. 그리고 올해에 1학년 친구들과 새로운 인연을 맺게 되었습니다.
>
> 교사생활을 하면서 여러 가지 좋았던 일, 힘들었던 일들이 있었지만 항상 명심했던 것은 '아이들의 눈을 쳐다보자'는 것이었어요. 아이들의 눈에는 아이들의 마음이 담겨 있거든요. 입은 다르게 이야기하거나 닫혀 있을 때가 있지만 눈은 참 솔직하고 깨끗한 것이 바로 우리 아이들이에요. 그래서 전 모든 교육활동의 바탕에 아이들의 눈을 보며 마음을 읽어 보려 노력합니다. 제 마음과 아이들의 마음이 통할 수 있도록 많이 노력하겠습니다. 부모님들께서도 도와주세요.
>
> — 2009학년도 담임소개서 중에서 —

1학년 담임을 맡은 2009년도 안내장인데 나중에 학부모님들 중 몇 분이 이 안내장을 받고 담임의 마음이 느껴져서 학교 보내는 마음이 훨씬 가벼워졌다는 말씀을 해 주셨다.

"선생님, 부족한 아이라서 학교를 어떻게 다닐지 걱정 많이 했어요."

"아이들은 항상 변하잖아요. 잘 할 거예요."

"안내장을 보니 우리 아이를 있는 그대로 봐 주실 것 같아서 안심이에요."

"우리 어른들은 익숙한 것, 보고 싶은 것만 보는 것 같아요. 저도 마찬가지구요. 그런데 아이들은 언제나 변화무쌍하잖아요. 그런 아이들을 마음으로 느낄 수 있게 잘 보려고 노력하고 있어요."

아이들을 잘 쳐다보고 있으면 엉뚱하고 하지 말라는 짓만 골라 하는 것 같은 아이들을 조금씩 이해하게 된다. 그렇게 아이들을 마음으로 받아들이게 되면 어느새 아이들의 삶 속에 내가 들어가 있게 된다. 아이들의 삶 속에 들어가면 아이들은 스스로 이야기해 준다. 교사로서 내가 할 일은 아이들이 마음을 표현할 기회를 주는 것으로 족하다.

"음악은 스스로 이야기한다. 우리는 음악에게 그 기회를 주기만 하면 된다." 유명한 바이올린 연주자인 예후디 메뉴인이 한 말입니다. 클래식에 관심을 갖기 시작하면서 음악 관련 서적을 읽던 중 마음에 와 닿았던 말인데요. 이제까지 아이들과 함께 지내온 세월 때문인지 위의 문구가 "아이는 스스로 이야기한다. 우리는 아이에게 그 기회를 주기만 하면 된다."로 마음에 새겨지더군요. 아이들과 함께 어울려 생활하고 함께 웃고 함께 마음을 나누며 많은 경험을 하려고 합니다. 그러면 아이들은 스스로 이야기해 줄 거예요. 무엇을 하고 싶은지, 무엇이 필요한지, 어떻게 헤쳐 나가고 싶은지 아이들이 이야기해 줄 때 저는 손을 내밀어 도움을 줄 수 있겠지요.

— 2012학년도 담임소개서 중에서 —

서정초등학교로 전근 온 2011년도부터는 담임교사로서 더 진솔한 마음을 담은 안내장을 써 보았는데, 정형화되지 않는 안내장이 신선했다는 반응과 아이들과 선생님이 오케스트라처럼 어우러진 학급 모습을 기대하게 되었다는 이야기를 들었다. 아이들 속에 어른인 내가 들어가는 것이 부자연스러운 일이지만 아이들에게 마음 놓고 제 목소리를 내고 마음을 표현할 기회를 주기 위해서는 내가 아이들의 삶 속으로 녹아들어가는 수밖에 없다.

서로의 눈을 바라보며 함께 웃고 마음을 맞춰 가는 우리반 모습은 상상만 해도 마음 뿌듯하다. 아이들의 눈, 아이들의 목소리, 아이들의 몸짓, 아이들의 마음 소리로 표현하고 있는 다양한 것들을 우리 교사들은 예민하게 느껴야 한다. 그래야 멋진 화음을 만들 수 있다. 아이들 한 명 한 명 어떤 말을 하고 싶어 하는지 알아채는 것이 쉽지는 않지만 그래도 끊임없이 노력해야만 하는 일이다.

가르침이 어려우면 처음으로 돌아가자

교육대학에서 교사가 되기 위한 공부를 할 때는 교원자격증만 얻으면 아이들을 가르치는 것이 무척 수월해질 줄 알았는데, 경력이 쌓일수록 더 생각할 것이 많아지고 아이들의 배움이 충분히 이루어졌는지에 대해 자신이 없어진다. 자격증은 있지만 교사로서 스스로에 대한 부족함이 많이 느껴진다. 그 부족함을 채우려 노력해 보지만 그 실체가 눈으로 보이지 않아서 정확히 알 수 없으니 걱정이다. 그렇다고 손을 놓고 있을 수는 없다. '희망이 저절로 오는 것이 아니라 내 마음의 선택에 따라 희망을 만날 수 있다'는, 희망을 가질 때 앞날이 밝아진다는 조벽 교수의 글을 보면서 다시 한 번 힘을 내보곤 한다.

그래서 나는 교사가 되기로 마음먹고 처음 배웠던 것으로 돌아갔다. 학급을 운영하기 위해 생각했던 학급 교육목표, 그 바탕이 되는 학년·학교 교육목표, 초등교육의 목표, 더 나아가 국가 교육과정이 추구하는 인간상까지 거슬러 올라갔다. 한 번 쓱 읽고 지나갔던 목표들의 의미를 한 줄 한 줄 되새기면서 교육이 나아가야 할 방향을 다시 한 번 생각하게 되었다.

> 우리나라 교육은 홍익인간의 이념 아래 인격을 도야하고, 자주적 생활 능력과 민주 시민으로서 필요한 자질을 갖추게 하여 인간다운 삶을 영위하게 하고, 민주 국가의 발전과 인류 공영의 이상을 실현하는 데 이바지하게 함을 목적으로 한다.
>
> ― 〈초·중등학교 교육과정 총론〉 중에서 ―

국가 교육과정에서 추구하는 교육이념은 너무 넓은 의미를 담고 있어서 별로 마음에 담아두지 않았었는데 다시 한 번 내용을 꼼꼼히 읽으면서 중요한 단어를 살펴보니 홍익인간, 인격, 자주, 민주, 인류 등이었다.

그 중에서도 가장 먼저 제시되는 것이 '홍익인간'의 정신이다. 널리 인간을 이롭게 하라는 홍익인간의 뜻을 생각해 보았다. 여기서 인간은 인간 세상을 뜻하며 홍익(弘益)은 나를 넘어서 가족, 이웃, 마을, 국가, 인류, 더 나아가 우주까지 이로움을 넓혀야 한다는 뜻이다. 그 네 글자 안에 인간 세상을 사는 우리들이 서로 이로움을 주며 세상을 잘 가꾸어야 한다는 기본적인 철학을 보여주고 있으며, 나의 인격을 키우고 민주적인 방법으로 인류가 함께 행복하게 살아야 한다는 방향을 제시하고 있다.

아이가 처음 태어났을 때는 그저 잘 먹고 잘 자는 것 이외에는 아이에게 아무것도 바라지 않는다. 그러나 초등학교 들어가기 전에는 아이가 학교에 잘 적응할까, 다른 아이들에 비해 뒤처지진 않을까 노심초사하며 국어, 수학, 영어, 음악, 체육, 놀이까지 다양한 교육을 시키고 싶어 한다. 초등학교를 다니면서도 실제로 많은 아이들이 사교육을 매주 7~8개까지 하기도 한다. 그래도 초등학교는 나은 편이다. 중학교부터는 끝없는 시험과 경쟁 속에서 아침 일찍부터 저녁 늦게까지 학교와 학원에서 시간을 보낸다. 이런 메마른 상황에서 타인에 대한 너그러움과 배려, 행복한 삶을 위한 기본자세를 갖춘 아이들을 만나길 바라는 건 무리이다.

스스로 행복하다고 말하는 아이들이 몇 명이나 될까? 어른인 나에게 요즘의 아이들처럼 생활하라고 한다면 정말 아찔하다. 그러나 아이들은 선택의 여지가 없다. 어른들이 만들어낸 이 힘든 사회 속에서 어떻게든 성장하고 발전해야 한다. 힘들고 어려운 상황이지만 아이들의 마음을 어루만져 주고 바른 지향점을 향해 나아가도록 할 수 있는 것은 바로 '교육'이다.

사람은 교육을 받지 않고도 살아갈 수는 있다. 각자 자신의 방식에 알맞은 배움의 방법이 있고 그렇게 인류는 진화해 왔다. 그렇다면 교육은 왜 생겨났을까? 단지 살아가기 위해서 교육이 있는 것이 아니라 교육의 목적은 제대로 살기 위함이다. 문명이 발달함에 따라 요구되는 인간상은 다르지만 그래도 기본적으로 다른 사람들과 행복하게 어울리며 살아갈 수 있는 능력은 교육을 통해서 올바르게 길러져야 한다.

이 모든 사회적 갈등의 씨앗은 왜곡된 교육입니다. 교육이 빚어낸 문제이니 교육으로 풀어야 하고, 사람이 만든 문제이니 해결책도 사람에게 있습니다. 즉 교육의 사회적 목표는 어린아이를 머리와 가슴이 일치된 성숙된 어른으로 만들어 서로 소통하여 갈등 없는 사회를 만들어나가는 것입니다. (중략)

그래서 교육의 가장 큰 목표는 세상을 이롭게 하는 인재를 양성하는 데 있어야 합니다. 우리 교육 헌장에서 교육의 목표를 '세상을 이롭게 하는 홍익인간을 만드는 것'이라고 했습니다. 마음 깊이 새겨둘 말이라고 생각합니다. 최고의 교육 철학인 동시에 지향해야 하는 교육의 방향을 매우 구체적으로 알려

주고 있습니다. 이제 실천만 남았습니다.[1]

　그래서 다시 기본으로 가야 한다. 단위 시간만을 보는 눈을 넓혀서 주 단위로, 월 단위로, 학기 단위로 교육과정을 크게 보고, 더 이전에 학급 교육목표의 근거가 되는 학교 교육목표를, 또 그 바탕이 되는 시역 교육청과 도교육청 교육목표를, 그리고 우리나라의 국가교육복표도 어떤 의미를 담고 어떤 인간상을 추구하는 것인지 되새겨 보아야 한다. 그 되새김이 아이들에게 어떤 영향을 끼치고, 어떤 배움의 경험을 가지게 할지 모르지만 선생님의 그런 마음가짐 하나만으로도 아이들은 선생님에 대해 다르게 느끼게 될 것이다.

　세상에 대한 따뜻한 이해와 관심, 그리고 아이들과 함께 살아갈 세상에 대한 기대와 올바른 시선을 지닌 그런 선생님 모습 자체를 아이들은 마음으로 받아들일 것이다. 그런 선생님과 허물없이 즐겁게 지내는 가운데 아이들은 스스럼없이 자기를 표현하면서 다른 사람들과 어울려 행복하게 사는 방법을 스스로 찾을 것이다.

지식은 놀이를 통해 아이들 마음에 내면화된다

"선생님 있잖아요. 우리 '사랑이' 얼마만 하게요?"

"'사랑이'가 뭔데?"

"우리 집 '사랑이'요! 개잖아요."

　저학년 담임을 맡게 되면 담임교사는 아이들로부터 끊임없는 질문

---

1. 조벽, 『조벽 교수의 수업 컨설팅』, 해냄, 2012, pp. 153-155

에 시달리게 된다. 아이들의 질문은 대부분 아이들 개인의 관점에서 나온 자기중심적인 것들이다. 교사가 귀를 기울여 찬찬히 들어도 잘 이해하기 어려운 경우가 많다. 자기가 집에서 했던 일이나 이야기를 선생님도 마치 미리 알고 있는 걸로 생각하여 질문하는 경우도 있다.

"선생님, 우리 아빠가 선물 사준 거 있잖아요?"

"누구한테? 선물 받았니?"

"(고개를 갸우뚱하며)? …… 아! 어제 사줬어요."

"아~ 그랬니?"

"근데요. 벌써 망가졌다요!"

"에구, 어떻하냐~"

"그래도 괜찮아요. 고칠 수 있어요."

"어떻게?"

"원래 산데 가면 무조건 고쳐주는 거예요. 선생님은 몰랐어요?"

아이들의 이러한 특성은 교사에게 질문할 때에만 드러나는 것이 아니다. 아이들의 일상생활에서 자주 나타난다. 친구들과 다툼이 있는 경우에 상황을 잘 마무리해서 집으로 보냈다고 생각했는데 집에서 부모님과 이야기할 때에는 자기의 입장에서만 이야기를 해서 어른들끼리 얼굴을 붉히는 경우도 간혹 생긴다. 또 자기가 좋아하는 물건이 있으면 설사 자기의 것이 아닐지라도 욕심을 부려서 갈등이 생기기도 하고, 재미있는 게임을 하고 있는 경우에는 옆에서 싸움이 나도 신경을 쓰지 않는 모습을 보인다. 초등학교 저학년 아이들의 이러한 특성은 교육과정을 구성하는 데 있어 매우 중요하다.

〈2009 개정 통합교과 지도서〉에서는 초등학교 저학년의 발달 특성을 다음과 같이 일곱 가지로 설명하고 있다. 언어를 통하지 않고 직접적인 경험과 많은 시행착오를 통해 직관적 사고를 하고('직관적 추리'), 경험하지 않은 것은 잘 이해하거나 상상하지 못한다('구체성'). 또한 동작으로 해 보고 그 감각으로 사물이나 사건을 이해하게 된다('동작 기억'). 한 물체에 집중하면 그 외의 다른 것들에 대해 인지를 잘 못하는 경우가 많으며('집중화'), 사물들의 현상이나 모습을 자신의 관점에서 보고 생각한다('자기중심성'). 이 시기의 아이들은 교과의 형식화된 지식들이 머릿속에 구분되어 존재하지 않고 통합적으로 사건이나 사물에 적용되어 있으며('통합성'), 그런 경험이나 지식들이 개인적이고 정서적인 끈으로 머릿속에서 연결되어 있으므로 객관적인 진리나 법칙을 잘 이해하지 못하고 자신이 흥미가 있고 실감할 수 있는 세계에서 살고 있다('개인적 접근'). 어렴풋이 알고는 있었지만 실제로 경험을 하고 아이들의 이러한 발달 특징을 다시 확인하니 한숨이 나온다. 저학년 아이들은 교사이기 전에 어른인 내가 이해하고 받아들이기에는 '너무나 먼 당신'이다.

존 홀트(John Holt)는 『아이들은 어떻게 배우는가』의 머리말에서 아이들을 학교에 보내는 건 아이들에게 생각하는 법을 가르치기 위해서인데 학교에서 실제로는 아이들에게 나쁜 방식으로 생각하도록 가르친다고 이야기하였다. 그는 학교가 아이들이 가장 잘 배우게 되는 방법과 환경, 정신 상태를 이해하고, 아이들이 타고난 방법으로 생각하고 배우고 발전시킬 수 있는 곳으로 학교를 만들라고 제안한다. 이것이 말처럼 쉽지는 않을 것이다. 제대로 하려면 정말 오랜 시간이 걸릴 수도 있다. 그렇지만 나는 지금 내가 할 수 있는 방법을 생각하며 조금씩 노력하고 있다.

나는 아이들과 함께 어울려 놀기 위해 애쓴다. 쉬는 시간마다 함께 놀기는 어렵지만 주제에 따라 교육과정을 구성하고 이러한 교육과정에 따른 수업에 맞추어 어울리는 놀이 방법을 개발하고 있다. 이러한 놀이를 아이들에게 알려주기만 하는 것이 아니라 '고무줄' 같은 놀이를 아이들과 함께하면서 어울리기도 한다. 가끔 점심시간에 '무궁화 꽃이 피었습니다' 놀이를 할 때면 작년에 가르쳤던 아이들과 다른 반 아이들도 기웃거리고 손짓하여 함께 놀기도 한다. 아이들과 함께 놀이에 참여할 때 나는 더 이상 힘이나 목소리가 큰 선생님이 아니라 그 놀이의 일원이 된다. 함지박만 하게 입을 벌리고 신나게 놀다 보면 아이들은 자신의 모습을 보여준다. 그리고 이렇게 아이들과 함께 어울려 놀 때 교육적으로 중요한 의미를 발견하게 된다.

평소 교실에서는 얌전하고 소극적으로 보이는 아이들이 그런 놀이에서는 의외의 모습을 보여주는 경우가 참 많다. 또한 선생님이나 어른 앞에서 예의 바르고 똑똑하게 행동하는 아이들이 친구들 간의 놀이에서는 욕심 때문에 붉으락푸르락해진 얼굴로 화가 나 있거나 심지어 놀이에서 '안 하겠다'고 빠지는 경우도 보인다. 위험한 경우가 아니면 나도 놀이의 일원이 되어 그 상황을 지켜보고 경우에 따라 의견을 말하기도 한다. 이렇게 유연한 대응을 하는 이유는 아이들이 다양한 상황을 겪고 그 상황을 해결하기 위해 집중하는 경험 자체가 아이들을 성장시킨다고 믿기 때문이다. 놀이를 통해 다양한 시행착오를 겪는 경험은 이 시기의 아이들에게 대단히 중요하다. 그래서 나는 놀이를 지켜보거나 놀이의 일원으로 함께하면서 아이들을 온몸으로 이해하려 애쓴다.

일단 교실에서 교과서를 펴고 무언가를 배우기 시작하면 이상하게도 아이들은 교실 밖 일상생활이나 놀이에서 보이는 것과는 다른 모습을 보여준다. 아이들이 협동하는 모습에서 어려움을 겪는 경우가 많고 자신의 행동이 남에게 어떻게 비치는지 인식하지 못해서 문제라고 말하는 교사들이 많다. 그런데 그런 아이들도 수업 시간에는 바른 대답을 한다는 것이다. 나는 아이들이 거짓말하는 것이 아니라 책이나 교사와의 대화, 훈계 등을 통해서 얕게 습득한 지식이 아이들에게 내면화되지 않아 아이들이 일상생활에서 그러한 지식을 행동으로 나타내지 못하는 것이라고 생각한다.

그러니 인쇄된 활자나 교실 상황에서의 배움만으로는 더 이상 아이들에게 다가가기 어렵다. 가능한 아이들에게 보다 집중해서 몰입할 수 있는 환경과 아이들이 문제를 함께 겪으면서 해결 방안을 찾아나가도록 우리 교사들은 고민해야 하고 그러기 위해서는 아이들에 관해 지금보다 훨씬 더 많이 알아야 할 필요가 있다.

2장
교육과정은 아이들이 주인공이 되어 만드는 재미있는 이야기

준비 단계

"오늘 공부 뭐 했어?"

"몰라."

"재밌었어?"

"응."

학교생활에 대한 아이들과 부모님의 대화이다. 아이들이 하교하면 부모님은 이것저것 물어보지만 아이들의 대답은 무척 짧다. 미주알고주알 이야기하는 다른 집 여자 아이들 이야기를 전해 듣고 학교에서 무슨 활동을 하고 배우는지를 알게 되는 경우도 많다고 한다.

왜 아이들은 뭘 공부했는지 잘 모를까? 아니, 잘 모른다고 할까? 부모님과 대화를 나눌 때 위와 같이 이야기하면 교사로서 좀 맥이 빠진다. '분명히 재미있게 잘 참여했는데…' 하는 생각에 수업 시간에는 잘 한다고 이야기하고 싶어도 괜한 변명 같아 조심스러워진다. 교육과정을 운영하다 보면 배우는 정도는 다르겠지만 대부분 아이들은 즐겁게 잘 참여한다. 그런데 집에 가서는 뭘 배웠는지 이야기를 못하는 아이들이 많은 걸 보면 무언가 문제가 있긴 있는 것 같다.

그런데 신기하게도 재미있는 이야기 같은 주제를 마인드맵으로 소개하니 엄청난 수다쟁이로 변한 아이들을 볼 수 있었다. 나는 옛날이야기 같이 재미있는 이야기로 엮인 교육과정을 좋아한다. 무엇을 가르칠지 파노라마처럼 머릿속에서 흘러가고, 머릿속에 잘 담겨 있어서 수업할 때 가르칠 내용이 잘 기억난다. 수업 연관 활동도 생활 속에서 잘 찾아낼 수 있어서 수업할 때 도움이 많이 되기 때문이다. 아이들도 나처럼 이야기를 좋아한다. 재미있는 그림과 함께 제시된 이야기 같은 주제라서 공부로 느껴지지 않나보다. 공부를 좋아하는 아이나 그렇지 않은 아이나 모두 선생님의 옛날이야기를 좋아한다. 교과서의 사실은 거의 기억하지 못하는 아이들이 드라마나 옛날이야기는 기억을 해서 남에게 이야기해주기까지 한다. 공부에도 이야기가 필요하다. '나'라는 교사가 크게 바뀐 것이 아니고 비슷한 나이 또래의 저학년 아이들을 가르쳤지만 재미있는 이야기가 아이들의 눈빛을 변하게 하였다. 이야기가 있는, 유의미한 맥락이 있는 학습은 아이들에게 쉽게 다가갈 수 있으며 아이들로 하여금 배움에 대한 적극적인 마음을 갖게 한다. 그리고 무엇을 배우는지 아이들이 스스로 이야기하고 싶게 만든다.

선생님이 칠판에 그리는 마인드맵을 정성껏 따라 그리면서 배울 주제에 대한 기대감을 친구들과 함께 말로 나누고, 주제를 끝내고 나면 무엇을 배웠는지 함께 이야기하였다. 대부분의 아이들은 즐겁게 배우면 억지로 시키지 않아도 말하고 싶어 하고 어떤 방법으로든 자기가 받아들인 정도를 표현할 수 있다. 아이들이 즐겁게 배울 수 있는 교육과정, 매일매일 기대감을 갖게 만드는 교육과정을 만들려 노력한다.

"1학기에 우리들은 무엇에 대해 알아보고 있나요?"

"'소중한 새싹', '꿈꾸는 봄', '또 다른 가족', '여름아 반갑다'요!"

아이들이 중창을 하듯 이야기한다. 하나하나의 주제에 대해 물어보면 아직 어린 2학년 학생들이지만 지나간 내용에 대해서 이해하고 안 만큼 신나게 이야기한다. 배우는 내용들이 조각조각 나뉘어져 있지 않고 이야기처럼 연결되기 때문에 연상이 되나 보다. 그리고 친구들의 말을 들으며 꼬리에 꼬리를 물고 재미있게 이야기를 완성해간다.

아이들과 행복하게 함께할 수 있는 교육과정을 위하여 새 학기를 맞이하기 전 나는 교육과정 작성을 위해 '이지에듀'를 켜던 습관을 버리고 스케치북을 하나 펼쳐서 이야기를 짤 준비를 한다. 사실 '방학'은 몸도 마음도 쉬고 싶은 시기이다. 하지만 그런 약해진 마음을 조금 접어두고 우선 시작해 보는 것이 중요하다. 텅 빈

종이를 보면 무엇부터 채워 나가야 할지 막막하지만, 아이들의 반짝이는 눈빛을 보였던 때나 함께 즐겁게 놀았던 것 등 지난 학기 동안 내가 아이들과 함께 했던 수많은 활동들을 떠올리는 것부터 시작하는 건 어떨까? 또는 가르치면서 어려웠던 것에 대해 기록하는 것도 좋다. 같은 학년을 연임한다면 더 많은 것이 떠오를 것이다.

나는 전 학기에 아이들과 내가 궁금했거나 더 알고 싶었던 내용들을 찾아 정리한다. 교육과정을 만들 때 빠짐없이 가르치겠다는 의무감이 앞서서 처음부터 교과서와 단위 시간에 초점을 맞추게 되면 마음이 급해진다. 처음으로 돌아가서 교육과정 총론을 보며 추구하는 인간상과 교육목표, 편제, 시수 등도 훑어보고 필요한 것은 정리하기도 한다. 내가 담임을 맡게 되는 아이들의 학년별 특성이나 교육과정 위계를 보는 것도 빠질 수 없다. 누가 시킨 일도 아니고 제출해야 하는 보고서도 아니므로 지루하고 재미가 없다. 그래서 색색의 펜을 이용해서 정리해 봤는데 은근 재미있기도 하다. 알록달록 색깔을 보니 자꾸 보고 싶어지고 한 눈에 쏙 들어온다. 자꾸 봐야 눈에 익고, 눈에 익어야 마음에 새겨진다. 내친김에 지도서의 각 교과별로 교육목표와 특징, 교수-학습 내용들까지 내 맘대로 정리해 본다. 이렇게 1년 이야기를 짜기 위한 나만의 준비를 조금씩 진행한다.

나는 내가 하고 싶은 교육과정을 짜보고 싶었고 이렇게 나만의 단계를 통해 기초를 다진 후 차근히 교육과정을 설계해 보니 생각보다 어렵지 않았다. 마지막 단계에 시수를 맞추고 평가 안을 짜면서 머리가 아플지라도 처음에는 행복하게 시작하는 것이 좋다. 행복한 마음으로 시작한 교육과정에는 자신의 애정이 담길 수밖에 없고, 그런 교사의 모습 자체를 아이들은 느끼고 받아들일 것이다.

[사진1] 교육과정 설계 전 나만의 준비 단계

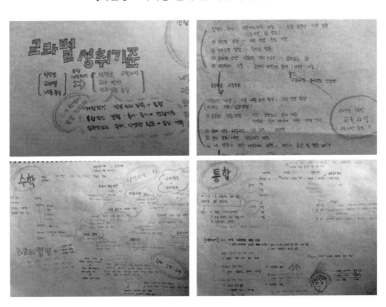

이런 나만의 준비 단계는 교육과정을 짜는데 불필요하고 거추장스럽게 느껴질지도 모르겠다. 하지만 매년 경력이 쌓이고는 있지만 교사로서 성장하는 느낌보다는 멈춰있다는 생각이 든다면, 새로운 아이들을 만나는 것이 가슴 설레지 않고 두렵다면, 그리

고 그런 생각들과 두려움을 떨치기 위해 각종 연수와 책들을 보며 노력하고 있지만 자신감이 생기지 않는다면, 꼭 이런 준비 단계가 아닐지라도 한번 조용히 성찰의 시간을 갖는 것이 어떨까 생각한다. 방학 중 조용히 편안한 마음으로 지난 일 년을, 기억나는 몇 년을 되돌아보고 아무런 틀이나 양식에 얽매이지 않고 자유롭게 나를 표현해 보는 것만으로도 많은 것을 얻을 수 있을 것이다. 아이들이 주인공인 이야기를 꾸미기 위해서 교사는 아이들 속에 있어야 하고, 교사가 아이들과 함께 한 경험은 그 무엇과도 바꿀 수 없는 큰 자산이며 그 경험을 바탕으로 한 성찰이 가치가 있기 때문에 형태는 다를 수 있지만 '나만의 준비 단계'는 꼭 필요하다.

경험의 범위를 고려하자

쉬는 시간에 가만히 살펴보면 대부분의 1·2학년 아이들은 상대가 이해하는지 여부에 상관없이 끊임없이 상황을 설명하면서 역할극이나 블록놀이, 고무줄놀이, 잡기 놀이, 보드게임 등을 한다. 블록으로 자기 키의 반 정도를 쌓아 놓고는 이건 우리학교네, 우리 아파트네, 학교 앞 공장이네, 드디어 63빌딩까지! 아는 높은 건물은 죄다 나온다. 보기에는 낙서 같은 그림도 아이들의 상상력 속에서는 버섯도 되고, 만능 로봇도 되고, 끊임없이 진화하는 슈퍼 히어로가 된다. 어른인 나는 억지로 호응을 해주며 들어주기에 그치지만 옆에서 함께 듣는 아이들의 얼굴은 무언가를 상상하는 표정으로 호기심에 가득 차 있다. 공부시간에 보여주는 표정이 아닌 아이들도 꽤 많다. 그런 표정과 호기심을 수업 시간으로 옮겨올 수는 없을까? 수업 시간에 배우는 것들이 아이들이 알고 있고 관심 있으며 좋아하는 것들과 너무 동떨어진 것은 아닐까? 아이들 주변의 경험과 배움이 연결된 이야기를 고민해 보아야 한다.

교육부의 2013학년도 초등학교 교사용 지도서에서는, 듀이의 점진적 조직이론을 소개하고 있다. 학교 교과는 적어도 세 가지 형태, 즉 학생이 이미 경험한 형태, 경험의 범위 안에 있는 형태, 경험을 넘어서는 형태로 이들이 서로 점진적으로 조직되어야 한다고 하는데, 초등학교에서는 주로 학생의 경험의 범위 안에 있는 형태로 교과가 구성되어야 한다고 한다. 초등학교에서는 학생이 실감하고 경험할 수 있는 문제나 체험적인 것을 다루어야 한다는 것이다.

초등학교 아이들, 특히 유치원을 갓 졸업한 1·2학년 아이들은 자신이 경험한 것을 넘어서는 학습 활동은 잘 이해하지 못하는 경향을 많이 보여준다. 영상을 보거나 자세한 설명을 들어도 그 활동에 관한 경험의 범위가 좁은 아이들은 쉽게 이해를 하지 못한다. 고개를 끄덕이며 알아듣는 척 하지만 막상 결과물은 전혀 엉뚱한 방향으로 흐르기도 한다.

2학년 아이들과 '하루를 여러 가지 방법으로 나누기' 슬기로운 생활 수업을 한 적이 있다. 오전, 오후로 나누거나 아침, 점심, 저녁, 밤으로 하루를 나누는 것이 별로 어렵지 않을 거라 생각해서 교과서와 동영상을 이용하여 설명하며 수업했는데, 아이들은 내 설명을 다 알아듣는 얼굴로 앉아있었지만 막상 급식은 언제 먹느냐는 나의 질문에 자신 있게 점심이라고 대답하지 못하는 아이들이 꽤 있었다. 놀란 나는 다른 예를 한두 가지 더 들었는데 그것도 마찬가지였다. 아이들은 아침에 일어나서 부모님이 도와주고 시키는 대로 챙겨서 옷 입고, 학교 오고, 밥 먹는 등 생활을 했기 때문에 스스로 하루의 변화를 말할 필요가 없었고, 오전 · 오후나 아침 · 점심 · 저녁 등을 굳이 구분할 필요가 없었던 것이다.

아이들의 생활에 대해 미리 인지하고 아이들이 직접 하루 시간의 변화를 느낄 수 있도록 경험의 범위를 미리 확장시키는 노력을 했다면 하는 아쉬움이 남았던 수업이었다. 그런 1 · 2학년 아이들이므로 논리적인 설명이나 인쇄되어 있는 자료, 아이들을 고려하지 않은 어른들의 눈높이로 정선되고 만들어진 학습 자료로는 다가가기 어렵다. 실제로 아이들의 생활환경 속에서 힌트를 얻고, 아이들이 흥미를 가지고 있고 친근하게 여기는 것들을 알아보아 그것들을 배움 자료로 활용해야 한다. 또한 아이들이 생활하고는 있으나 스스로 인지하지 못하는 것들에 대해 미리 예상하고 효과적으로 경험을 확장시켜 주기 위해 노력해야 한다.

이미 2009 개정 교육과정의 취지를 반영하여 2013년도에는 초등학교 1 · 2학년에 통합교과가 만들어졌고 통합교과 교재가 배부되었다. 바른생활, 즐거운생활, 슬기로운생활 교과를 통합 접근하여 주제를 중심으로 개발한 교육과정으로서 '학교' 혹은 '나', '가족', '이웃', '우리나라', '봄', '여름', '가을', '겨울'이라는 이름의 주제 중심 교과서를 개발하였다. 아이들의 경험을 공간적으로 나로부터 가족, 이웃, 우리나라로 확대시키고, 시간적으로는 봄, 여름, 가을, 겨울 이렇게 계절에 맞게 제시하였다. 교과 형태로 세분화해서 아이들을 가르치던 것에서 벗어나 아이들의 배움이 일어나는 방식에 대한 고민을 거쳐 나온 교과서이니 만큼, 교과와 일상생활을 구분하는 것이 아니라 일상생활에서 교과 학습으로 발전시키는 통합교과의 특성을 이해할 필요가 있다. 듀이가 말했듯이 '아이들의 경험세계 안의 것들', 즉 아이들이 익숙하고 흥미롭게 생각하는 것, 알고 싶어 하는 것들로 이루어진 주변 생활과 같은 활동 속에서 자연스럽게 배울 수 있도록 해야 한다.

아이들과 마음을 열자

교사는 아이들과 허물없이 가까워야 한다. 그래야만 아이들이 교사를 믿고 마음의 문을 연다. (중략) 아이들은 겉보기에는 가까운 듯 재잘거려도 자신들을 내보이는 것은 아니다. 교사가 아이들과 더욱 가까워져서 아이들 마음이 되어야 아이들이 내는 영혼의 소리를 들을 수 있다. 진정한 교육은 그런 곳에서 이루어진다.[1]

---

1. 이호철, 『살아있는 교실』, 보리, 2004, p. 52

2012학년도에 나와 만나게 된 우리 반 아이들은 눈이 정말 맑은 아이들이었다. 이 아이들을 보는 순간 떠오른 이름 '맑으니'였다. 첫 번째 주제 마인드맵을 그리면서 자신들을 '맑으니'라고 부르는 담임선생님을 보면서 아이들은 무척 재밌는 듯이 웃었다. 그렇게 시작된 '맑으니'들과의 배움은 아이들과 담임교사인 나 모두에게 설레는 시작이었다. 그러나 담임선생님에게 집중하고 선생님이 이끄는 대로 아이들이 움직여 주면 좋으련만 아쉽게도 이 어린 아이들은 어른인 내가 짐작할 수 없는 다양한 방법으로 일을 치를 준비가 되어 있었다.

마음속으로 대비를 하고 있다고 생각했는데도 예고 없이 터지는 다양한 사건들은 내 머릿속의 '아미그달라'(편도체: 분노, 증오, 슬픔, 절망, 공포 등 부정적 감정에 불을 당기는 원시적 두뇌)를 터뜨린다. 지극히 평범한 사람인 나는 그런 경우에 화가 나고 얼굴이 빨개지며 순간적으로 뒷목이 뻐근하며 멍해지기까지 한다. 그럴 때 나는 '부정적 감정의 자연적 수명은 90초이다.'[2]란 문구를 떠올리려 노력한다. 눈을 감거나 시계를 보며 잠시 숨을 고른 후 마음이 가라앉길 기다린다. 그리고 훈훈한 마무리를 위해 머리를 회전하기 시작한다. 집에 가기 전에 '맑으니'들과 함께 상황을 다시 정리하거나 그것도 안 되면 아이들에게 생각해 볼 문제를 제시한다. 그리고 바로 또는 다음날이라도 꼭 추후 지도를 한다. 올바르지 않은 행동을 고치기 바라는 마음도 있지만 더 중요

---

2. 김상운, 『왓칭』, 정신세계사, 2011, p. 178

한 것은 그 아이의 마음에 억울함이나 분노가 남지 않길 바라기 때문이다.

이렇게 어른과는 다른 어린아이들과 함께 생활하는 것은 생각보다 어려운 일이다. 그래서 평소에 감정을 서로 나누는 것에 많은 노력을 한다. 수업 전이나 쉬는 시간 또는 수업에 들어갈 때 아이들과 편한 마음으로 하는 대화를 나눈다.

"어제 재밌는 일 있었니?"

"날씨가 참 좋다. 그치?"

"어제 늦게 잤더니 몸이 나른하구나. 너희들은 일찍 잤니?"

작은 일을 서로 나눠가며 기분이나 감정을 이야기하는 것이다. 자신의 마음과 기분을 편한 상황에서 지속적으로 표현하면서 아이들은 선생님이나 친구들이 자신의 감정을 잘 알고 있다고 생각하게 된다. 또는 아이들은 자신이 말하면 교사가 잘 들어준다고 생각하게 된다. 교사와 학생 간, 학생과 학생 간 의사소통 통로가 열릴 때 아이들의 학습은 물론이고 감정 조절 능력이 향상될 것으로 믿는다. 나는 아이들의 감정을 인식하고, 말로 표현하도록 도와주며 기다린 후, 필요하면 적절한 조언을 하는 것으로 수업을 시작하는 편이다. 그러면 아이들과 교사인 나 모두 개운하고 밝은 마음으로 수업에 임하게 된다.

하루의 수업이 모두 끝나고 알림장을 쓴 후 검사를 받으면서 우리 반은 '오늘의 소감'을 쓴다. 일기 쓰기 지도의 일환으로 계획했던 활동인데 오히려 아이들의 마음이나 학습 곤란도, 친구 관계 등을 알게 해주는 훌륭한 통로 역할을 하고 있다. 오늘의 소감을 색연필로 줄을 그어 주며 읽고, 짧지만 마음을 알아주는 말을 건넨다. 가끔 알림장이 길어져서 오늘의 소감을 생략하면 서운해하는 친구들도 있고, 몇몇은 안 힘들다며 써오는 정성을 보여주기도 한다. 선생님의 짧은 말을 듣고 아이들은 대답을 하거나 웃음으로 답하고 마지막 인사를 한다. 손으로 하트를 만들며 "선생님, 사랑해요~!" 그러면 나의 대답은 "○○아, 싸랑해~!". 사실 몇몇 '맑으니'들이 "선생님, 돼지에요.", "선생님, 한우에요.", "선생님, 살 빼세요." 등 장난기 있게 인사를 하지만 나를 보고 웃어주는, 선생님을 좋아하는 그 마음은 느끼고 있다.

또한 수업 중에 의미 있는 활동을 한 경우나 아이들이 무언가를 많이 말하고 싶어 할 때에는 '아름다운 일기 쓰기'를 한다. 집에 가서 쓰는 일기가 아니라 공부 시간에 쓰는 주제 공책에 일기 형식으로 활동에 대해 쓰고 싶은 내용을 쓰는 것이다. 수업 활동을 할 때 아이들이 마음속 가득히 배움을 채우게 되면 너무나 간절히 표현하고 싶어 한다. 그럴 때 몇몇의 이야기를 듣고 선생님이 아이들 말 속의 숨은 의미를 찾아 잘 표현해 준 후 일기 형식으로 공책에 정리하게 한다. 그러면 2~3줄도 쓰기 힘들어하는 2학년 아이들이 공책 반 이상을 쉽게 넘긴다. 많은 양을 배우는 것도 중요하지만 한 가지라도 마음 속 깊이 넣을 수 있다면 아이들 성장에 도움이 될 것이다.

1학기에 아름다운 일기 쓰기를 한 후 학기 초부터 알림장에 오

늘의 소감 쓰기를 하고, 2학기에는 '글똥누기'를 한다. 일기 쓰기
가 2학기에 나와서 어떻게 지도하면 좋을지 동료 선생님과 이야
기를 나누던 중 그 선생님 반은 아이들에게 글똥을 누는 걸로 글
쓰기를 한다는 이야기를 들었다. 밥을 먹으면 영양분은 흡수되고
남은 것들이 몸 밖으로 나오는 것처럼, 억지로 쓰는 일기가 아닌
좋은 활동이나 배움 끝에 나오는 좋은 에너지를 글로 옮기는 것이
다. 일기 쓰기에 대해 배우는 수업 시간에 '글똥누기'에 대해 소개
해 주고 좋은 글똥을 지속해서 소개해 주었다. '글똥'이란 재미있
는 말에 호기심이 가득한 표정으로 입 벌리고 듣던 우리 '맑으니'
들…

"그런데 선생님, 글똥도 자주 안 누면 변비 걸려요?"

정말 '맑으니'들다운 생각이다.

아이들의 마음을 억지로 열면 아이들은 포장된 마음만을 보여
준다. 교육과정과 학급 운영에서 자연스럽게 녹아 들어간 다양한
감정 이야기와 지속적인 마음 활동들은 아이들의 마음을 조금씩
보여주었다. 그리고 나도 아이들에게 한 걸음 더 가까워졌다.

[사진2] 오늘의 소감　　　　[사진3] 아름다운 일기 쓰기

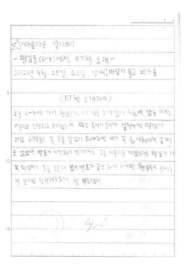

[사진4] 쓰기 글똥누기

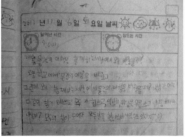

함께해야 즐겁다

언제부터인가 경쟁이라는 말이 교육계에 만연하다. 아이들을
통제하기 위해서나 보상의 수단으로 많이 쓰이던 '스티커'나 '선착

순' 같은 방법들이 아이들 마음속에 경쟁의 마음과 남보다 잘해야 한다는 조바심을 키운 것이 아닐까 스스로 반성해 본다.

1학년을 맡았을 때 아이들이 각자가 너무나 다른 곳을 보고 있고 내 지시를 따르지 않아서 개인별 스티커를 주기 시작했다. 아이들은 적절한 경쟁심도 있었고 보상에 약한 모습을 보였다. 국어나 수학 시간에 문제를 다 해결한 아이들은 차례대로 줄을 서서 검사를 받고 스티커를 받아가게 하니 대부분의 아이들이 게으름을 피우지 않고 잘 해냈다. 그 효과를 보고 독서록 한 줄 쓰기나 받아쓰기, 급식 지도 등에도 스티커를 활용했다. 우리 반에는 다섯 가지 종류의 스티커 판이 벽에 붙어 있었고 아이들 이름 옆에는 색색의 동그란 스티커가 길게 늘어서 있었다. 가끔 친구들보다 스티커를 많이 못 받은 아이들에게 열심히 해서 꼭 스티커를 받으라고 지도를 하기도 하고, 좀 과하다 싶게 과제를 해 온 경우에는 인심 팍팍 써서 두 개씩 주었다. 문제를 잘 해결한 아이들이 친구를 도와주는 기특한 모습을 보이면 칭찬과 함께 스티커를 주기도 했다.

그런데 내 마음이 점점 불편해졌다. 어느 순간 아이들의 모습이 평온해 보이지 않은 것이다. 교실은 잘 통제되고 있었지만 뭔가가 많이 삐걱거리는 느낌이었다. 독서록 한 줄 쓰기를 우리 반에서 적게 한 몇 명에 대해 시간을 내서 지도해야겠다고 생각하다가 며칠 후 마음먹고 지도하려고 스티커 판을 봤는데, 분명히 가장 적은 수의 스티커가 붙어 있던 아이 이름 옆에 5~6개의 스티커가 더 붙어 있었다. 그리고 자신의 스티커 수가 줄었다고 말하는 아이들이 늘어나기 시작했다. 또 이런 일도 있었다. 수학 시간에 문제를 다 푼 친구들은 선생님께 검사받고 스티커를 받은 후 잘 못하는 친구들을 도와주기로 했고, 2명의 친구를 도와주면 스티커를 하나 더 준다고 했다. 잘하는가 싶었는데 뭔가 이상했다. 평소 수학을 어려워하던 아이들이 너무 빨리 가지고 나오기 시작한 것이다. 문제도 거의 안 틀리고 말이다. 그래서 이상한 생각이 들어 문제를 조금 바꿔서 물어보니 대부분 해결하지 못했다.

평소 아이들에게 다른 사람의 것에 손을 대면 안 된다고 열심히 가르쳤고, 정직해야 한다고 안 가르친 것도 아닌데 왜 많은 아이들이 이런 행동을 할까 생각을 한 끝에 결론이 나왔다. 아이들이 교육적으로 부적절한 환경에 노출되어 있었는데, 바로 보상 스티커였다. 자신의 이름 옆에서 스티커가 하나 둘 늘어나면서 스티커에 예민해진 아이들은 배움에 빠져들기 보다는 빨리 해치우려는 모습을 보였고 다른 친구들에 대한 바른 도움을 조금씩 외면하고 있었다. 수업 시간에 배운 삶의 가치들은 그 작은 스티커 앞에서 무너져버렸다.

이런 몇 가지 사건들을 겪고 깊은 고민을 한 뒤 보상을 위한 스티커를 우리 반에서 없앴다. 아이들의 마음을 모으는 데 조금 더 시간이 걸리는 듯 보였지만 내가 생각을 바꾸니 아이들도 교사인 나도 훨씬 행복해졌다. 그 뒤로 경쟁의 상대가 아니라 함께 배워 가는 친구들의 소중함을 알게 해 주고 싶어서 이런저런 활동을 계획하여 해 보거나 수업 시간에도 틈나는 대로 협동하여 학습할 수 있는 여건을 마련하기 위해 노력하고 있다.

우리 반에 아직 스티커가 있기는 하다. 이 스티커는 주로 모둠별 학습에 쓰인다. 친구들의 이야기를 잘 듣고 서로 의견을 나눈 후 만족하면 스티커를 붙여주거나, 방학 과제를 책상 위에 전시해 놓고 친구들의 과제를 살펴 본 후 배운 점이 있는 작품에 붙여주거나 하는 식으로 쓰인다. 가끔은 어려운 수학 문제나 글쓰기를 잘한 뒤 선생님에게 검사를 받을 때 내용 옆에 붙여 주기도 한다. 이는 아이들을 관리하기 위한 목적이 아니라 철저히 칭찬과 격려의 목적으로 사용하고, 빨리 검사받은 아이나 늦어서 심지어 다음날 검사를 받은 아이에게도 똑같이 하나씩 붙여준다. 어려운 과제를 포기하지 않고 끝까지 해냈다는 칭찬의 표시이다.

[사진5] 스티커를 이용한 방학과제 검사

이런 경험들을 바탕으로 학기 초에는 의도적으로 함께하는 활동을 많이 하려 노력한다. 주로 게임을 많이 하는데 선생님 대 '맑으니'들로 해서 '가위바위보'를 하거나 '누가 꿀떡을 먹었나', '암산 게임' 등을 한다.

"선생님을 이겨라. 가위 바위 보!"

신나게 외치면서 1:30으로 가위바위보를 한다. 선생님에게 이긴 아이들은 신이 나서 폴짝폴짝 뛰고, 진 아이들은 친구들을 응원한다. 다섯 번해서 서 있는 친구가 있으면 '맑으니' 전체 점수가 올라가기 때문이다. 칠판 한 구석에는 '맑으니' 대 선생님 점수가 항상 적혀 있다. 꼭 '내'가 아니라도 친구가 잘 되면 나도 좋으니 아이들은 항상 신이 나있다. 계속 점수가 그대로인 선생님이 불쌍해서 가끔 선심 쓰듯 점수를 올려주기도 하는 너그러운 아이들이다.

'마음 안대 놀이'도 꼭 하는 활동이다. '마음 안대' 놀이는 5명이 한 조가 되어서 하는 활동이다. '글똥 누기'와 마찬가지로 이 역시 동료 선생님에게 힌트를 얻어 약간 변형하여 활용하게 된 놀이이다. 한 명이 안대를 쓰고 양 팔을 친구들이 잡아준다. 앞에서는 길잡이 역할을 하는 친구가 안전하게 길을 안내하며, 뒤에서는 안대를 쓴 친구가 불안하지 않도록 어깨를 잡아주고 격려해 준다. 아이들은 행여 친구가 다칠까 조심조심 친구를 안내하고, 앞이 안 보이는 어린이는 친구를 믿고 한 걸음 한 걸음 앞으로 나선다. 모둠의 친구들이 돌아가며 안대를 한 번씩 쓰고 복도 끝까지 다녀오면 활동이 끝난다. '내' 주변 친구들의 소중함을 마음으로 느낄 수 있기를 바라며 활동을 계획하였고, '마음 안대' 활동 후 많은 아이들이 '불안했지만 친구 덕분에' 잘 끝마칠 수 있었다는 소감을 이야기하면서 친구와 잘 지내기로 다짐하고 실천하는 모습을 보여 주었다.

[사진6] 마음 안대놀이

교실에서 이루어지는 수많은 배움 활동들이 나만 먼저하고 잘하면 그만이라는 생각을 갖도록 하는 활동은 아닌지 고민해 봐야한다. 앞으로 어려운 길을 함께 헤쳐 가며 살아갈 친구끼리 지시하고 감시하는 활동이 아니라 서로 격려해 주고 협동하는 모둠 활동이 되어야 한다. 친구의 잘못된 점을 찾는 것이 아니라 친구와 서로 도우면서 친구로부터 배울 점을 찾는 활동을 의도적으로, 그리고 지속적으로 할 필요가 있다. 아이들이 서로의 눈을 쳐다보고 함께 웃으면서 친구와 맘 편히 학교생활을 할 수 있는 환경을

위해서 우리 교사들 먼저 경쟁의 마음을 버리려 노력해 보는 것은
어떨까?

3장
배움의 끈이 되도록 교육과정을 구성하다

　주제 중심 교육과정은 다양한 배움을 재미있는 이야기로 이어주는 배움의 끈이다. 울타리나 비빔밥으로 비유하기도 하는데 주제를 자세히 배우는 것에 목표를 둔 것이 아니라 1년 동안 배울각각의 내용들을 몇 개의 덩어리로 잘 엮어서 무엇을 배우는지 학습자가 알고 능동적으로 학습을 할 수 있도록 도움을 준다. 하지만 교육과정을 꼭 주제 중심으로 구성해야 하는 것은 아니라고 생각한다. 조직하는 방식도 중요하지만 더 생각해야 하는 점은 아이들의 배움이 깊고 행복하게 일어날 수 있도록 고민해보는 것이다. 아이들의 특성, 교과서, 지역사회, 인적 물적 자원, 자연환경, 활용할 수 있는 다른 자료 등 주어진 조건을 잘 고려하여 우리 학급(학년)의 상황에 맞게 교육과정을 재구성하는 것이 필요하다. 너무 어려워하지도, 너무 잘하려고 하지도 말고 마음속에 단단히 뭉쳐 있는 힘을 빼자. 나 자신을 유연하게 만들어서 잘 들여다보고 성찰하는 것이 우선이고, 그런 후에 내가 잘 할 수 있는 것부터 시작하면 된다.

여유롭게 말하는 토론 자리를 만들자

한 해나 한 학기 동안 아이들과 지내고 나면 몸에서 힘이 모두 빠져 나가 모든 것이 귀찮고 의욕이 없어진다. 교사처럼 많은 사람을 대하는 직업은 자신의 감정을 조정하며 일을 해야 한다. 감정노동, 감정 노동자라는 말이 생긴 것처럼, 자신의 감정을 끊임없이 억누르거나 조율하며 일을 하는 사람들에 대해서 많은 이해를 하는 사회적 분위기가 조성되고 있다. 하지만 우리 교사들은 학기 말이 되면서 마음속의 어려움이 실제로 몸의 증상으로 나타나는 경우가 많다. 다양한 아이들에게 의미 있는 배움이 일어나도록 하기 위해 다각도로 노력하고 하루에도 몇 번씩 통제되지 않는 아이들을 보며 끓어오르는 화를 삭이는 것이 여간 힘든 일이 아니다. 다행히 우리 교사들은 방학이 있어서 한 학기 동안 힘들었던 심신을 추스르고 다음 학기를 위해 충전할 수 있다. 방학이 없다면 새 학기를 준비할 시간도, 힘도 얻는 것이 정말 어려울 것이다. 이런 소중한 방학 동안 교사들은 각종 연수를 통해 스스로 느끼는 부족한 부분을 채우며 새 학기를 위한 준비를 하기도 한다.

요즘은 교육과정 재구성에 대한 중요성이 부각되면서 방학 대부분을 교육과정 재구성에 할애하는 경우가 많아지고 있다. 연수나 연가 등으로 방학 때 같은 학년이 시간을 맞추기가 어려우면 방학식 다음날부터 모이기도 한다. 이렇게 어렵게 모여서 교육과정 재구성에 대한 책을 학습하고 토론하거나 다른 학교의 교육과정을 살펴보며 우리 학년 또는 학급의 교육과정에 대해 고민해보지만 쉽지 않은 일이다. 왜냐하면 교육과정이란 것이 생각보다 고려해야 할 것이 많고, 교과서를 보면 모두가 중요한 것처럼 느껴져서 교사가 자신의 뜻에 따라 그것을 평가하고 변화시키는 것에 두려움을 느끼기 때문이다. 그럼 정말 하기 싫어진다. 안 그래도 힘든 시기인데 너무 복잡하거나 어려운 일을 자발적으로 하고 싶지 않고, 지친 몸과 마음을 더 이상 이길 재간이 없다.

그렇지만 한 학년의 시작을 잘하고 1년을 행복하게 보내기 위해서는 무엇이 중요한지 생각해 보아야 한다. 교사들에게는 매우 바쁜 3월이지만 우리 아이들에게는 한 학년의 시작이고 새로운 각오를 다지며 노력하려는 마음이 가장 큰 시기이기 때문이다. 다행히도 사람은 자신이 하고 싶은 일이나 잘 하는 것, 관심 있는 일을 할 때에는 없던 힘도 생기는 것 같다. 공부 시간에 꾸벅꾸벅 졸던 아이가 쉬는 시간에는 땀을 뻘뻘 흘리며 축구를 하는 것처럼 우리 교사들에게도 하고 싶은 일이나 재미있는 일에 쓸 에너지는 따로 저장되어 있나 보다. 쉬고 싶은 방학 때 교육과정을 짜야 한다는 부담감이 그 에너지가 나오는 것을 방해하지만 좋은 동료들과의 유쾌한 수다는 잠겨 있는 문을 열게 한다.

나는 교육과정을 짜기 위해 교사들이 함께 모이는 자리에서 교과서를 먼저 펴지 않는다. 따뜻한 차와 약간의 간식을 놓고 서로 편안하게 이야기한다. 지난 한 학기를 보내며 있었던 일을 이야기하면 어느새 아이들에 관한 이야기로 흐른다. 힘들었던 아이, 재주가 많은 아이, 가정에 문제가 있던 아이, 행동이나 능력이 많이 좋아진 아이 등 교사 마음에 남은 아이들의 모습을 서로 이야기하며 위안도 얻고 좋은 교육방법도 공유한다. 긴장된 마음을 탁 풀고 이야기하기 위해서는 딱딱한 학교보다는 분위기 좋은 찻집이나 집이 더 좋다. 자세가 편안해지면서 이야기도 무척 유연하게 진행된다. 한 학년에 학급 수가 적은 경우에는 학년군으로 모여서 이렇게 워밍업 대화를 하는 것도 좋을 것 같다.

같은 학년 교사들이 비슷한 나이 또래도 좋지만 다양한 나이로 구성되었을 때 이야기가 훨씬 다양하고 풍부해진다. 교육 경력이 많은 교사들은 아이들의 행동을 볼 때 자신의 교직 경험을 토대로 하여 그 행동 이면의 것들을 본능적으로 느끼고 순발력 있게 대처한다. 다양한 교육학 책이나 교양서적을 탐독한다 하더라도 갖기 어려운 능력이다. 교육 경력이 짧은 교사들은 아이들을 대할 때 너무 조심하거나 반대로 배려심이 부족한 모습을 보이기도 하지만, 기존의 틀을 깨는 반짝이는 아이디어를 내거나 의도하지 않은 행동이 뜻밖의 좋은 결과를 낳기도 한다. 그런 모습들은 선배 교사들에게 좋은 자극제가 된다. 가끔 교사들끼리의 친분으로 몇 년씩 같은 학년을 유지하는 경우가 있는데, 장점이 많지만 새로운 자극을 받아서 나를 성장시키는 데는 좋은 환경이 아닐 수도 있다. 서로 도움을 줄 수 있는 다양한 경력의 선후배 교사들이 한 학년을 이루어서 좋은 스토리를 만들어 나가야 한다. 아이들을 보는 바른 눈을 갖는 데 도움을 주는 선배 선생님들과, 상상하기 어려운 아이디어로 새로운 자극을 주는 후배 선생님들이 함께 수다를 떨면서 서로의 마음을 모으면 큰 도움이 된다.

이때 이야기 방향을 아이들의 긍정적인 모습에 두는 것이 좋다. 아이들의 문제 행동과 학부모들의 무관심이나 지나친 간섭, 관리자들의 독선이나 무능력, 여러 가지 행정적 지원의 부족함이나 과도한 업무 등 다양한 이유로 때문에 교직 생활에 다양한 불만이 나타나게 된다. 이런 것들이 마음속에 들어서면 우울함과 절망이 자리 잡게 되고 교사로서 할 수 있는 일이 별로 없기 때문에 더 좌절하게 되기도 한다.

그러나 어려움이나 불만만을 이야기하는 건 문제 해결에 별 도움이 안 된다. 특히 아이들에 관해서는 더욱 그렇다. 아이들의 문제 행동을 이야기하면서 너무 가차 없이 그 아이에 대해 단정 짓는 일은 삼가는 것이 좋다. 아이들은 끊임없이 변화하고 있고 스스로 잘하려고 노력하는 존재이기 때문이다. 교사들이 아이의 모습을 너그럽게 바라보고 긍정적인 방향으로 발전시키려는 마음을 서로 나누고 더욱 견고히 할 필요가 있다. 제욱시스(Zeuxis)라는 고대 그리스 화가는 "장인(匠人)이 되는 것보다는 비평가가 되는 것이 더 쉬운 법이다."라고 말한 바 있다. 주변의 상황에 대해 불평하고 비판하는 것은 어렵지 않으나 그 말은 자신의 마음도 어둡게 하고 자신을 돌아보고 성찰하여 발전하는 데 도움이 되지 않는다. 긍적적이고 발전 지향적인 태도는 나의 전문성 향상에 큰 밑받침이 될 것이다.

무엇을 고민하고 생각할 것인가? 선택은 나에게 달려있다. 아이들의 문제 행동이나 산재해 있는 다양한 어려움들은 분명 교사인 나를 힘들게 하지만 동료 교사들과 서로 이야기하면서 답답함을 달래고 어떻게 달리 바라볼 수 있는지 생각해 보도록 하자. 혼자 성장하긴 힘들다. 불평을 말하긴 쉬워도 아이들을 위한 진정한 교사가 되는 것은 쉽지 않으므로 서로 도움을 주고받아야 한다.

워밍업 수다 - 주제로 배우는 학년 스토리 만들기

방학이 되면 틈틈이 교육 목표나 방법, 한 해 동안의 성찰과 반성 등 나만의 준비단계를 하고, 같은 학년이 구성된 후에는 동료 교사들과 수다를 떨다가 좋은 내용이 나오면 기록을 한다. 어떤 이야기로 채워질지 모르지만 이야기하며 낙서하듯이 스케치북에 끄적거린다. 각자 개인의 경험을 이야기하며 웃으며 수다를 떨다 보면 어느새 교사들의 마음이 종이 한 장에 담기게 된다. 이 마음은 우리 학년의 1년 스토리가 된다.

[사진1] 워밍업 수다 그림

　올해 워밍업 수다에서는 2학년 아이들의 특성에 대해 이야기를 나누었다. 많은 시행착오를 거쳐서 경험을 쌓아야 하는 시기인 저학년 아이들에게 효과적인 배움의 방법이 무엇일까 생각해 보았다. 우리는 교사가 가르치는 방법보다는 아이들이 언제 어떤 경우에 스스로 배우고 싶어 하는 마음을 갖게 되는지에 대해 고민과 토론을 집중하였다.

　저학년 시기는 '나'로부터 '너', '우리'로 관계를 확장해가는 시기이므로 아이들이 함께 잘 어울리고 즐길 수 있는 공통분모를 찾아야 한다고 생각했다. 그런 와중에 작년에 아이들을 가르치면서 다양한 체육 활동을 꾸준히 하지 못한 것을 반성하는 목소리들이 나왔다. 그래서 체육 활동이나 놀이를 통해서 친구 관계와 사회성을 키우는 데 도움을 주고, 더불어 아이들의 마음을 깨끗하고 밝게 만들어 주는 좋은 동요를 부르면서 아이들의 마음을 모아 밝은 분위기로 교실을 채우는 것이 어떠냐는 다양한 의견이 나왔다.

우리 학교는 몇 해 전부터 주제 중심 교육과정을 운영해왔고 올해도 마찬가지로 교육과정을 구성할 예정이었는데, 각 반별로 따로 운영되던 독서교육을 주제 학습에 접목시키는 것이 좋겠다는 의견이 모아졌다. 그래서 교육과정을 계획하는 단계에서 주제에 관련된 좋은 책을 선정하고 학교에 미리 신청하여 도서관에 책을 구비해 놓고 수업에 활용하기로 하였다. 주제에 관련된 좋은 동요도 서너 곡 찾아 주제 노래로 선정하고 아이들과 틈나는 대로 부르기로 했다. 또한 주제에 관련된 놀이 방법을 만들거나 찾아서 알려주고 30분간의 중간 놀이 시간과 점심시간에 놀 수 있도록 계획하였다.

아이들이 배운 내용을 평가하는 방법에 대해서도 이야기를 나누어 보았다. 아이들의 활동에 대해 교사가 객관적이고 정량적인 평가를 하는 것도 중요하지만 다양한 평가 방법을 통해 평가한 내용을 교육활동에 반영하면, 아이들이 스스로 학습하는 힘을 기르는데 도움이 될 거라고 생각했다. 그래서 저학년이지만 자기평가, 상호평가와 모둠활동 평가를 이용하는 방법에 대해 검토해 보기로 하였다. 그리고 평가 자체도 교육과정에 반영되도록 고민해 보기로 했다.

또한 작년 교육과정에 대한 학부모 의견 설문지 조사 결과를 검토하여 교육활동과 교육과정에 반영되는 핵심 역량에 대한 학부모들의 의견에 대해서 생각해보는 기회를 가졌다. 2학년 아이들이 길렀으면 하는 핵심 역량으로 대인관계 능력과 의사소통 능력, 문제해결 능력과 창의력 등이 나왔다. 학부모 의견과 함께 교사들 간의 교육과정 반성 워크숍을 통해 나온 의견에 대해서도 토론하면서 서로 의견을 조율해나갔다.

혼자 생각하는 과정을 미리 거친 후 동료들과 이야기를 하니 더 창의적이고 진지한 아이디어가 나올 수 있었다. 자신의 경험과 생각을 이야기하면서 서로 공감하고 생각의 거리를 좁혀나갈 수 있었으며, 함께 이야기를 나누면서 앞으로 1년에 대한 대략적인 스토리가 나오게 되었다.

브레인스토밍 - 교수 경험과 성취 기준 토론하기

워밍업 수다를 하다 보면 재미있는 수업 방법이나 활동 등에 대해 생각이 난다. 이제까지의 교사로서 다양한 시도를 해보았던 것들이 편안한 이야기를 하는 중에 불쑥불쑥 나오게 된다. 그런 것들을 메모해 두면 나중에 교육과정을 구성할 때 큰 도움이 된다. 혼자 생각하면 머릿속이 꽉 막히고 교과서만 찾게 되는 경향이 있는데 여러 사람이 함께 이야기하면 다른 사람의 이야기 속에서 실마리를 얻어 내 경험을 토대로 재미있는 아이디어를 낼 수 있다. 그러다 보면 의도하지 않았지만 뜻밖의 멋진 계획이 종종 세워지기도 한다.

교과서를 보고 싶은 충동을 조금만 더 참고 교수 경험에 대한 브레인스토밍에 시간을 투자할 필요가 있다. 창의적인 아이디어를 얻는 과정은 진주조개를 찾는 것과 유사하다고 한다. 창의적인 한 가지 아이디어는 수많은 아이디어를 떠올리고, 수정하고, 버려야 얻을 수 있다.[1] 처음부터 좋은 아이디어는 절대 나오지 않는다. 교과서에 눈을 돌리고 몰두하는 순간 한두 가지 아이디어 이상 나오기가 힘들 것이다. 엉뚱하거나 학년 특성 및 위계에 맞지 않더라도 많은 아이디어가 나오도록 서로 이야기를 충분히 나눈다.

[사진2] 동물책 만들기 아이디어

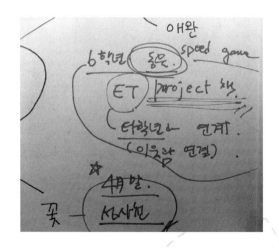

---

1. 빈센트 라이언 루기에로, 『생각의 완성』, 푸른숲, 2011, p. 311

2012학년도에 2학년 교육과정을 계획할 때, 그 전 해에 활동했던 '동물책 만들기'에 대한 이야기 끝에 국어 교과와 슬기로운생활, 즐거운생활 교과 등을 접목시켜서 동물책을 다시 만들면 좋을 것 같다고 의견을 모았다. 그리고 2학년 성취 기준을 고려해본 후 '동물과 식물은 내 친구'라는 주제로 교육과정에 포함시켰다. 2013학년도에는 전 해 3월 말에 실시했던 봄나들이 활동이 추운 날씨 관계로 잘 진행되지 않았던 경험을 이야기하며 4월 중순이후에 봄나들이를 진행하는 걸로 계획하기도 했다. 주제 활동이 진행되는 중간이나 끝에 배운 내용을 종합적으로 활용할 수 있는 연극이나 발표회를 하는 것이 어떠냐는 의견은 아이들의 발달단계를 고려하여 학기 초에는 상황극이나 동화구연 같이 간단한 활동으로부터 학년 후반으로 갈수록 연극이나 발표회로 발전시키자는 의견으로 정리되었다.

그 외에도 가족과 함께 하는 수업이나 소리 축제, 기차 일기 등 많은 의견들이 서로 오가며 어떤 생각은 교육과정까지 연결되거나 발전시켜 사용되었고, 또 어떤 생각들은 없어지거나 다음 기회에 사용될 수 있도록 기록으로만 남아있기도 하였다. 이렇게 교사들의 머릿속에서 맴돌던 다양한 생각들은 동료 교사들과 함께 이야기하는 중에 나오고 발전되어, 그런 이야기 언저리에 있는 수많은 실마리들은 좋은 수업의 바탕이 된다.

이제 가르쳐야 할 성취 기준을 살펴볼 차례이다. 우선 각 과목지도서 앞부분의 해설과 단원의 개관 등을 읽어 보면서 과목별 성취 기준을 정리한다. 전 과목의 성취 기준을 직접 써 보거나 여의치 않으면 지도서에 표시를 하며 천천히 읽기만 해도 괜찮다. 그러면 전체적인 내용을 파악할 수 있고, 내용 간의 위계, 중점적으로 지도해야 할 부분이나 미리 준비해야 하는 부분 등을 놓치지 않고 챙길 수 있다. 성취 기준 이외에 단원 학습 목표나 키워드, 차시 등 필요한 부분을 기록하는 것도 좋다.

바른생활, 슬기로운생활, 즐거운생활을 통합한 통합 교과 지도서를 보니 단원의 안내부터 평가 가이드 및 예시까지 내용이 상세히 잘 나와 있었다. 중요한 키워드와 성취 기준을 읽고 지도서에 표시한 후, 스케치북에 활동 주제와 단원 학습 목표, 차시 등을 적어 보았다. 통합 교과를 통해 아이들이 배워야 할 내용이 한 눈에 들어 왔다. 그리고 난 후 차시별 주제들을 살펴보고 관련 있는 것을 묶어 보거나 순서를 바꾸어 보았다. 시간이 더 필요하거나 줄일 필요가 있는 부분에 표시해 놓거나, 성취 기준의 달성을 위해 필요한 활동이 있으면 추가해서 기록해 놓는다.

[사진3] 성취 기준 살펴보기

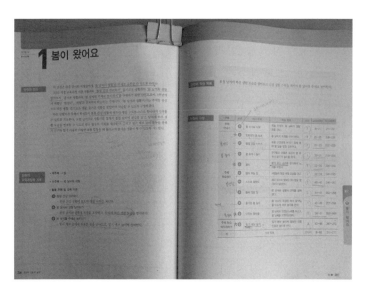

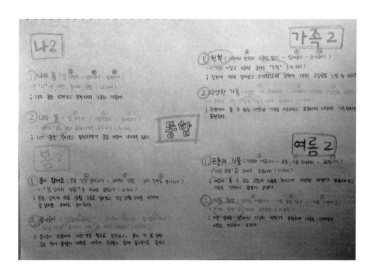

114 수업을 살리는 교육과정

이런 일련의 활동들은 혼자 해 본 뒤 같은 학년 신생님들이 어떻게 정리하는지 함께 살펴볼 필요가 있다. 교육과정 설계에서 고려해야 하는 다양한 부분을 나중에 생각하더라도 우선은 동료 교사들 사이에 풍부한 경험을 나누었을 때 교육적으로 유익한 활동으로 교육과정이 만들어지게 된다.

재구성표 - 주제별 세부 계획 세우기

서로 연관이 있거나 비슷한 성취 기준끼리 마인드맵 방식으로 묶어본다. 한 학기 동안 가르칠 내용에 대해 전체적으로 생각한 후 무리 지어 보는 것이기 때문에 생각보다 어려운 작업은 아니다. 무리 짓다 보면 그 성취 기준들을 아우를 수 있는 주제를 정할 수 있게 된다. 비슷한 성취 기준끼리 묶은 뒤 주제를 정하기도 하고, 아니면 미리 방향을 잡고 관련 성취 기준을 모으기도 한다. 2012학년도 교육과정을 계획할 때 학기가 시작되는 시기인 3월에는 '나'를 소개하거나 '공동체의 예절'에 대한 내용으로 주제 방향을 미리 잡았다. 새 학년에 잘 적응할 수 있도록 하고, 더불어 학기 초 생활지도에도 도움을 줄 수 있는 성취 기준들을 모아서 세부 계획을 세우며 학년 선생님들과 토의하다 보니 활동들의 흐름이 보였다. 자신을 알고 다양하게 표현해 보면서 봄에 만물이 소생하듯 아이들도 나무처럼 힘차게 자라기를 바라며 '나무처럼 쑥쑥'이라고 주제명을 짓게 되었다. 이렇게 보통 처음에는 '~에 대한 내용' 이런 식으로 묶고 정확한 주제명을 짓지 못하지만 활동을 계획하고, 같은 학년 선생님들이 서로 이야기하면서 묶다보면 자연스럽게 주제명이 생각나는 경우가 많다.

주제마다 가능한 골고루 과목이 배치되었는지, 같은 과목의 단원들이 한 주제에 너무 치우치지는 않았는지, 학교 교육과정과 꼭 교육과정에 넣어야 하는 여러 가지 교육들(안전교육이나 보건교육, 인권교육 등), 주제 및 단원 간 위계, 계절적 요인, 준비가 미리 필요한 부분, 체험활동 등 여러 가지를 고려하여 세부 계획을 수립한다.

주제 중심으로 교육과정을 구성하다 보면 주로 사회 교과나 과학 교과가 중심이 되는 경우가 많다. 1·2학년의 경우에는 2013학년도부터 통합교과가 나왔으므로 통합교과의 주제를 이용하면서 국어과와 창의적 체험활동을 더해서 교육과정을 설계해 보았다.

국어 교과의 목표를 살펴보면 국어에 대한 기본적인 지식을 갖추고 비판적이고 창의적인 국어 능력을 기르며 국어 생활을 능동적으로 수행하는 태도를 기르는 것에 중점을 두기 때문에 어떤 주제에서나 필요한 부분이고, 따라서 적용해서 사용할 수 있는 범위가 넓다. 그래서 주제에 따라 보통 2~3개의 국어 단원을 넣어서 지속적으로 국어 사용 능력을 신장시키고, 읽기·쓰기·말하기·듣기·토론하기 등 다양한 비판적 사고과정을 거쳐 주제에 대해 표현할 수 있는 기회를 제공한다.

[사진4] 내용 정리 및 브레인스토밍 – 2012학년도

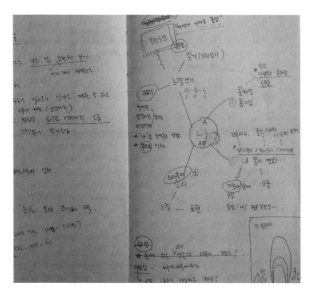

[사진5] 내용 정리 및 브레인스토밍 – 2013학년도

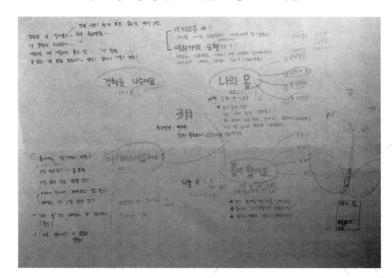

[사진6] 국어 교과 재구성 예시

	소중한 새싹		재구성 배움 활동 및 내용	교과/차시
과목·단원	교육과정 성취기준	핵심역량(차시)	★ 주제1 설명 및 생각나누기 - 주제에 대해 이야기하고 경험나누기	나(즐)2
국어 1. 아, 재미 있구나!	•말의 재미를 느끼고 재미를 주는 요소를 활용하여 자신의 경험을 표현한다.(문학) •글의 분위기를 살려 효과적으로 낭독하며 읽기의 재미를 느낀다.(읽기) •동시를 낭송하거나 노래, 짧은 이야기를 들려준다.(문학)	기초학습 창의역량 (유창성) 정보처리 (12)	[작은 주제 1 : 나의 몸] ◆ 나를 소개합니다. - 소개카드 만들기 - 친구들과 함께하는 술래잡기 놀이 - 재미있는 말 하기 - 몸 그리고 살피기	자2 나(즐)1, 나(즐)1, 국2 나(즐)2, 나(슬)2
국어 2. 경험을 나누어요	•글의 내용을 자신이 겪은 일과 관련지어 이해한다.(읽기) •상대에 적절하게 반응하며 대화를 나눈다.(듣기·말하기)	대인관계 의사소통 (10+1)	◆ 히껏치기 영차 영차 - 리듬을 느끼며 글을 읽고 몸으로 표현하기 - 느낌 살려 읽고 몸과 함께 이야기하기 - 느낌 살려 책 읽고 강점 표현하기 - 느낌 살려 이야기 읽고 강점 표현하기 - 재미있는 말 찾고 상황 이해하기	나(즐)1 국2 자2 국2 국2
통합1. 나의 몸 (나2)	•몸의 소중함을 알고 건강하고 깨끗하게 유지한다.(바생) •우리의 몸을 살펴보고 몸의 여러 가지 특징을 이해한다.(슬샘)	자기관리 (자아정체성, 기본생활태도) ·건강관리	◆ 소중한 나의 몸 - 내 몸을 깨끗이, 소중히 해야 하는 이유알고 실천하기 - 재미있는 장면 골라 실감나게 읽기(수형) - 병원의 종류 알아보고 역할극 연습하기 - 병뚜껑이해하기 - 내 몸은 소중해요(보건·성교육2)	나(바)2, 나(바)u1 국2, 국활2 나(슬)2, 자2 국4 나(바)1, 나(슬)u1

　　자율활동, 동아리활동, 봉사활동, 진로활동 4개 영역으로 구성하는 창의적 체험활동은 영역과 활동 내용을 학교, 학년, 학급, 학생, 지역사회 등의 특성에 맞게 선택하여 융통성 있게 운영할 수 있다. 따라서 각 주제 활동을 하면서 좀 더 심화·발전된 활동이 필요한 경우 창의적 체험활동을 통해 시간을 확보할 수 있었다. 예를 들어 자율활동으로 소개카드 만들기, 다문화 체험, 물총놀이, 수수께끼 말놀이 등 다양한 교육활동에 능동적으로 참여할 수 있도록 계획하거나, 동아리활동으로 체육대회, 곤충 역할극 하기 등 협동하며 집단 활동에 참여할 수 있도록 하였다. 봉사활동으로는 성사천에서 쓰레기 줍기 등을, 진로활동으로는 꿈 소개 활동과 꿈 목표물 던지기 등의 활동을 하였다. 이런 다양한 활동들은 따로 계획된 것이 아니라 주제 활동과 관련되어 있는 것들로서 교육과정을 설계할 때 모두 계획되어져야 효과적으로 운영할 수 있

고 아이들에게도 교육적으로 더 의미있게 다가갈 수 있다.

그리고 교육과정을 설계할 때 꼭 포함해야만 하는 보건교육, 인권교육이나 폭력 예방교육, 그밖에 다양한 교육들은 기본 교과나 창의적 체험활동 활동에서 관련된 활동을 찾아 지도하거나, 만약 관련 활동이 없다면 창의적 체험활동 시간을 확보해서 지도한다.

[사진7] 창의적 체험활동 재구성 예시

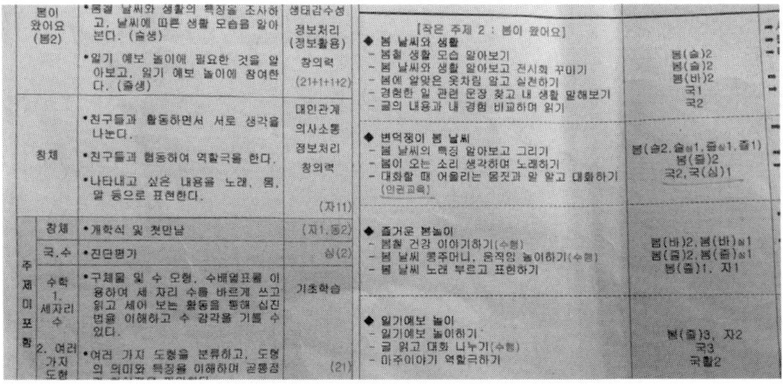

봄이 왔어요 (봄2)	•봄철 날씨와 생활의 특징을 조사하고, 날씨에 따른 생활 모습을 알아본다. (슬생) •일기 예보 놀이에 필요한 것을 알아보고, 일기 예보 놀이에 참여한다. (즐생)	생태감수성 정보처리 (정보활용) 창의력 (21+1+1+2)	[작은 주제 2 : 봄이 왔어요] ◆ 봄 날씨와 생활 - 봄철 생활 모습 알아보기 - 봄 날씨와 생활 알아보고 전시회 꾸미기 - 봄에 알맞은 옷차림 알고 실천하기 - 경험한 일 관련 문장 찾고 내 생활 말해보기 - 글의 내용과 내 경험 비교하며 읽기	봄(슬)2 봄(슬)2 봄(바)2 국1 국2
창체	•친구들과 활동하면서 서로 생각을 나눈다. •친구들과 협동하여 역할극을 한다. •나타내고 싶은 내용을 노래, 몸, 말 등으로 표현한다.	대인관계 의사소통 정보처리 창의력 (자11)	◆ 변덕쟁이 봄 날씨 - 봄 날씨의 특징 알아보고 그리기 - 봄이 오는 소리 생각하며 노래하기 - 대화할 때 어울리는 몸짓과 말 알고 대화하기 (인권교육)	봄(슬2, 슬s1, 즐s1, 즐1) 봄(즐)2 국2, 국(심)1
주제 미포함 / 창체	•개학식 및 첫만남	(자1, 동2)	◆ 즐거운 봄놀이 - 봄철 건강 이야기하기(수행) - 봄 날씨 콩주머니, 움직임 놀이하기(수행) - 봄 날씨 노래 부르고 표현하기	봄(바)2, 봄(바)s1 봄(즐)2, 봄(즐)s1 봄(즐)1, 자1
주제 미포함 / 국, 수	•진단평가	심(2)		
주제 미포함 / 수학 1. 세자리 수 2. 여러 가지 도형	•구체물 및 수 모형, 수배열표를 이용하여 세 자리 수를 바르게 쓰고 읽고 세어 보는 활동을 통해 십진법을 이해하고 수 감각을 기를 수 있다. •여러 가지 도형을 분류하고, 도형의 의미와 특징을 이해하며 공통점	기초학습 (21)	◆ 일기예보 놀이 - 일기예보 놀이하기 - 글 읽고 대화 나누기(수행) - 미주이야기 역할극하기	봄(즐)3, 자2 국3 국활2

이렇게 세부 계획을 세우면서 몇 차례 같은 학년 교사들끼리 모여 검토를 하다 보면 수정해야 할 상황이 많이 발생한다. 주제 간 단원을 맞바꾸거나 아예 다른 주제로 단원을 옮겨야 하는 경우도 생기고, 계절이나 위계 관계로 인하여 주요 활동이 변경 · 수정되기도 한다. 2013년 4월 8일부터 5월 14일에 걸쳐 이루어진 주제2 '꿈꾸는 봄'은 '봄나들이'와 '나의 꿈'이라는 두 개의 소주제로 계획되었고, 봄의 생동감이 느껴지기 시작하는 4월 초에 봄나들이 소주제를 먼저 운영하려고 계획했었다. 그리고 봄나들이 관련 체험

활동 장소를 국립생태박물관으로 계획하였는데 관람 가능 날짜를 알아보니 5월 8일이었다. 주제1인 '소중한 새싹'에서 4월 초까지 봄에 대해 알아보았고, 5월도 봄을 느끼기에 충분하기 때문에 '봄나들이' 소주제를 뒤로 미루자는 의견이 나와서 그렇게 계획하였다. 이렇게 충분히 검토하여 미리 수정하는 과정을 많이 거치면 교육과정 운영이 훨씬 원활하게 된다.

체험활동은 교육과정을 계획할 대 중요한 부분을 차지하게 되는데 여기에는 배운 내용을 체험하기 위해서 특별한 장소에 가는 것에 더해서 학교에서 하는 활동도 포함된다. 체험활동 사전학습과 사후활동을 미리 계획하여 지도하고, 가능하면 다음 수업과 계속해서 연계하여 풍부하고 반복적인 학습을 통해 배움이 커질 수 있도록 계획한다.

주제3 '또 다른 가족'에서 이루어진 체험활동은 다문화축제였다. 몽골, 중국, 필리핀, 일본, 베트남, 러시아 등 다양한 나라에서 온 강사들이 직접 학교에 와서 다문화 체험을 진행해 주었는데, 고양시 다문화센터에 의뢰해서 계획하였던 활동이었다. 다문화축제 전 날에 다양한 문화에 관한 도서관 수업을 통해 배경지식을 활성화시킨 후, 1교시부터 4교시까지 학교 강당에서 나라별로 코너를 만들어서 놀이, 인사말(언어), 악기, 의상, 생활용품 등을 경험해 보는 활동을 하였다. 이런 활동을 오전에 하고 급식을 먹은 뒤 5 · 6교시에 체험활동 관련 사후 학습 시간을 계획하였다. 활동을 하고 잊기 전에 바로 알게 된 내용을 정리하였다.

이렇게 지역사회나 단체에 미리 알아보고 학교에서 진행하니 버스를 타고 멀리 이동하지 않아도 되어서 좋았고, 그리고 그 뒤 다양한 가족의 문화 살펴보기나 민속의상 꾸미기, 악기 연주하기 등 관련 수업에 연계되어 많은 도움을 받았다.

[사진8] 체험활동 계획 세우기 예시

★ 주제3 설명 및 생각나누기	
- 다양한 가족과 친척에 대해 이야기하고 경험나누기	가족(즐)2
- 주제관련 책 읽고 이야기나누기	자1
≪ 주제3 체험학습 : 고양시 다문화센터(본교 방문) ≫ 5/15 수	
- 사전학습 : 다양한 문화에 대해 배경지식 활성화하기	자1
- 학습주제 : 세계 여러 나라의 다양한 문화를 체험하	동3, 자1
고 존중하는 마음을 갖는다.	
- 사후학습 : 기억에 남는 내용 친구들과 이야기하기	자1

단원 재구성부터 체험활동까지 어느 정도 주제가 윤곽이 잡히면 그 주제를 달성하기 위해서 고려해야 할, 또는 활동을 통해 길러질 핵심 역량에 대해서도 기록하고 관련 활동도 계획한다. 친구들과 협동하여 역할극을 하는 활동은 의사소통 및 대인관계 능력을, 내 몸의 소중함을 알고 건강하게 유지하는 활동은 자기관리 능력을, 나만의 방법으로 나타내고 싶은 내용을 표현하는 활동은 창의력 등으로 관련 핵심 역량을 미리 기록해 놓고 참고하였다.

평가 자체가 학습 활동과 함께 이루어지므로 이러한 과정을 계획하면서 평가도 염두에 두어야 한다. 주제3 '또 다른 가족'에서 국어 문법 영역 '정확한 낱말과 문장부호 사용하여 글쓰기'에 관한 지필 평가를 계획했었다. 5월이 가정의 달이기도 하고, 친척에 대해 배우고 있으므로 고마운 친척들에게 자신의 마음을 전하는 편지를 쓰는 걸로 평가를 하기로 했다. 따라서 그 전에 친척이 되는 과정이나 호칭, 함께했던 일, 소중했던 경험 등에 대해 생각할 수 있도록 하였고, 국어에서는 문장부호 사용 방법이나 정확한 낱말을 사용해서 문장을 완성하는 것에 대해 미리 배울 수 있도록 계획하였다. 그리고 국어책에 배운 내용을 바탕으로 정확한 낱말과 문장부호를 사용하여 고마운 사람에게 편지를 썼고, 검사 및 평가 후 편지지에 옮겨 적고 편지 봉투를 작성하여 가족과 함께 직접 우체통에 넣었다.

편지를 받은 후 친척들에게서 감사의 말을 들은 후 아이들은 신기해했다. 그리고 낱말을 정확하게 쓰고 문장부호, 띄어쓰기까지 잘하기 위해 열심히 노력한 자신을 뿌듯해하기도 했다. 이렇듯 평가를 위한 평가를 하지 않고 배우는 과정에서 평가를 하고 평가가 피드백이 되면서 다음 배움의 단계를 위한 준비가 되도록 해야 한다.

그리고 마지막으로 이제까지의 이야기들과 성취 기준, 마인드맵, 세부 활동 계획을 토대로 재구성 이유를 작성한다. 짧게는 2~3주에서 길게는 5~6주까지 운영되는 주제 중심 교육과정을 실행에 옮기면서 중간에 의미를 못 찾고 있을 때 재구성 이유를 읽으면서 다시 한 번 의미를 되새길 수 있다. 작은 단위의 수업에 빠져서 시간 시간의 운영에 급급하다 보면 '성취 기준'에 대해 잊게 된다. 학습자가 학습을 통해 반드시 성취해야 할 지식·기

[사진9] 평가 계획 예시 (수행)

[작은 주제 1 : 나의 뿌리와 가지]	
◆ **친척이란 무엇일까?**	
- 친척이 되는 과정 알기	가족(슬)2
- 친척을 부르는 말 알기	가족(슬)2
- 문장부호 사용하는 방법 알기	국1
- 정확한 낱말을 사용해야 하는 까닭 알기	국1
- 친척과 함께 했던 일 표현하기	가족(즐)2, 가족(즐)실1
- 친척의 소중함에 대해 이야기나누기	가족(바)2
- 정확한 낱말을 사용하여 문장 완성하기	국2
◆ **고마운 분들에게 나의 마음 전하기**	
- 편지 쓰는 방법에 대해 알아보기	국2
- 정확한 낱말과 문장부호를 사용하여 고마운 사람에게 편지 쓰기 <u>(수행)</u>	국2, 국(심)1
- 편지지와 편지봉투를 꾸며 편지 전하기	국활2
◆ **친척과 추억 만들기**	
- 친척을 부르는 말로 놀이하기<u>(수행)</u>	가족(즐)1
- 노랫말 바꾸어 노래 부르기	가족(즐)2
- 친척을 소개하는 명함 만들기	가족(즐)2, 가족(즐)실1
- 친척 표현하는 놀이 하기	가족(즐)1
- 친척 사랑 실천 계획을 세우고 실천하기	가족(바)1
- 친척 이야기 역할극으로 나타내기	가족(바1, 슬1, 즐2)
(재구성:인형극→역할극)	

[사진10] 재구성 이유와 주제 마인드맵

능·태도의 능력이나 특성이 바로 '성취 기준'이므로, 주제 운영 중간에 재구성 이유를 읽어보면 큰 도움이 된다.

아이들이 잘 배우기 위해서는 배운 지식을 활용해 보거나 다른 사람과 협력해서 결과물을 만들어 내는 활동, 지식을 나누는 활동 등 유의미한 경험 활동이 꼭 필요하다. 이런 활동을 효과적으로 적용하기 위해서는 주어진 교육과정 전체를 살펴보고 재구성하는 노력이 요구된다. 그리고 교과서와 지역사회, 인적 물적 자원, 자연환경, 활용할 수 있는 다른 자료 등 이용할 수 있는 다양한 자료들을 이용하여 배운 지식을 내면화할 수 있도록 의미 있는 활동을 계획한다. 보기에 화려하거나 거창해 보이는 활동이 필요한 것이 아니다. 실제로 수업 활동 후 아이들과 내가 만족스러운 경우는 생각보다 단순하고 소박한 활동인 경우가 많다.

관련 서류 작성하기- 연간시간표, 진도표, 주간학습안내, 지도안

주제 중심 교육과정 세부 계획이 완성되면 이제 연간시간표를 작성한다. 보통 이지에듀 프로그램을 많이 사용하고 있고, 시업식과 종업식 등 날짜가 정해진 학교 행사 등은 연구부에서 전달받아 먼저 입력해 놓는다.

그리고 재구성표를 보면서 연간시간표를 작성하면 되는데, 연간시간표 작성은 각자 편한 방법을 찾아 하면 된다. 교육과정 세부 계획을 세울 때 활동에 따른 해당 차시를 정확히 적어 두면 연간시간표에 과목을 넣기가 수월하다. 그리고 수학 교과나 그 외 시간 등 재구성에 포함되지 않는 교과나 시간도 잊지 말고 중간중간 넣으며 구성한다.

[사진11] 교육과정 세부계획

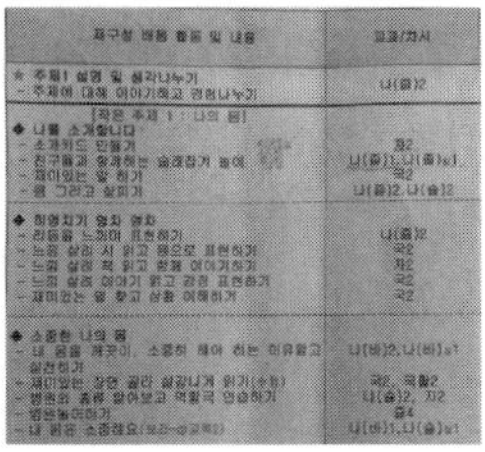

연간시간표 입력하기

주	기 간	수업일수	월						화						수				
			1	2	3	4	5	6	1	2	3	4	5	6	1	2	3	4	5
1	3. 4-3. 8	5	자	동	동				즐	즐	자	자	수		즐	즐	국	수	
2	3.11-3.15	5	국	국	자	자			국	국	국	국	수		바	바	바	수	

연간시간표를 모두 입력한 후 과목별 진도표를 작성하게 된다. 재구성표에서 주제별 해당 단원을 확인하고 해당 단원을 한꺼번에 복사해서 옮기면 된다. 과목별 심화 시간을 넣어야 할 경우에는 해당 단원의 아래에 행을 추가해서 넣으면 된다. 단원별이 아닌 차시별로 재구성을 한 경우에는 각 차시를 하나하나 옮겨야 하는 번거로움이 있다. 그렇지만 미리 수고를 해 놓으면 매주 학습을 계속할 때 시간을 많이 절약할 수 있다.

[사진12] 교육과정 **세부계획**	◆ 변덕쟁이 봄 날씨 - 봄 날씨의 특징 알아보고 그리기 - 봄이 오는 소리 생각하며 노래하기 - 대화할 때 어울리는 몸짓과 말 알고 대화하기 (인권교육)					봄(슬2,슬실1,즐실1,즐1) 봄(즐)2 국2,국(심)1	
	◆ 즐거운 봄놀이 - 봄철 건강 이야기하기(수행)					봄(바)2,봄(바)실1	

진도표 작성하기	3.25- 3.29	목	통합(봄2)	1. 봄이 왔어요	8/25	슬생	변덕쟁이 봄 날씨 (2/2)
		목	통합(봄2)	1. 봄이 왔어요	9/25	슬생	오감으로 봄 느끼고 분류해
		목	통합(봄2)	1. 봄이 왔어요	10/25	즐생	봄 날씨의 특징 그리고 꽃빝
		목	통합(봄2)	1. 봄이 왔어요	11/25	즐생	봄 날씨 그리기
		금	통합(봄2)	1. 봄이 왔어요	12/25	즐생	봄비 노래부르기 (1/2)
		금	통합(봄2)	1. 봄이 왔어요	13/25	즐생	봄비 노래부르기(2/2)

주간학습안내 - 아동용

화 **(5일)**	통합(나2)	(즐)1주제 마인드맵 그리기	교과서, 짝꿍책 (이름쓰기)
	통합(나2)	(즐)1주제 알아보기	
	창 체	소개카드 만들기(1/2)(자율활동)	
	창 체	재미있는 말과 행동으로 표현하기(2/2)(자율활동)	
	수 학	단원 도입	

　이렇게 연간시간표와 진도표를 꼼꼼하게 입력·수정해 놓으면 주간학습안내는 쉽게 작성할 수 있다. 연간시간표에 과목이 입력되면 차례대로 주간학습안내에 나타난다. 이때 변하는 학년·학급 상황에 따라 과목의 순서를 바꾸어야 할 때에는 가능하면 그 주 안에서나 해당 주제 안에서 바꾸는 것이 좋다. 그리고 주간 학

습의 학습 내용은 재구성표를 보면서 활동 중심으로 쓰거나 필요한 대로 수정하면 된다.

주간학습안내에 가르칠 내용을 좀 더 자세히 쓰면 교사용 주간지도안이 된다. 수업 활동이나 참고할 자료 등을 기록해 놓는다. 오른쪽 끝에 칸을 하나 추가하여 교사준비물과 수행평가 등을 적어 놓으니 미리 준비해야 하는 부분을 빠짐없이 체크하는데 도움이 되었다.

주간학습안내가 아동들에게 배부되는 것이 금요일이므로 그전 수요일이나 목요일에 주간지도안을 먼저 검토하는 것이 좋다. 같은 학년 선생님들과 매주 수업에 대한 협의를 통하여 수업 준비물이나 과제물, 같은 학년 공동 체육활동, 협력 수업 등을 계획하여 함께 준비하고 그런 뒤 아이들에게 나눠 줄 주간학습안내를 수정·확정해서 금요일에 배부한다.

교육과정 재구성 방법은 정확한 순서가 있는 것은 아니다. 개개인이 시행착오를 겪으면서 방법을 찾게 되고, 나 또한 매년 조금씩 변화하고 있다. 또한 재구성 과정을 겪으면서 여러 번 교육 내용을 살펴보고 거기에 교사의 지식과 경험이 합해지면, 즉 교사가 교육과정에 대해 몰입이 되어 있으면 생활하면서 계속 관련된 경험을 스스로 찾게 되고 조금씩 교육과정은 변화한다. 순서나 방법은 교사나 학교 상황에 따라 얼마든지 변할 수 있고 또 다를 수밖에 없다. 중요한 것은 교육 내용을 미리 살펴보고 어떻게 해야 아이들에게 가슴이 뛰게 하는 배움이 일어날지 고민하는 자세이다.

[사진13] 주간 지도안 - 교사용

주제1.소중한 새싹

3월 4일 - 3월 8일(1주)

모두가 함께 해서 행복한

소중한 새싹 주제책 : 나는 나의 주인, 봄이의 동네 관찰 일기 / 주제노래 : 봄하루 / 주제놀이 : 콩주머니

요일	과목	쪽수	학습 내용	교사준비물 및 평가
월 (4일)	창체		◆시업식_자율활동	
	창체		◆서로 소개하고 친해지기	
	창체			
화 (5일)	통합(나2)	8~23	(즐)1주제 마인드맵 그리고 생각나누기 간단히 고정대	교과서 우리 몸의 구멍 (책)자료, 봄 이의 동네 관찰일기 스캔자
	통합(나2)		- '나'와 '봄'에 대해 알아보자 - 마인드맵 따라 그리기 (스케치북) - 배울 내용 이야기하기 생정적인 고정으로	료 마인드맵
	창체	자율	소개카드 만들고 서로 보여주며 재미있는 표현 찾기 재미있는 말을 행동으로 표현하고 알아맞히기	소개카드 기본그림
	창체			
	수학	6~9	단원 도입 - 6~7쪽:도깨비와 세자리수가 어떤 관계가 있을까? - 8~9쪽:하나씩 세기, 묶어 세기, 자리수 확실히 알기	
수 (6일)	통합(나2)	34~35 즐생심화	(즐)친구들과 함께 즐거운 술래잡기(그물 술래잡기) - 줄 세우기 연습(키번호) - 그물 술래잡기(친구 배려하며 하기) - 그 외 친교 놀이(담임 재량)	운동장이나 강당
	통합(나2)			
	국어		◆진단평가	
	수학			

4장
교육과정 사례1 - 나무처럼 쑥쑥^주

세 가지의 교육과정 재구성 사례를 제시하려고 한다. 첫 번째 재구성 사례는 통합 교과서가 나오기 전 해인 2012년도 사례이다. 1, 2학기 전체 재구성 흐름과 3월에 진행되었던 첫 번째 주제에 대한 간략한 설명이다. 두 번째, 세 번째 재구성 사례는 통합 교과서가 나온 올해 2013년도 사례를 조금 더 자세히 다루었는데, 두 번째 사례는 작은 주제별로 나누어 설명하였고 세 번째 사례는 이야기식으로 제시하였다.

2012학년도 2학년 주제 중심 교육과정

2012년도 1학기에는 수학 교과와 창의적 체험활동을 넣지 않고 국어, 바른생활, 슬기로운생활, 즐거운생활만을 넣어서 재구

주. 2012. 3. 2~3. 26

성하였다. 기초, 기본이 중요한 수학 교과는 집중적인 교육활동을 전개하도록 주제로 통합하지 않았고, 창의적 체험활동 또한 주제 중심 교육과정과 상관없이 자율(독서와 생태학습, 안전, 통일, 인권 등), 동아리(친교 및 생활 태도), 진로, 봉사 활동 부분으로 나누어 계획하였다. 그런데 학생의 기초생활 습관의 형성, 공동체 의식의 함양, 개성과 소질의 발현에 중점을 둔 창의적 체험활동의 특성상 재구성 내용과 중복되는 것이 많았고 실제로 활동을 계획할 때 몇 가지는 주제와 관련 있는 활동을 넣게 되었다. 따라서 2학기에는 수학과를 제외하고 국어, 바른 생활, 슬기로운 생활, 즐거운 생활, 창의적 체험활동 과목을 모두 통합하여 재구성하였다.

[표1]은 서정초등학교 2012학년도 2학년 주제 중심 교육과정 재구성 전체 흐름을 나타낸 것이다. 학교생활을 바르게 적응하고 재미를 느끼기 시작하는 2학년 학생들의 수준을 고려하여 '나'에 대한 올바른 이해와 '나'를 사랑하는 자존감을 기본으로 하여 가족에 대한 사랑과 이웃에 대한 배려와 나눔, 그리고 자연과의 조화로운 생활을 알고 배우는 데 초점을 맞추어 주제를 선정하였다.

2학년 1학기에는 '나무처럼 쑥쑥', '동물과 식물은 내 친구', '한 지붕 한 가족', '나는 글우물동네 홍보대사', '나도 할 수 있어요' 이렇게 다섯 가지 주제로 정하였고, 2학기에는 '아름다운 우리나라', '달라지는 세상', '함께하는 세상', '아름다운 끝자리' 이렇게 네 가지 주제로 정하였는데 평균

[표1] 주제 중심 교육과정 흐름 (2012년 2학년)

1단계 씨앗	● 나무처럼 쑥쑥	5단계 꽃	● 아름다운 우리나라
2단계 새싹	● 동물과 식물은 내 친구 ● 한 지붕 한 가족	6단계 자연	● 달라지는 세상
3단계 나무	● 나는 글우물동네 홍보대사	7단계 자연	● 함께하는 세상
4단계 열매	● 나도 할 수 있어요	8단계 새로운 씨앗	● 아름다운 끝자리
- 1학기 -		- 2학기 -	

한 주제에 한 달 정도 일정으로 계획되었다.

3월은 새 학기가 시작되는 시기이므로 선생님과 친구들에게 자신을 소개하고 주변의 다른 사람이나 환경에 대해 알아보는 것을 생각하여 주제를 계획하였다. 〈나무처럼 쑥쑥〉으로 정한 첫 번째 주제에서는 앞으로 멋진 나무로 쑥쑥 자라날 '나'라는 작은 씨앗에 대해 알아보고 자신을 표현하는 기회를 가졌다.

그 다음 〈동물과 식물은 내 친구〉라는 주제로 동물과 식물에 대해 경험하였다. 아이들에게 첫 번째 주제를 잘 배운 작은 씨앗이 땅을 뚫고 나와서 드디어 '새싹'이 되었으니 물과 영양분을 열심히 주면 튼튼하게 자랄 것이라고 이야기하면서 주제를 시작하였다.

식물 활동 주제인 '새싹아 반가워'에서는 봄에 대한 느낌을 여러 가지 방법으로 표현해 보았고, 아이들이 새싹 친구를 만들어 그 성장 과정을 관찰하고 식물과 가까워지는 경험을 하도록 계획하였다. 그리고 새싹 친구로부터 환경 보호로 확대시켜서 환경 보호를 위해 마을 사람들에게 글을 쓰는 활동을 하였다.

동물 활동 주제인 'ET에게 온 편지'는 외계인이 지구에 찾아왔다는 설정으로 애완동물을 처음 키워 보는 ET가 키울 만한 애완동물을 알아보고 추천하는 책을 만들어 보았다. 국어 시간을 통해 원하는 내용을 조사하여 설명하는 글로 정리하는 것을 배우고, 외계인인 ET가 잘 이해할 수 있도록 쉽게 설명하는 글을 써서 책을 완성하였다. 이렇게 책을 완성한 후 학급 친구들, 부모님들(공개 수업), 6학년 선배들 앞에서 발표해 보았다.

가정의 달 5월에 진행한 〈한 지붕 한 가족〉 주제는 크게 '가족', '집', '여름이네 가족'으로 활동을 나누었다. 가장 가까우면서도 가장 먼저 만나게 되는 사회집단인 가족 내에서 자신의 역할을 알고 할 수 있는 일을 능동적으로 실천할 수 있도록 구성하였다. 그리고 가족들의 보금자리인 집에 대해 배우고, 남산한옥마을을 방문하여 옛날과 오늘날의 집을 비교해 보았다. 마지막으로 여름 날씨에 대해 배웠는데, 여름이면 찾아오는 비, 바람, 천둥, 번개 등을 여름이네 가족이라고 이야기하였다. 여름이네 가족들이 내는 다양한 소리들을 다양한 도구를 사용하여 표현해 보고 발표회를 하였다. 그리고 발표회 소리를 녹음하여 효과음이 있는 스토리텔링 수업으로 전개하였다.

이렇게 다양한 활동을 통해서 처음에는 작은 씨앗이었다가 점점 자라서 작은 나무가 되었다고 아이들에게 이야기해 주니 어깨를 으쓱거리며 스스로 무척 자랑스러워하였다.

"얘들아, 이제 키가 자라서 멀리 볼 수 있겠다. 새싹일 때는 가족까지 볼 수 있었는데 이제 작은 나무가 됐으니 어디까지 볼 수 있을까?"

"서정마을이요!"

"일산까지 보여요."

"ET도 보여요!"

네 번째 주제인 〈나는 글우물 동네 홍보대사〉는 대부분 아파트에 살고 있는 서정초등학교 아이들의 특성상 마을 사람들과의 교류를 통해서 이웃에 대한 관심을 갖고 서로 도우며 살아가는 의미를 배울 수 있도록 계획하였다. 가족을 위하는 마음을 이웃까지 확대시켜서 더불어 사는 삶에 대해 글을 읽고 하고 싶은 말도 써 보았다. 이웃과 다정하게 지내기 위해 지켜야 할 예절을 알아보고 이웃놀이를 통해 연습을 해 보았다.

4~5명씩 모둠별로 우리 마을을 탐방할 때는 부모님 참여 수업을 계획하여 부모님들의 도움을 받았다. 마을 탐방을 할 때 우리 마을의 시설, 모습, 색, 놀이터, 애쓰시는 분들 등에 관해 알아볼 수 있도록 미니북을 만들었고, 미니북에 기록한 자료들은 마을 지도, 놀이터 만들기와 애쓰시는 분들에게 글쓰기, 질서 정하기, 색깔 놀이 활동 등에 활용되었다.

마지막으로 이웃과의 예절이나 고마운 마음 전하기, 마을 질서 등의 내용을 정리하여 캠페인을 준비하였다. 유치원 동생들 앞에서, 동네 주민들 앞에서, 고학년 선배님들 앞에서 준비한 내용을 이야기하는 모습에서 우리 마을의 멋진 홍보대사가 된 아이들을 볼 수 있었다.

[사진1] '나는 글우물 동네 홍보대사'
마인드맵

[사진2] '나도 할 수 있어요'
마인드맵

1학기 마지막 주제인 〈나도 할 수 있어요〉는 1학기 동안 배움의 과정을 거치면서 얼마나 성장했는지 스스로 돌아보는 주제였다. 그리고 이를 바탕으로 여름방학 동안 할 일을 계획하는 시간을 가졌다.

1학기 동안 배운 다양한 활동들을 인형극으로 구성하여 발표해보며 자신을 되돌아보는 시간을 가졌다. 이런 활동들을 열심히 잘 해내어서, 3월에는 씨앗일 뿐이었는데 작은 나무로 잘 자라서 소중한 열매가 맺혔다고 함께 이야기하면서 축하의 시간을 가졌다.

방학 동안 그 작은 열매가 잘 자라도록 영양분을 주기 위한 계획을 세우기로 했다. 하루 동안 하는 일을 시간이나 장소에 따라 살펴보고 무리지어 보면서 계획표 짜기 준비를 하였고, 여름에 할 수 있는 다양한 놀이나 하고 싶은 일, 먹거리, 안전한 여름나기 방법 등에 대해 알아보았다. 이를 바탕으로 하여 방학 동안 할 수 있는 일을 정리해 보고 하루 단위, 한 달 단위로 나누어 계획표를 완성하였다.

2학기 첫 번째 주제는 〈아름다운 우리나라〉이다. 바른생활, 슬기로운생활, 즐거운생활의 '3.아름다운 우리나라' 라는 통합 단원을 중심으로 하여 국어과의 창의적 체험활동을 포함하여 구성하였다. 통합 단원이긴 하나 교과서 수준에서의 통합이었으므로 시간표에 따라 교과별로 가르치게 되면 순서나 위계가 뒤죽박죽된다. 그렇게 되면 통합 단원의 장점을 살리기가 어렵기 때문에 다시 재구성할 수밖에 없었다.

첫 번째 소주제인 '알자'에서는 우리나라의 아름다운 꽃 무궁화 같이 나라를 상징하는 것, 전통, 자랑거리, 위인 등에 대해 책을 통해 알아보고 우리나라에 대해 소개하는 글을 써 보았다. 두 번째 '체험하자'에서는 오늘날로 이어져 온 전통 알고 설명하기, 한글의 우수성을 통한 말의 재미 느끼기, 부채춤, 민속놀이, 전통 음악 등을 접하고 그에 관한 글을 정리하기 등을 하였다. 세 번째

'알리자'에서는 세계 속의 대한민국에 대해 생각해 보고 우리나라 알리미가 되어 홍보책자를 만들어 보았다.

이렇게 가족, 이웃을 넘어서 우리나라에 대해 생각해 보고, 나아가 세계 안의 다양한 사람들과 관계를 맺고 있다는 사실에 대해 생각하게 되길 바라며 진행했던 주제였다.

[사진3] '아름다운 우리나라' 마인드맵   [사진4] '달라지는 세상' 마인드맵

 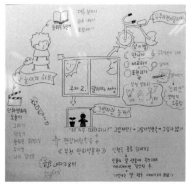

그 다음 〈달라지는 세상〉 주제에서는 낮과 밤, 그림자 등을 통해 무심코 지나칠 수 있는 변화에 대해 관심을 갖고, 나아가 주변 사물이나 환경의 변화에도 관심을 갖기를 바랐다.

먼저 하루의 변화와 그에 따른 우리 삶의 변화를 알아보고 시와 그림으로 표현해 보았다. 하루의 변화 가운데 관찰할 수 있는 현상 중 하나인 그림자에 대해 좀 더 깊이 알아보고 그림자를 이용한 인형극이나 연극, 놀이, 만화박물관 체험학습 등을 통해 그림

자의 원리와 까닭을 이해하였다. 마지막으로 움직임의 변화와 인물의 심정의 변화 등에 초점을 맞추며 만화에 대해서도 공부하였는데, 마을 도서관에서 무료로 제공해 주는 어린이 뮤지컬을 미리 신청하여 학교 시청각실에서 아이들과 함께 볼 수 있었다. 뮤지컬 중간 중간 동양상을 찍어서 등장인물의 심정 변화나 다양한 상황들, 조명으로 인한 그림자까지 다시 알아보면서 이제까지 배운 내용들을 내면화할 수 있었다.

'시 발표회', '그림자 인형극', '만화 박물관', '점토로 등장인물 만들기', '뮤지컬 보기' 등 다양한 활동을 통해서 하루의 변화와 그에 따른 우리의 삶의 변화를 알아보고, 끊임없이 변화하고 있는 세상에 대해 호기심을 갖고 접근하기를 바란 주제였다.

〈달라지는 세상〉 주제를 통해 세상이 조금씩 변화하는 흐름이 있음을 알게 되고, 자신도 스스로 조금씩 변화, 성장하는 의지를 가지게 되길 바라며 계획한 다음 이어지는 주제는 〈함께하는 세상〉이었다.

깊어가는 가을에 진행한 첫 번째 소주제 '자연과 더불어'에서는 근처 농원에서 가을을 느끼고 온 후 가을 모습을 알아보고, 시를 짓고 음악을 감상하며 미니 가을 음악 발표회를 열었다. 그리고 가을에 수확한 여러 가지 곡식이나 일상생활에 쓰이는 물건들이 우리 손에 오기까지의 과정을 알아보고, 물건들을 사고 팔 수 있는 가게놀이를 계획하여 2학년 전체 가게놀이로 확대하였다. 학부모님들까지 함께 해서 축제 같은 가게놀이였다.

두 번째 소주제인 '사람과 더불어'에서는 주변을 살펴보고 그들과의 어울림을 위해서 상대방의 마음을 헤아리기는 연습을 하였고 더불어 살기의 필요함을 알 수 있도록 '편지 쓰기', '노랫말 바꾸기', '포스터 그리기', '광고 만들기' 등 다양한 활동을 구성하였다. 이 주제를 통해 자연과 더불어 함께 살아가기 위해서 스스로 성장하며 세상에 대한 이해를 넓히길 기대하였다.

마지막으로 2학년을 마무리하는 주제인 〈아름다운 끝자리〉는 하나의 활동을 계획하고 수행하며 마무리하는 전체적인 과정을 아이들이 종합적으로 해 볼 수 있도록 연극 활동을 계획하였다. 이를 위해 즐거운생활의 '6. 팥죽할머니와 호랑이' 단원과 국어의 '6. 하고 싶은 말', '7. 재미가 솔솔' 단원을 연극놀이를 위해 함께 통합하여 인물의 특성을 살려 실감나게 연극을 준비하고 표현하였다.

그리고 효도와 우애 등 가정에서 실천해야 할 인성 요소 등을 배운 후 겨울 방학동안 실천할 수 있도록 계획하였으며, '전래 동요 부르기'와 '민속놀이', '그림 그리기' 등 겨울 관련 활동을 통해 계절의 변화를 느껴보도록 하였다.

1년을 마무리하는 단계에서 이제까지 배운 내용들을 모두 활용해서 이런 활동들을 통해 즐겁게 표현할 수 있는 기회를 주려했던 주제이다.

이렇게 하나의 씨앗에서 다시 새로운 씨앗으로 발전하는 전체 8단계로 교육과정 이야기를 구성하였는데 그 첫 번째 단계인 '나무처럼 쑥쑥' 주제에 대해 좀 더 자세히 설명하고자 한다.

〈나무처럼 쑥쑥〉은 새 학기가 시작되는 시점에 주변 사람들에게 '나'에 대해 소개하고 자신의 잠재력과 자긍심을 느낄 수 있는 활동을 중심으로 계획하였다. 봄에 만물이 소생하듯이 아이들의 감각을 깨울 수 있는 다양한 활동을 고려한 주제이다(150~151쪽 〈주제 중심 교육과정 예시 1〉 참고).

주제를 아이들과 함께 공유하기

주제 설명 및 생각나누기	주제 시작할 때에 〈나무처럼 쑥쑥〉 주제 마인드맵을 그리고 내용을 알아본다.

[사진5] '나무처럼 쑥쑥' 마인드맵

[사진6] 아이들이 따라 그린 마인드맵

　주제를 시작하는 첫 시간에는 마인드맵을 그린다. 아직 어린 저학년 아이들은 주제에 관해 말이나 표로 설명하면 잘 이해하지 못한다. 그래서 예쁜 색과 그림을 통해 배울 내용을 전달하기 위해 마인드맵을 그린다. 이때 재구성표의 모든 내용을 마인드맵에 그린다고 해서 아이들이 모두 따라 그리거나 기억할 수 없다. 아이들이 잘 이해할 수 있는 내용이나 활동 위주로 선택하여 가능한 그림으로 표현하였고 세부 내용은 간단한 단어로 표현하거나 생략하였다. 마인드맵은 원래 보조 칠판인 화이트보드에 그리는데 2학년 첫 주제였으므로 아이들이 따라 그리기 쉽도록 색색의 분필들을 이용하여 칠판 가득히 그렸다. 선생님이 그리는 모습을 보면서 아이들은 그대로 모방하기 때문에 가능한 천천히 정성껏 그렸고, 아이들에게서 다양한 이야기가 나올 수 있도록 그리는 중간 중간 쉬면서 아이들의 수다에도 맞장구쳐 주었다. 두 번째 주제부터는 화이트보드에 그려서 한 달 동안 지우지 않고 중간 중간 아이들과 함께 보며 흐름을 다시 생각하였고, 주제를 마무리할 시점에 가서 자기 평가서를 쓴 후 아쉬워하며 아이들과 함께 지웠다.

큰 나무 & 작은 나무

A. 나를 소개합니다. : 소개카드	나의 외모, 성격, 옷차림, 가족, 취미, 싫어하는 것 등 나에 대한 소개를 하고, 어릴 때와 현재, 그리고 미래의 모습을 그림으로 나타낸다.
B. 나 이렇게 바뀌었어요. : 가족참여수업	전지에 부모님, 나, 동생의 모습을 그려보는 가족참여수업 후 나이별 비슷한 점과 달라진 점을 알아보고, 주변 상황을 목소리나 신체로 표현해 본다. 또한 나이별 사용하는 도구를 비교해 본다.
C. 나는 할 수 있어요. : 모둠활동	가족 참여 수업에서 전지에 그린 그림에 모둠별로 할 수 있는 역할을 써 보고, 건강하게 자라기 위해 내가 할 일을 말해본다. (성장의 근거 찾아 비교해 보기)
D. 멋지게 보이고 싶어요. : 옷차림, 일기쓰기	나이별로 옷차림이 왜 다른지 알아보고 때와 장소에 맞는 옷차림과 몸가짐, 바른 신발 신기에 대해 공부한다. 그리고 신발에게 일기를 간단히 써 본다.

자기중심적인 저학년 아이들에게 남을 이해하고 잘 배려하며 지내라고 하는 것은 너무 어려운 과제를 주는 것이다. 2학년 첫 주제 〈나무처럼 쑥쑥〉의 첫 번째 소주제에서는 자신에 대해 생각해 보는 시간과 활동을 많이 계획하였고 자신에 대한 자신감을 키운 후 다른 이와의 관계를 맺을 수 있도록 계획하였다. 나를 돌아보며 자신의 소개 카드를 작성하거나 '내'가 할 수 있는 일, 또한 멋진 '내'가 되기 위해서 어떤 몸가짐을 해야 할지에 대해서 배우고 익혔다.

[사진7] 소개카드

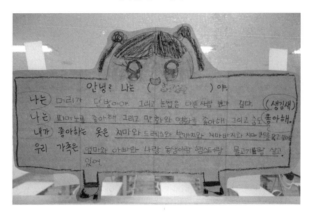

또한 3월에 초에 가족 참여 수업을 계획하였다. 이 수업은 성장의 근거를 알아볼 수 있도록 계획된 활동이었고, 나아가 1학년에서 갓 올라온 아이들이 편안하게 느끼는 학습 상황을 만들어 주기 위해 부모님들의 힘을 빌린 것이다. 부모님들이 수업에 참여하고 관심을 가지며 격려해 주는 것이 그 무엇보다 아이들의 마음을 편안하게 만들어 줄 것이기 때문이다.

이야기 나라로 퐁당

A. 동화의 세계로 초대합니다. : 성장동화	다섯 가지 성장 동화를 읽고 내용에 대해 생각나는 장면을 함께 이야기하고 말, 몸짓, 소리 등으로 자유롭게 표현해 본다.
B. 진짜 같지요? : 표현하고 구별하기	등장인물이나 여러 가지 장면들을 선, 색, 악기, 움직임 등으로 실감나게 표현하고, 노래를 불러본다. 주변에서 들리는 소리를 친구에게 들려주고 알아맞혀 본다.
C. 히-영치기 영차 영차 : 재미있고 반복되는 말	동화 속 반복되는 말의 느낌을 이야기하고 반복되고 재미있는 말에 어떤 것들이 있는지 이야기한다.
D. 성장동화 일기쓰기 : 일기쓰기	일기에 들어가야 할 것과 쓸 거리 찾는 법을 알고, 동화 속 반복되고 재미있는 말을 넣어 성장일기를 쓴다.

두 번째 소주제에서는 아이들의 삶과 밀접한 내용을 담은 다섯 권의 성장 동화를 이용하였다. 성장 동화의 등장인물들이나 장면들을 여러 가지 방법으로 표현해 보도록 하였는데 자기도 비슷한 경우가 있었다며 아이들이 무척 수다스럽게 의견을 나누고 재미있게 표현하였다. 자신의 경험을 토대로 성장 동화를 보면서 주인공들의 목소리를 흉내 내어 보거나 장면을 실감 나게 표현하고 소리들을 구별해 보았다. 그 과정에서 자연스럽게 주변을 돌아보는 기회를 주려 노력하였다. 주변의 다양한 소리에 귀를 기울이고 그 속에서 재미있는 표현도 찾으며 주변 세계로 눈을 확장시키고 친구들과 함께 활동하며 협동하는 것을 조금씩 배워나갔다. 또한 동화 속 재미있는 표현을 넣어 나의 성장 일기를 써 보기도 하였다.

[사진8] 성장 동화책과 읽어주는 광경

동화의 세계로 초대합니다

A. 어린이 도서관으로 Go! Go! : 행신어린이도서관 견학	도서관 이용규칙 및 책 고르는 방법 알고 재미있는 표현이나 반복되는 말이 들어있는 동화책 골라서 실감나게 읽어본다.
B. 이야기-소리-몸 : 동화 발표 연습	재미있는 이야기를 골라서 모둠별로 돌아가며 이야기를 소리와 몸으로 나타내어 본다.
C. 동화 발표회 : 구연동화 발표회	효과음, 몸짓과 연극 배경 등 구연동화 발표 할 준비를 하고 친구들 앞에서 소리와 몸, 악기 등으로 표현한다.

3월 20일에는 현장 체험활동을 계획하였다. 학교 근처 행신어린이도서관에서 재미있는 이야기를 고르는 활동이었는데, 도서관 이용 방법 등에 대한 사전 활동과 동화책의 내용과 표현을 간단히 바꿔보는 사후 활동을 미리 계획하여 실시하였다. 또한 앞으로 진

행될 주제가 나로부터 가족, 이웃으로 확대되므로 도서관까지 함께 걸어가면서 우리 마을을 둘러 볼 수 있는 좋은 기회였다.

도서관 체험활동은 두 번째 소주제 '이야기 나라로 퐁당'과 연계된 활동이자 마지막으로 이루어질 구연동화 발표회의 준비단계로서 미션 수행을 통해 이루어졌다. 도서관에서 재미있거나 반복되는 표현이 들어있는 동화책을 골라서 그 부분을 친구에게 실감나게 읽어주는 것이다. 아이들 발달단계를 고려하여 단순하고 명확한 미션을 계획하였고 아이들은 미션 수행에 푹 빠진 모습을 보여주었다. 아이들이 성공적으로 학습 과제를 수행하여 성취감을 갖기를 바랐는데, 아이들은 그 성취감과 자신감을 밑바탕으로 하여 마지막 동화 발표회에 도전할 수 있었다.

1주제의 가장 마지막이자 큰 활동인 동화 발표회를 예고하고 학교 도서관에서 모둠별로 재미있는 이야기책 한 권을 고르도록 했다. 아이들은 이제껏 배운 내용을 바탕으로 모둠끼리 상의를 통해서 이야기책을 골랐다. 원래 계획은 소리와 몸짓으로만 동화 구연을 하는 것이었는데, 아이들은 배경까지 만들고 싶다는 의견을 냈다. 그래야 더 실감 난다는 것이었다.

[사진9] 동화 발표회 준비하는 모습

　　모둠 친구들끼리 상의해서 역할을 나누고 친구들 앞에서 동화 구연을 하는 아이들의 모습은 조금 떨려 보였지만 무척 진지했다. 그리고 다른 친구들의 공연에도 열렬히 박수를 쳐 주었다. 주제의 중간이나 끝에는 이렇게 배운 내용을 활용할 수 있는 표현 활동을 넣었다. 이제까지 직접 경험하면서 익힌 내용을 다루지 않은 활동에서 아이들은 의미를 얻기 어렵다. 표현 활동이나 현장 체험을 많이 가는 것만이 좋은 교육과정이 아니라 그 활동이나 체험이 배운 내용과 연결되고 연결되는 것이라면, 교실에서 간단히 하는 역할극도 무척 훌륭한 것이다.

[사진10] 구연동화 발표회

평가 - 학생의 자기평가와 학부모 회신, 그리고 교사의 '달적이'

주제 되돌아보기 및 자기평가	마지막에 〈나무처럼 쑥쑥〉 주제에 대해 돌아보고 자기 평가서를 작성한다.
교사의 달적이	수행평가 내용과 지필평가를 종합하여 달적이를 작성한다.

주제의 마지막 시간에는 마인드맵을 보면서 주제를 함께 정리하였다. 아이들은 중간 중간 자신의 공책을 보면서 이야기를 나눈다. 한 달 정도의 기간 동안 한 주제가 이루어지므로 아이들은 자신의 경험에 따라 기억하는 활동들이 서로 다르다. 따라서 주제를 되돌아볼 때는 아이들이 서로 이야기를 많이 나누면 배운 내용을 정리하는데 도움이 된다. 그 후에 자기 평가서를 작성한다. 자기 평가서 양식은 아이들의 눈높이에 맞게 활동 중심으로 쉬운 용어로 기술하였고, 아이들은 각 활동이 기술된 옆 칸에 3단계로 자신을 평가한다.

간혹 어떤 아이들은 성향에 따라 스스로에게 너무 박한 평가를 하는 경우가 있으므로 활동의 의미나 달성 기준 여부를 개인적으로 알려줄 필요가 있다. 아이들이 스스로에게 하는 평가가 다음 활동의 동기 유발에 영향을 미치는 것을 느꼈기 때문이다. 주제를 정리하는 활동이지만 다음 수업이나 활동에 몰입할 수 있는 힘을 주는 단계라 생각한다. 1학년에게는 약간 힘든 평가 방식일 수도 있겠지만 2학년은 무난히 잘 해냈다.

이렇게 자기 평가서를 다 쓴 후 가정으로 보내면 뒷면에 부모님들이 회신을 적어주게 된다. 처음에는 '부모님의 말씀'이라고 제목을 적어서 보냈더니 선생님에게 편지를 쓰는 경우가 많아서 두 번째 주제부터는 '주제 활동을 열심히 한 자녀에게 보내는 부모님의 한 마디'라고 적었다. 그리고 자기 평가서와 주제 공책, 학습 활동한 자료 등을 함께 보내고 부모님들께 잘 설명해 드릴 것을 아이들에게 당부하였다. 부모님들의 주제에 대한 이해는 자연스럽게 가정학습으로 확대될 것으로 생각한다.

교사는 주제 학습 중 시행했던 수행평가와 지필평가 등을 종합하여 달적이를 작성한다. 달적이는 매달 아이들의 학업 성취 상황이나 생활 모습 등에 대해 알려주는 통로 역할을 하였다. 아이들이란 계속해서 변화하고 발전하므로 가능한 자주 학부모님들에게 아이들에 대해 알려주었다. 담임교사로서 주어진 환경에서 아이들과 최대한 가깝게 교육과정을 계획하려 노력했다. 주제와 연계하여 아이들의 삶의 터전인 가정에서도 의미 있는 배움이 일어나길 바라는 마음이다.

[사진11] 자기평가서

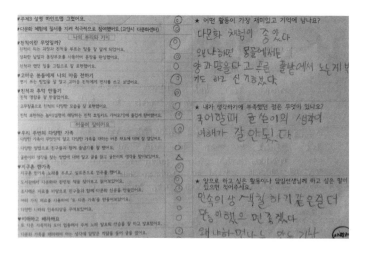

[사진12] 학부모 회신

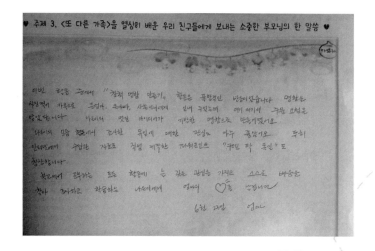

주제 중심 교육과정 예시 1 - 2012년도 2학년 1학기 첫 번째 주제

주제명	핵심 역량	교과 및 차시	단원	성취 기준	재구성 이유
STEP1 씨앗 나무 처럼 쑥쑥 3/2 ~ 3/26	자기 관리 문화 예술 시민 의식 기초 학습	국어 18	1. 느낌을 말 해요	●문학 작품에 나오는 인물의 말을 실감 나게 표현한다. (듣말) ●겪은 일이 잘 드러나게 일기를 쓴다. (쓰기) ●느낌을 살려 노래를 부르거나 시를 낭송한다. (읽기) ●재미있는 말이나 반복되는 말을 넣어 글을 쓴다. (읽기)	'나무처럼 쑥쑥-나-'은 1학기 첫 번째 주제이다. 2007년 개정 교육과정에서는 개별적, 독립적, 탈맥락적인 지식을 탈피하고자 구체적이고 생산적인 활동 속에서 학습자의 배움이 일어난다고 보고 실제 활동을 강조하였다. 그런 맥락에서 봄에 만물이 소생하듯이 아이들의 감각을 깨울 수 있는 다양한 활동을 고려하여 주제 활동을 계획하였다. 새 학기가 시작되는 시점이므로 먼저 선생님과 친구들에게 나를 소개하고, 가족들이 함께 수업에 참여하여 서로의 모습을 그려보고 비슷한 점과 달라진 점 등을 알아볼 것이다. 그러면서 나의 모습을 되돌아보고 내 몸의 변화를 미리 알아보며 궁극적으로 자신의 소중함을 알게 하고자 한다. 성장 동화를 들으면서 커가는 내 모습과 할 일, 옷차림 등을 다시 한 번 되새기고, 동화 속 등장인물이나 장면 등을 여러 가지 방법으로 실감나게 표현할 것이다. 표정, 목소리, 계절이나 감정, 환경 등을 다양하게 표현해 보며 나아가 새로운 친구들과 새로운 환경에도 귀 기울여 보고자 한다. 마지막으로 언어적, 비언어적(몸짓, 표정 등), 반언어적(속도, 어조, 목소리 등) 표현 활동을 고려한, 목소리와 몸짓, 소리가 함께하는 재미있는 구연동화 발표회를 통하여 나를 표현하고 다른 사람을 이해하는 경험을 하게 될 것이다.
		바른 생활 4	3. 단정한 모습	●옷을 단정히 하고 몸가짐을 바르게 한다.	
		슬기로운 생활 12	1. 커가는 내 모습	●시간의 흐름에 따른 내 몸의 변화를 알아보고 자신을 소중하게 여기는 마음을 갖는다.	
			3. 귀를 기울여요	●주위에서 발생하는 소리에 대해 알아보고 이웃의 여러 가지 모습을 알아본다.	
		즐거운 생활 13	1. 소리 축제	●주변 소리 목소리로 표현하며 음색 또는 음악적 느낌 여러 가지 방법으로 표현한다.	
		46			

활동 및 활동내용	관련 교과및 차시	학습 목표	수행평가		
			내용	방법	시기
1주제 설명 및 생각나누기 – 마인드맵	국어 1 즐생 1	●'나무처럼 쑥쑥' 주제를 함께 협의할 수 있다.			
큰 나무 & 작은 나무 – 씨앗심기 나를 소개합니다.(소개카드) – 외모, 성격, 옷차림, 가족, 취미 등	슬생 1 바생 1	●어릴 때와 현재, 그리고 미래의 모습을 그림으로 나타내고 성장의 근거를 찾아 비교할 수 있다.	바생(내일 스스로하기) 때와 장소에 알맞은 옷차림 말하고 실천하기	관찰	3월 2주
나 이렇게 바뀌었어요.(가족 참여 수업) – 비슷한 점과 달라진 점(성장의 근거) – 목소리를 악기로 나타내기 – 사용하는 도구 비교해 보기	슬생 2 즐생 2	●나이별 역할을 알아보고 건강하게 자라기 위해 내가 할 일을 알아볼 수 있다.	슬생(새어보기) 어릴 때와 지금의 성장 변화를 알고 할 수 있는 일 알아보기	발표 작품 분석	3월 2주
나는 할 수 있어요! (모둠활동) – 나이별로 할 수 있는 일 알아보기	슬생 2	●나이별 적절한 옷차림과 몸가짐에 대해 알아보고 자신의 옷차림을 되돌아본다.			
멋지게 보이고 싶어요. – 나이별로 적절한 옷차림 알아보기 – 단정한 옷차림에 대해 알아보기 – 신발에게 일기 쓰기	바생 1 국어 1		국어(쓰기) 겪은 일이 드러나게 일기쓰기	지필	3월 2주
이야기 나라로 퐁당 - 물주기 동화의 세계로 초대합니다. – 성장 동화 듣기(선생님, 글우물 어머니회)	듣기 2	●동화책에 나오는 인물의 말과 행동을 여러 가지 방법으로 실감나게 표현할 수 있다.			
진짜 같지요? – 등장인물이나 장면 실감나게 표현하기 (말,몸짓,표정,속도,말투,목소리,선,색,악기 등) – 다양한 소리 구별해보기	즐생 1 듣기 1 슬생 1	●여러 가지 다양한 소리를 알아보고 흉내 내어 보면서 느낌을 소리로 표현할 수 있다.			
– 음악 듣고, 글 읽고 소리 표현하기 (선, 색, 몸, 악기 등) – 주변의 여러 가지 소리 표현하기	즐생 2 슬생 2	●동화 속 반복구는 말과 재미있는 말을 찾고 그 말을 넣어 일기를 쓸 수 있다.			
히~엉치기 영차 영차(재미/반복되는 말) – 동화 속 재미있는 말과 반복되는 말 찾아보기 – 즐거운 소리와 방해되는 소리 찾아보기	읽기 1 슬생 2				
성장 동화 일기쓰기 – 일기에 꼭 들어가야 할 것, 일기 쓸 거리 찾기	쓰기 4				
동화의 세계로 초대합니다 - 열매맺기 현장학습 : 행신 어린이 도서관(3/20) – 사전 학습 : 도서관 이용 규칙 및 책 고르는 방법 알기 – 학습 주제 : 동화책 골라서 실감나게 읽어보기 – 사후 학습 : 동화책 내용 바꿔보기	읽기 4 즐생 1	●재미있는 말과 반복되는 말을 넣어 글을 쓸 수 있다. ●동화책 내용을 소리와 , 몸, 악기 등으로 표현하고, 구연동화 발표회를 할 수 있다.			
동화책 내용 바꿔보기 – 재미있는 말, 반복되는 말 등	읽기 2				
이야기를 소리와 몸으로 나타내기	즐생 3				
구연동화 발표회하기	즐생 2 듣말 1 바생 1				
1주제 되돌아보기 및 지필평가 – 자기평가 및 반성	슬생 2	●'나무처럼 쑥쑥' 주제에 대해 되돌아보고 반성할 수 있다.			
	46	평가 : 3월 26일 월요일 2블럭 자기평가 실시			

5장
교육과정 사례 2 – 소중한 새싹[주]

2013학년도 2학년 1학기 주제 중심 교육과정

2007 개정 교육과정에서 '통합 단원'을 제시하여 교과서 수준에서나마 통합 학습을 할 수 있도록 길을 제시하였고, 나아가 2009 개정 교육과정은 교육과정 주제를 통일하여 종전의 부분 통합에서 전면 확대된 형태를 띠고 있다. 올해 2009 개정 통합교과 교육과정은 저학년의 발달적 위계 및 특성을 고려하여 바른생활, 즐거운생활, 슬기로운생활을 합한 주제별 월별 교과서가 특징이다.

이렇게 통합교과로 교육과정이 구성된 2013학년도에는 주제 교과서가 제시되기 때문에 굳이 애써서 다시 교육과정을 재구성해야 할 필요가 있는지 잠깐 고민했었다. 통합 교과서와 지도서가 나오기 전 같은 학년 선생님들과 이런 고민들에 대해 이야기

주. 2013. 3. 4~4. 8

나누었고, 그래도 재구성을 하는 것이 좋겠다는 결론을 얻었다. 교과서대로 하는 것이나 바꾸는 것이 중요한 것이 아니다. 2학년이 배워야 할 성취 기준 전체를 살펴보고 우리 아이들에 맞게 구성하는 것이 중요하므로 그 부분에 집중하였다. 교육 내용을 살펴보고 국어, 통합교과, 창의적 체험활동을 통합하게 되었다.

2학년 1학기는 시간적, 공간적으로 구분하여 〈나〉, 〈봄〉, 〈가족〉, 〈여름〉 이렇게 4권의 통합 교과서가 나왔는데, 흥미나 관심사를 교과로 이어서 학습하는 교과 간 통합 방식으로 구성되어 있었다. 월별 교과서가 나왔지만 학기가 시작되기 전 2학년 교사들이 함께 성취 기준을 살펴보면서 국어와 창의적 체험활동을 연계하여 새로 재구성할 필요를 느꼈다. 말하고 듣고 쓰고 읽는 국어과는 다양한 지식 교육을 할 수 있는 과목이자 창의지성 교육에서 이야기하는 비판적 사고 과정을 효과적으로 수행할 수 있는 도구교과의 기능도 수행할 수 있기 때문에 이를 통합교과에 접목시키면 효율적인 배움이 가능할 거라 생각하였다. 또한 배운 내용을 표현하고 내면화할 수 있는 다양한 활동을 위해 창의적 체험활동도 연계할 필요가 있었다.

[표1]은 2013학년도 1학기 재구성 된 교육과정의 전체 흐름과 학습 기간을 나타낸 것이다.

[표1] 주제 중심 교육과정 흐름 (2013년 2학년 1학기)

주제명	통합 단원명	국어 단원명	창체	학습 기간
소중한 새싹	나 (1) 나의 몸	1.아, 재미있구나 2.경험을 나누어요	생각나누기 역할극 표현활동	3/4 ~ 4/8 3/4 ~ 4/8
	봄 (1) 봄이 왔어요			
꿈꾸는 봄	나 (2) 나의 꿈	3.이렇게 해 보아요 4.생각을 전해요 5.무엇이 중요할까?	소개활동 표현활동 자연보호	4/8 ~ 5/14 4/8 ~ 5/14
	봄 (2) 봄나들이			
또 다른 가족	가족 (1) 친척	7.이렇게 생각해요 8.보고 또 보고	표현활동 조사발표	5/14 ~ 6/20 5/14 ~ 6/20
	가족 (2) 다양한 가족			
여름아! 반갑다	여름 (1) 곤충과 식물	11.재미가 새록새록 10.이야기 속으로	역할극 현장체험	6/20 ~ 7/26
	여름 (2)여름 풍경	6.알기 쉽게 차례대로 9.느낌을 나타내어요	역할극 현장체험	6/20 ~ 7/26

학기 초인 3월은 '나'에 대해 잘 알고 표현하여 나아가 친구들과 좋은 관계를 맺을 수 있는 바탕으로 마련해야 하는 중요한 시기이다. 기간 상으로는 봄의 시작을 알리는 여러 가지 신호들을 느낄 수 있다. 통합교과 교과서가 '나'와 '봄'으로 나뉘어져 있어서 '나'와 '봄'의 첫 소주제인 '봄이 왔어요'와 '나의 꿈'을 함께 묶어서 재구성하였고 〈소중한 새싹〉이라 주제명을 정하였다.

두 번째 주제 〈꿈꾸는 봄〉은 '나의 꿈'과 '봄나들이'를 중심으로 재구성하였다. 씨앗에서 새싹이 돋고 꽃이 피는 생명 활동이 왕성한 시기인 4월에서 5월 초까지 '내' 안에서 꿈의 씨앗을 찾고 생생히 꿈꾸며 표현해보기를 바라는 마음으로 계획하였다.

가족의 달 5월을 맞이하여 계획한 세 번째 주제명은 〈또 다른 가족〉이다. 사회의 변화 및 급속한 발전에 따라 핵가족이 늘어나고 가족의 모습이 다양해지고 있는 요즘 시대를 반영했다. 함께 살고 있는 가족은 물론이고 함께 살고 있지 않은 친척에 대해서도 관심을 갖고 서로 소식을 전하는 활동이 되도록 계획하였다. 또한 다문화 가정이 점차 증가하고 있는 추세이므로 다문화 가정에 대한 바른 이해와 관심을 갖고 실천할 수 있는 기회를 제공하고자 하였다.

6월의 마지막 주는 본격적인 여름의 시작이다. 네 번째 주제인 〈여름아! 반갑다〉는 아이들이 좋아하는 계절인 여름에 관해 다양하게 알아보기 위한 교육과정이다. 여름철 곤충과 식물에 대한 학습이나 표현활동, 곤충 말놀이 등으로 여름에 대한 관심을 가질 수 있게 하고, 물총놀이나 물놀이로 직접 여름을 몸으로 느껴볼 수 있는 기회가 된다.

[사진1]. 2013학년도 1학기 주제 그림

2012학년도에는 씨앗에서 새싹, 나무, 열매, 꽃, 자연, 새로운 씨앗으로 연계되도록 계획하고 아이들과 함께 몸으로 표현하며 한 학기 주제들을 살펴보았다. 2013학년도에는 1

학기에 배울 주제들을 어떻게 제시하는 것이 좋을까 고민하다가 글자나 말로 제시하는 것보다는 아이들이 상상할 수 있도록 친숙한 풍경을 넣어서 표현하면 좋을 것 같아서 한번 그려보았다. 예상했던 것보다 더 아이들이 좋아했다. 아이들은 그림 속 내용들을 서로 설명하면서 1학기 주제에 대한 관심을 관심을 나타냈다. '나'로부터 주변으로 관심을 넓혀가고 있는 저학년 아이들에게 친숙한 환경을 그림으로 표현해 보여주고 앞으로 배울 내용이 아이들 각자 자신의 경험과 환경에 바탕을 두고 있다는 것을 알려주려고 했다.

〈소중한 새싹〉은 1학년 생활을 잘 끝마치고 2학년에 갓 올라온 아이들이 자신에 대해 관심과 흥미를 갖고 소중히 가꾸며 신체의 특징과 할 수 있는 일에 대해 탐구할 수 있도록 마련된 주제이다. 계절적으로는 봄을 맞이하여 봄 날씨와 생활을 알고 봄철 건강관리를 잘하며 다양한 표현 통해 즐겁게 지내기를 바라며 수업 활동을 계획했다(172~175쪽 〈주제 중심 교육과정 예시 2〉 참고).

〈소중한 새싹〉은 '나의 몸'과 '봄이 왔어요'라는 두 개의 소주제로 구성되었는데, 여기서 다루는 '나'와 '봄'이라는 개념은 폭넓은 의미를 다룰 수 있다. 교육과정을 재구성하다 보면 다양한 활동을 해야 할 것 같은 불안감 때문에 주제와 관련된 활동이라면 아이들의 수준을 미처 고려하지 않고 선택하는 경우가 있다. 그런 활동이 끝난 후에는 아이들도 선생님도 녹초가 되어버린다. 저학

[그림1] 2013학년도 주제1 〈소중한 새싹〉 구성표

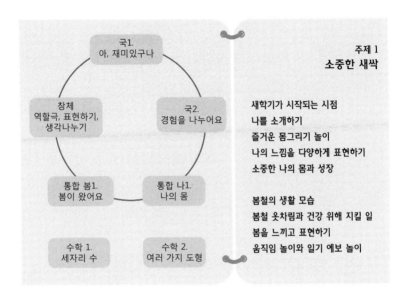

년 아이들은 추상적인 수준을 이해하는 것을 무척 어려워한다.
그래서 교육과정을 구상할 때 아이들의 수준을 고려하며 구체적
인 활동으로 계획하려 노력하였다. 그리고 주제별 교과서가 나왔
기 때문에 교과서와 지도서를 중심에 두면서도 교육과정 재구성
작업의 초기 단계에서 브레인스토밍 한 것을 참고로 하여 구체적
인 활동을 계획하였다.

주제를 아이들과 함께 공유하기

주제 설명 및 생각 나누기	주제 시작할 때에 〈소중한 새싹〉 주제 마인드맵을 그리고 함께 협의한다.

　사진으로 제시된 다음 그림은 〈소중한 새싹〉 마인드맵이다. 약한 달 동안 배울 내용을 한 장의 그림으로 나타내는 것이 쉽지는 않지만 이런저런 방식으로 그려보면서 가르칠 내용을 정리할 수 있다. 학기 초에 교육과정을 다 완성했다 할지라도 아이들을 가르치다 보면 길을 잃고 헤매는 경우가 많다. 그럴 때 재구성표와 마인드맵은 길잡이 역할을 해준다.

[사진2] '소중한 새싹' 마인드맵

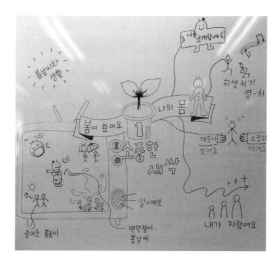

마인드맵은 아이들이 한 달 동안 배울 내용이 담겨 있는 소중한 자료로서 아이들의 동기 유발에도 중요한 역할을 한다. 선생님이 칠판에 마인드맵을 그리기 시작하면 아이들은 기대감에 부풀어 눈을 반짝인다.

"우와! '맑으니'다."

"TV 안에 사람이 들어갔어요. 그런데 추운가 봐요."

"난 하나도 안 추운데, …… 난 완전 더워요."

선생님은 칠판에 열심히 그리고, 아이들은 수다를 떨면서 주제 공책이나 주제 스케치북에 따라 그린다. 주제 마인드맵을 종이에 미리 그려 놓고 칠판에 따라 그리는데, 모방을 잘 하는 이 시기의 아이들은 선생님이 그리는 모습 자체를 배우기 때문에 천천히 정성껏 그리려 노력한다. 그림을 스캔하여 TV 화면에 띄우고 사용하는 것도 가능하나 저학년 아이들이 보기에는 크기가 너무 작아서 그리기 어렵다. 선생님이 직접 칠판에 그려보면서 어려운 부분에 대해 아이들과 이야기하며 그리면 아이들은 힘들어도 끝까지 그리는 모습을 보여준다.

[표2] 소주제 '나의 몸' 설명

A. 나를 소개합니다. : 소개카드 몸 그리기	나에 대한 소개카드를 만들고 친구들에게 소개한다. 친구들과 함께 술래잡기 놀이를 하고 재미있는 말로 서로의 경험을 나눈다. 또한 협동하여 친구의 몸을 그리고 특징을 알아본다.
B. 히영치기 영차 영차 : 느낌 살려 표현하기	여러 가지 방법으로 느낌을 표현하며 나의 신체를 느껴보고, 마음을 글로 표현한 시나 이야기를 읽고 몸으로 표현해 본다. 이야기 속 감정을 나타내 보고 분위기에 맞게 글을 읽으며 읽기의 재미를 느껴본다.
C. 소중한 나의 몸 : 병원놀이	몸을 소중히 여겨야 하는 이유를 알고 소중한 몸이 아플 때 어느 병원에서 진료를 받아야 하는지 알아본다. 아픈 증상에 따라 이용하는 병원이 다름을 알고 그에 맞게 병원놀이를 한다.
D. 내가 자랐어요 : 학부모 참여수업	학부모 참여수업을 통해 나의 성장에 대해 알아보고 자라면서 예상되는 신체적인 변화와 할 수 있는 일 등을 직접 확인한다. 어릴 때부터 지금까지의 자란 과정을 토대로 성장 흐름표를 작성한다.

　　나를 바로 보고 표현하는 것을 강조했던 2012학년도 첫 주제와 마찬가지로 2013학년도에도 나에 대해 알아보는 것을 먼저 계획하였다. 새로운 친구들과 새로운 학년을 맞이한 이 시기에 나에 대한 소개 카드를 만들어 나를 알아보고 표현하는 기회를 주었고, 선생님, 친구들과 함께 손을 잡고 그물 술래잡기 놀이를 하며 새로운 환경에 대한 두려움을 잊을 수 있도록 하였다.

　　국어 1단원 '아, 재미있구나!'의 재미있는 말놀이로 즐거운 학습 경험을 갖도록 하였고, 이렇게 친해진 반 친구들끼리 모둠을 정하여 몸을 그리는 활동을 하였다. 학기 초 생활지도를 따로 하지 않고 교육과정을 계획할 때 적당한 활동을 미리 생각하여 적용하니 바쁜 학기 초에 수월하게 생활지도를 할 수 있었다. 그리고 통합지도서에 주제 관련 참고 도서들이 많이 실려 있으므로 그 참고 도서와 교사들이 찾은 책들을 재구성표에 기록해 놓고 중간 중간 읽어주곤 하였다. 국어 시간에는 효과적으로 낭독하는 법을 배우고 느낌을 살려 몸으로, 이야기로, 얼굴 표정 등으로 표현하였다. 나를 표현할 수 있는 여러 가지 방법을 동원하여 다양한 활동을 하면서 아이들이 자신에 대한 자존감을 키울 수 있게, 또한 다른 사람 앞에서 부끄러워하지 않으며 표현할 수 있도록 도와주었다.

이렇게 '나'에 대해 알아본 후 이런 소중한 몸을 깨끗이 유지하고, 몸이 아플 때 어떤 증상이 있고 어느 병원의 도움을 받아야 하는지 알아보았다. 아이들이 병원에 갔던 경험이 많아서인지 병원의 종류도 많이 알고 경험을 많이 이야기하고 싶어 했다. 병원에 갔던 경험을 바탕으로 병원놀이 계획을 세웠다. 1학년 때 소꿉놀이 정도의 병원놀이를 했으므로, 2학년 때는, 정작 활동은 겉으로 보기에 별 차이가 없는 정도 일지라도 계획부터 준비, 활동, 정리까지 아이들이 계획해서 할 수 있도록 도움을 주었다.

생활 속에서 다양한 경험을 해서 아이들에게 친숙한 병원놀이는 생각보다 복잡한 과정임에도 불구하고 잘 이루어졌다. 역할극 전날 선생님과 함께 계획을 세워 필요한 물건들을 스스로 준비하고, 역할극 당일에는 간판을 만들고 책상들을 원하는 모습으로 재배치하는 모습이 기특하였다. 교사인 내가 모든 것을 계획하고 시키는 것보다는 시간이 조금 더 걸리고 실수도 있었지만 아이들이 생각하고 정리할 수 있도록 시간을 주었다.

그리고 그렇게 열심히 준비해서 재미있게 병원놀이를 진행한 후 소중한 몸을 지키는 병원에 대해 다시 한 번 정리하여 놀이 자체에서 배움으로 연결될 수 있도록 노력하였다. 아이들이 흥미를 느낄 수 있는 재미있는 활동도 중요하지만 재미를 넘어서 무언가를 배울 수 있도록 세심하게 계획할 필요가 있다. 그리고 교육과정 설계 시 미리 계획한 대로 병원놀이 다음 시간에 소중한 몸에 대한 보건 선생님의 성교육으로 마무리하였다.

[사진3] 병원놀이 계획과 병원놀이

나의 성장에 대해서 알아보는 활동에서는 학부모들의 도움을 받았다. 이 활동은 아이들의 주제 스케치북에 부모님과 아이의 손과 발을 그리고 그 손과 발이 할 수 있거나 하고 싶은 일을 함께 상의하여 적는 활동이다. 단순히 수동적으로 참관만을 하는 학부모들에게 학교에서 아이들과 함께 학습하는 기회를 제공하는 측면도 있었다. 참관수업이 아닌 '학부모 참여 수업'이라 명명하고

아이들과 함께 교사의 설명을 잘 들은 후 강당에 가서 활동하였
다. 부모님이 오지 못한 아이에게는 선생님과 친구 엄마가 일일
엄마가 되었다.

부모님들이 수업을 참관만 하면서 아이의 집중하지 못하는 태
도를 안타까워한 것이 아니라 아이와 함께 수업을 재미있게 하니
아이와 부모님들 모두 스트레스가 훨씬 덜 한 것처럼 보였다. 아
이들도 부모님과 학교에서 함께 공부하는 것을 좋아했고 하나라
도 더 하고 싶어 하는 모습을 보여주었다. 또한 아이들과 어른이
할 수 있는 일과 좋아하는 것 등을 적은 이 수업 결과는 다음 시간
에 '성장 흐름표'를 만드는 데 좋은 수업 자료가 되어서 학습에 큰
도움이 되었다.

봄이 왔어요

A. 봄 날씨와 생활 : 봄 날씨와 생활 조사	사람들의 봄철 생활 모습을 미리 조사하여 봄 날씨와 생활과의 관계를 알아본다.
B. 변덕쟁이 봄 날씨 : 봄 날씨 특징	'해 따러 가기'(학교 주변 산책)에서 오감을 통해 직접 봄 날씨를 느껴보고 봄 날씨와 특징을 그림으로 나타낸다. 또한 봄이 오는 소리를 생각하며 노래를 부른다.
C. 즐거운 봄놀이 : 움직임 놀이	봄 날씨의 특징에 따라 움직임을 다르게 하며 놀고 봄 날씨 노래를 부르며 몸으로 표현해 본다.
D. 일기예보 놀이 : 일기예보 역할극	이런 변덕스런 봄 날씨에 대해 실제로 어떻게 예보가 이루어지고 있는지 관심을 갖고 일기예보 놀이를 한다.

봄에 대한 주제 활동을 설계하면서 나는 고민에 빠졌다. '아이

들이 봄을 실제로 어떻게, 어디서 느낄까?' 하는 것이었다. 가정에서 저학년 아이들은 아직은 어린 아이처럼 다루어지는 경우가 많다. 책가방을 부모님이 챙겨주거나 심지어 밥도 먹여주는 경우가 빈번하다. 엄마가 날씨와 상황에 따라 미리 결정하여 골라주는 옷을 입고, 걸을 수 있는 거리도 자가용을 이용하는 경우가 많은 저학년 아이들이 실제로 봄의 날씨를 예민하고 다양하게 느끼고 있을까? 작년에 2학년을 가르쳐 본 경험에 비추어 내 결론은 '아니다'였다.

[사진4] '봄을 어디에서 느낄까?'에 대한 메모

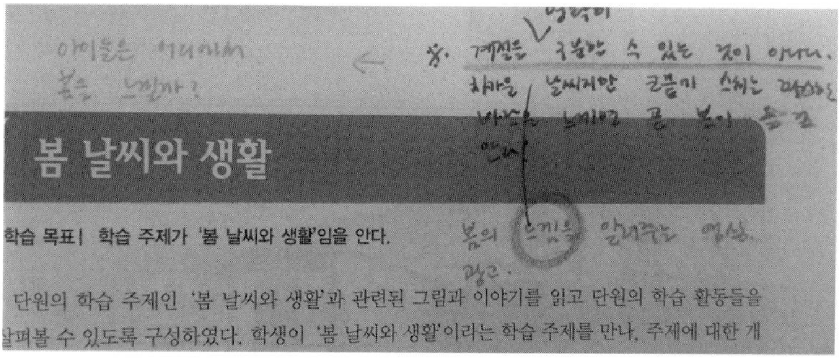

교육과정 설계 시 생겨난 이런 고민들을 지도서나 교과서에 기록해 두거나 다른 곳에 메모해 두어 참고했다. 나는 고민 끝에 가정 학습을 두 가지를 계획하였다. 먼저 첫 번째 과제로 봄 날씨 수업 2주 전에 주말 과제 2회 분을 주었다. 가족과 함께 봄나들이나 산책을 하면서 그 광경을 글과 그림으로 표현하라고 하였다.

나들이를 하면서 보고 듣고 느끼고 활동한 것들을 부모님과 이야기해 보고 그림이나 글로 나타내면서 자연스럽게 봄을 느끼길 바랐다.

두 번째 과제는 봄 날씨 수업 1주 전 주중 과제였다. 5일 동안 바깥에서 활동하는 사람들을 관찰하여 어떤 활동을 하는지 글이나 그림으로 표현하게 했다. 다양한 날씨에 따른 사람들의 행동 변화도 자연스럽게 관찰할 수 있을 것으로 예상되었다.

그리고 이 두 개의 과제들은 부모님과 함께하도록 했다. 수업에 사용하기 위해서는 어느 정도 정확한 자료가 요구되었기 때문에 아직 어린 저학년 아이들에게 부모님들의 적절한 도움이 필요하였다. 실제 많은 아이들이 충실히 과제를 수행하였고, 직접 경험한 내용이므로 자신감 있게 발표를 하며 수업이 이루어졌다. 특히 주중 과제는 그 주에 심한 일교차와 봄비 등 봄철 날씨를 보여주어서 아이들이 그에 따른 활동 자료를 많이 수집할 수 있었다. 아이들은 이렇게 많은 발표를 바탕으로 특징을 무리 지어 봄철 날씨의 특징을 어느 정도 정리할 수 있었고, 부족한 부분은 내가 동영상으로 제시하였다. 날씨가 중요했던 이 과제를 위해서 수업 3~4주 전에 미리 기상청 사이트를 보고 언제쯤이 좋을지 참고했다. 3월 한 달은 매일 알림장 1번에 '오늘의 날씨'를 적고 선생님과 이야기를 나누며 자연스럽게 아이들이 봄에 대한 관심을 가질 수 있도록 유도하였다.

그 다음 변덕스러운 봄 날씨의 특징을 오감으로 느껴보는 활동을 위해 '해 따러 가기'라는 이름으로 산책 활동을 진행했다. 오감을 이용하여 관찰하는 방법을 먼저 아이들에게 설명하고 '해 따러 가기'에 나섰다. 몸을 낮춰서 새싹을 조용히 관찰하고 바람에 날리는 씨앗에 가만히 손을 대보는 아이들 모습이 참 예뻤다. '감각을 동원해서 느끼려니 저절로 집중되나 보다'는 생각이 들었다.

[사진5] 해 따러 가기

　교과서에서는 오감으로 느껴보는 활동만 제시되었는데 심화 시간을 더해서 오감으로 느낀 봄을 직접 그림으로 그려보았다. 그리고 그때까지 학습한 봄 날씨의 특징을 정리하여 그림에 넣었다. 이렇게 완성한 그림으로 교실 뒤쪽 벽에 게시하여 아이들이 볼 수 있도록 하였다. 그림을 교실 내부에 게시하니 더불어 교실 환경도 화사하게 봄빛으로 바뀌었다.

이런 활동 이후에 봄에 대해 알아보고 봄을 즐기는 순서를 가졌다. 변덕스러운 봄 날씨로부터 건강을 지키는 방법을 이야기해보고 여러 가지 봄 날씨 놀이를 하기 위해서라도 아프지 말 것을 당부했다.

봄 날씨 깃발을 만들고 그것을 이용하여 '콩 주머니' 놀이를 했는데, 원래는 다른 날씨 모둠의 콩 주머니를 자기 모둠으로

[사진6] 오감으로 봄 느끼기

많이 가져오는 팀이 승리하는 놀이이다. 봄 날씨를 주제로 친구들과 즐겁게 놀이하는 것이 성취 기준인데, 콩 주머니를 서로 많이 가져오기 위해 지나친 경쟁을 하거나 규칙을 어길 것으로 예상되었다. 그래서 이전 수업부터 좋은 날씨·나쁜 날씨가 있는 것이 아니라 다양한 다른 날씨가 있다고 유도하였고, '우리' 모둠 날씨의 콩 주머니를 다른 날씨 모둠에게 골고루 선물하는 것으로 게임을 변경하였다.

다양한 날씨에 대해 알아본 후 봄 날씨를 미리 알고 대비할 수 있도록 일기예보를 함께 보고 일기예보놀이를 하였다. 병원놀이에서 계획을 아이들과 함께 세운 경험이 있으므로 이번 역할극도 놀이에 필요한 것과 역할 등을 함께 계획하고 준비했다. 아이들

과 상의한 끝에 모둠의 카메라맨은 가짜 카메라가 아닌 진짜 카메라로 촬영하기로 결정했다. 사실 제대로 나올까 조금 걱정이 되었지만, 자신들의 모습을 직접 찍어서 볼 수 있다는 기대감 때문인지 준비 단계서부터 아이들은 무척 진지하게 일기예보놀이를 하였다. 이제까지 배운 날씨에 관한 내용을 친구들과 함께 구성하여 처음부터 끝까지 모두 책임지고 만들어 본 것이다. 선생님이 보여준 일기예보 동영상을 볼 때는 큰 흥미를 느끼는 것 같지 않던 아이들 얼굴이 자신들이 직접 찍은 일기예보 영상을 볼 때는 환하게 빛났다. 그리고 '맑으니' 카메라맨들이 촬영한 동영상을 보면서 좋았던 점과 알게 된 점, 아쉬웠던 점 등을 적는 것으로 활동은 마무리하였다.

경험하지 못한 것에 대해서 잘 이해하지 못하는 저학년 아이들은 이렇게 활동을 통해서 배운 것을 활용해 보고 자기 것으로 만든다. 배운 것을 활용할 수 있는 구체적인 활동을 통해서 현상이나 그 사실을 이해하기 때문이다. 더불어 아이들을 고려한 긍정적이고 기분 좋은 학습 환경은 아이들의 학습 능력을 향상시킬 것으로 믿는다.

[사진7] '맑으니 기상정보' 활동

평가 - 학생의 자기평가와 교사의 학교생활 이야기

주제 되돌아보기 및 자기평가	주제 마지막에 〈소중한 새싹〉 주제에 대해 돌아보고 자기 평가서를 작성한다.
교사의 학교생활 이야기	수행평가 내용과 지필평가를 종합하여 학교생활 이야기를 작성한다.

열심히 배운 주제 학습을 끝낸 아이들의 표정은 시원섭섭해 보였다. 아이들의 이번 주제의 자기 평가서에서는 재미있는 놀이와 역할극을 더 했으면 좋겠다는 의견이 많이 나왔다. 그리고 자신이 부족했던 부분에 대해서는 서툴지만 아쉬운 마음을 나타내었다.

교사는 하나의 주제가 진행되는 중간 중간에 아이들의 학습내용 달성도를 수시 평가한다.

1~2학년 아이들은 글자를 읽기는 하나 그 의미를 잘 이해하지 못하는 경우가 많다. 말로 자신의 생각을 표현하는 데도 서툴다. 활동 모습이나 모둠 활동, 과제 해결 등 다양한 부분을 잘 관찰하고 얼마나 아는지 유도해야 아이들은 알고 있는 내용을 표현한다. 이런 아이들이므로 학기말 교육과정 워크숍에서 저학년에게 지필평가가 과연 효과적인가 하는 의견이 있었고 그에 대해서 아직도 더 고민을 하고 있다.

교육과정 설계시 계획된 평가 방법대로 관찰 평가와 작품 분석, 과제, 발표 등 다양한 방법을 이용하여 평가했다. 이때 단순히 학생을 평가하는 것에 치우치기보다는 수시로 있는 같은 학년 교사 모임에서 평가 내용과 아이들의 반응, 목표 달성도 등을 함께 이야기하며 교수학습 방법 개선 자료로 이용하기 위해 노력하였다. 이렇게 평가한 내용을 모아 2012학년도에는 '달적이'라는 명칭으로 교사 평가서를 작성했었는데 올해는 교사 회의를 통하여 그 명칭을 바꾸었다. 주제 끝이나 주제에 따라서 묶어 나가기도 해서 매달 나간다는 의미의 '달적이'라는 명칭보다는 '학교생활 이야기'가 더 적절하다고 의견을 모았다.

학년 간의 차이는 물론이고 한 학급에서도 아이들마다 가진 능력과 경험한 것이 다른데 똑같은 기준을 적용하여 평가하고 그에 따라 능력을 판단하는 것은 문제가 있다고 본다. 모든 아이들이 같은 수준의 목표에 모두 도달할 수 없음을 인정하고 개개인의 능력이 얼마나 향상되었는지를 고려한 평가가 이루어져야 하는데, 그런 부분에 대해서 교사로서 아직도 노력하고 알아야 할 부분이 많음을 느낀다. 그를 위해서 앞으로 더욱 다양한 형태의 학습을 통해 개인의 소질과 능력의 차이를 교사가 알고, 평가를 할 때도 학습 과정에서 자신의 능력을 최대한 발휘하여 성취 수준을 향상시키는, 학생을 고려한 평가가 이루어지도록 노력하고자 한다.

[사진8] 학교생활 이야기

학교생활 이야기(주제2-꿈꾸는 봄)

 - 자녀의 전반적인 학습 및 생활태도를 알려드리는 학교생활 이야기입니다. 자녀의 학습과 생활태도에 도움이 되시기를 바라며 학교와 소통하는 계기가 되기를 희망합니다.

(수행평가는 주제가 끝날 때마다 통지되고, 서술형 알림은 한 학기에 2회 통지됩니다.)

2학년 1반 이름 : 조○○

교괴명	영역	단원명	수행평가 주제	평가 방법	매우 잘함	잘함	보통	노력 요함	미흡
국어	쓰기	4. 생각을 전해요.	자신의 생각을 담아 칭찬쪽지 쓰기	실기 관찰					
수학	수와 연산	3. 덧셈과 뺄셈	세 수의 혼합계산을 여러 가지 방법으로 계산하기	지필 평가					
바생	나1	2. 나의 꿈	나의 꿈을 이루기 위한 실천사항을 꾸준히 실천하기	관찰및 자기 평가					
슬생	봄1	2. 봄나들이	다양한 자료를 활용하여 봄나들이 계획 짜서 발표하기	발표 관찰					
즐생	나1	2. 나의 꿈	나의 꿈을 인형으로 만들어 표현하기	실기 관찰					
창체	진로	소개하기	나의 흥미와 재능을 알고 꿈 소개 활동에 적극적으로 참여하기	발표 관찰					
창체	봉사	실천하기	자연환경 보호 방법을 바르게 실천하기	관찰및 상호 평가					

○○ 맑으니의 행복한 배움

♥ ○○는 다정하고 친절해서 친구들이 좋아합니다. 여자 친구들이 함께 놀면서 장난을 지나치게 친 것 같다고 미안해하지만 ○○는 너그럽게 넘깁니다. 친구들과의 놀이에서 혹시 지나치게 양보를 하면서 속상한 마음을 갖지는 않는지 계속 지켜볼 것입니다.

♥ 수 배열표에서 규칙을 찾아 세 자리 수를 잘 익혔으며, 수의 자릿값에 대해 이해하고 있습니다. 그러나 받아올림과 받아내림이 있는 두 자리 수 덧뺄셈은 약간 어려워하는 모습을 보였습니다. 한동안 가정에서 매일 조금씩 연산 관련 복습을 한다면 수학적 자신감을 올리는데 큰 도움이 될 것입니다.

맑으니들이 2학년이 된지 벌써 3개월이 되었습니다. 앞니가 빠진 걸 보면 아직도 유치원생 같은데 수업을 하다보면 가끔 저를 놀라게 할 때가 있습니다.
'봄'과 '나'라는 큰 두 개의 주제를 바탕으로 보낸 3, 4, 5월 동안 우리 아이들이 얼마나 성장했을까요? 어느덧 저에게 잘 적응하여 하루를 신나게 잘 보내고 집으로 돌아가는 맑으니들 모습을 보면 참 대견합니다.
이제 조금씩 조금씩 우리 맑으니들과 아름다운 화음을 만들어낼 자신이 생깁니다. 맑으니 부모님들도 많이 도와주시고 지켜봐주세요. 감사합니다.

주제 중심 교육과정 예시 2 - 2013년도 2학년 1학기 첫 번째 주제

주제1. 재구성 이유와 마인드맵

'소중한 새싹'은 1학기 첫 번째 주제이다.

2007 개정 교육과정에서는 교과서 수준에서의 '통합단원'을 설계하여 운영하였는데 이번 2009 개정 교육과정에서는 바, 슬, 즐 세 통합교과의 주제를 통일하여 주제책으로 묶어서 제공하였다. 하나의 주제에 3개의 교과를 연계·통합하는 방식으로 개발된 주제책은 주관적이고 심리적이며 개인적인 성향을 보이는 2학년 학생들의 발달 특성을 고려하였고, 실질적으로 교과서의 수를 줄였으며, 매달 새 책을 사용하는 기대감을 준다.

새 학기가 시작되는 시점인 3월에는 나2, 봄2, 가족2, 여름2 이렇게 4가지 주제책 중 나2(1. 나의 몸)와 봄2(1. 봄이 왔어요), 국어 1(아, 재미있구나!), 2(경험을 나누어요) 단원, 창의적 체험활동 등을 함께 공부하게 된다. 통합교과의 주제명을 딴 첫 번째 작은 주제인 '나의 몸'에서는 먼저 선생님과 친구들에게 나에 대해 소개하고, 즐겁게 놀며 몸 그리기를 통해 몸의 특징을 알아본다. 나의 느낌을 말과 행동으로 표현하는 연습을 해 보고 나의 몸을 소중하게 아끼며 가족과 함께 나의 성장에 대해 함께 활동한다.

두 번째 작은 주제 '봄이 왔어요'에서는 사람들의 봄철 생활 모습을 관찰하고 나의 경험을 바탕으로 봄의 특징과 날씨 등을 오감으로 느끼고, 봄에 알맞은 옷차림과 건강을 위해 지킬 일 등을 알고 실천한다. 봄이 오는 소리를 느끼고 표현해 보며, 친구들과 함께 움직임 놀이나 일기예보 놀이 등을 한다.

주제1 참고사이트	범국민손씻기운동 본부 식품의약품안전청 대한치과의사협회 덕양구보건소	사운드 스냅 기상청

주제1. 재구성 이유와 마인드맵

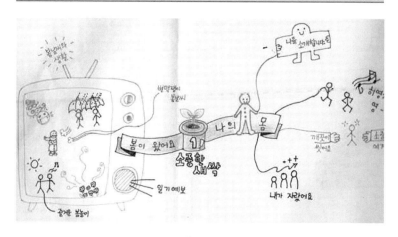

　이렇게 '소중한 새싹'주제를 통해서 가장 어린 1학년 생활을 잘 끝마치고 2학년에 갓 올라온 학생들이 자기 자신에 대해 관심과 흥미를 갖고 소중히 가꾸며 신체의 특징에 대해 탐구할 수 있기를 바란다. 그리고 계절적으로는 봄을 맞이하여 봄 날씨와 생활을 알고 봄철 건강 관리를 잘 하며 다양한 표현 활동을 하며 즐겁게 지내기를 바란다.

주제1 참고도서	친구가 필요하니?(중앙출판사) 관계(계수나무) 우리 몸의 구멍(돌베개 어린이) 나는 나의 주인(토토북) 우리 몸에서 무슨 일이 일어나고 있을 까?(파랑새) 이럴 땐 싫다고 말해요(문학동네) 깨끗한 손 깨끗한 이(아람) 커졌다(사계절)	인체 팝업북 사계절 생태놀이(봄) (길벗어린이) 나의 봄 여름 가을 겨울(베틀북) 봄이의 동네관찰일기(천둥거인) 2학년 100점 수학꾸러기(처음주니어) 100층짜리 집(북뱅크) 헨젤과 그레텔은 도형이 너무 어려워 (동아 사이언스) 사각사각 나라의 왕자는 누구? (그레이트북)

주제1	소중한 새싹	
과목 단원	교육과정 성취기준	핵심역량 (차시)
국어 1. 아, 재미 있구나!	●말의 재미를 느끼고 재미를 주는 요소를 활용하여 자신의 경험을 표현한다.(문학) ●글의 분위기를 살려 효과적으로 낭독하고 읽기의 재미를 느낀다. (읽기) ●동시를 낭송하거나 노래, 짧은 이야기를 들려준다.(문학)	기초학습 창의력 (유창성) 정보처리 (12)
국어 2. 경험을 나누어요	●글의 내용을 자신이 겪은 일과 관련지어 이해한다.(읽기) ●상대에 적절하게 반응하며 대화를 나눈다.(듣기 · 말하기)	대인관계 의사소통 (10+1)
통합1. 나의 몸 (나2)	●몸의 소중함을 알고 건강하고 깨끗하게 유지한다. (바생) ●우리의 몸을 살펴보고 몸의 여러 가지 특징을 이해한다. (슬생) ●여러 가지 방법으로 몸을 표현하면서 자신의 신체를 느껴본다. (즐생)	자기관리(자아 정체성, 기본생 활태도, 건강관 리) (22+1+1+3)
통합1. 봄이 왔어요 (봄2)	●봄철 건강 생활에 필요한 생활 수칙을 지킨다. (바생) ●봄철 날씨와 생활의 특징을 조사하고, 날씨에 따른 생활 모습을 알아본다. (슬생) ●일기 예보 놀이에 필요한 것을 알아보고, 일기예보 놀이에 참여한다. (즐생)	자기관리 (건강관리) 생태감수성 정보처리 (정보활용) 창의력 (21+1+1+2)
창체	●친구들과 활동하면서 서로 생각을 나눈다. ●친구들과 협동하여 역할극을 한다. ●나타내고 싶은 내용을 노래, 몸, 말 등으로 표현한다.	대인관계 의사 소통 정보처리 창의 력 (자11)
주제 미 포 함	창체	●개학식 및 첫 만남	(자1,동2)
	국, 수	●진단평가	심(2)
	수학 1. 세자 리수 2. 여러 가지 도형	●구체물 및 수 모형, 수 배열표를 이용하여 세 자리 수를 바르게 쓰고 읽고 세어 보는 활동을 통해 십진법을 이해하고 수 감각을 기를 수 있다. ●여러 가지 도형을 분류하고, 도형의 의미와 특징을 이해하며 공통점과 차이점을 파악한다.	기초학습 (21)
총시간 수	112 (3/4 ~ 4/8)	

재구성 배움 활동 및 내용

★ 주제1 설명 및 생각나누기
- 주제에 대해 이야기하고 경험나누기

[작은 주제 1 : 나의 몸]
◆ 나를 소개합니다
- 소개카드 만들기
- 친구들과 함께하는 술래잡기 놀이
- 재미있게 말하기
- 몸 그리고 살피기

◆ 히영치기 영차 영차
- 리듬을 느끼며 표현하기
- 느낌 살려 시 읽고 몸으로 표현하기
- 느낌 살려 책 읽고 함께 이야기하기
- 느낌 살려 이야기 읽고 감정 표현하기
- 재미있는 말 찾고 상황 이해하기

◆ 소중한 나의 몸
- 내 몸을 깨끗이, 소중히 해야 하는 이유 알고 실천하기
- 재미있는 장면 골라 실감나게 읽기(수행)
- 병원의 종류 알아보고 역할극 연습하기
- 병원놀이하기
- 내 몸은 소중해요(보건-성교육2)

◆ 내가 자랐어요
- 나의 성장과 근거 알아보기 (학부모 참여수업)
- 나의 성장과정 알아보고 이야기하기 (성교육)
- 성장흐름 책 만들고 재밌는 말과 행동으로 표현하기(수행-수행)

[작은 주제 2 : 봄이 왔어요]
◆ 봄 날씨와 생활
- 봄철 생활 모습 알아보기
- 봄 날씨와 생활 알아보고 전시회 꾸미기
- 봄에 알맞은 옷차림 알고 실천하기
- 경험한 일 관련 문장 찾고 내 생활 말해보기
- 글의 내용과 내 경험 비교하며 읽기

◆ 변덕쟁이 봄 날씨
- 봄 날씨의 특징 알아보고 그리기
- 봄이 오는 소리 생각하며 노래하기
- 대화할 때 어울리는 몸짓과 말 알고 대화하기 (인권교육)

◆ 즐거운 봄놀이
- 봄철 건강 이야기하기(수행)
- 봄 날씨 콩주머니, 움직임 놀이하기(수행)
- 봄 날씨 노래 부르고 표현하기

◆ 일기예보 놀이
- 일기예보 놀이하기
- 글 읽고 대화 나누기(수행)
- 마주이야기 역할극하기

★ 주제1 되돌아보기 및 주제 평가
- 자기평가 및 반성
★ 주제1 되돌아보기 및 주제 평가
- 자기평가 및 반성

교과/차시	학습목표 (핵심역량)	수행평가 내용 주제 책	노래	놀이	방법	시기(날짜)
나(즐)2	●주제1에 대한 주제망을 짠다. (자기관리)	나는 나의 주인 봄이의 동네관찰일기	봄하루	공주머니 놀이		
자2 나(즐)1,나(즐)심1 국2 나(즐)2,나(슬)2	●나를 소개할 수 있다. ●슬래잡기를 통해 신체의 움직임을 느낀다 ●재미를 느낄 수 있는 말을 안다. ●협동하여 친구의 몸을 그리고 특징을 살핀다. (자기관리, 의사소통)	[국:읽기] 느낌을 살려 효과적으로 낭독하기			관찰 평가	3월 3주 (3/14)
나(즐)2 국2 자2 국2 국2	●리듬을 느끼며 노래 부르고 표현한다. ●느낌을 살려 시를 읽는 방법을 안다. ●느낌을 살려 책을 읽고 이야기 나눈다. ●느낌을 살려 이야기 읽는 방법을 안다. ●재미있는 말 찾으며 이야기 읽고 그렇게 생각한 까닭 정리한다. (의사소통, 기초학습, 창의력)	[슬:흐름만들기] 나의 성장과정 흐름표 만들기			실기 평가	3월 4주 (3/21)
나(바)2,나(바)심1 국2, 국활2 나(슬)2, 자2 즐4 나(바)1, 나(슬)심1	●몸을 깨끗이 해야 하는 이유를 알고 실천할 수 있다. ●재미있는 말의 느낌을 살려 이야기를 읽는다. ●아픈 증세에 따라 이용하는 병원이 다름을 이해한다. ●병원놀이 계획을 세우고 즐겁게 놀이한다. ●나의 몸에 대해 알고 지키는 법을 안다. (자기관리, 대인관계)					
나(즐)심2 나(슬)2 나(슬1,즐1), 자2	●나의 성장에 대해 알아보고 앞으로 성장하면서 어떤 신체적인 변화와 하는 일의 변화가 있을지 알아본다. ●내가 자란 과정을 살펴본다. ●나의 성장 과정을 흐름표로 만들고 발표한다. (자기관리, 정보처리, 의사소통)	[창체:자율] 나의 성장 과정을 재미있는 말과 행동으로 표현함			실기 평가 자기 평가	3월 4주 (3/22)
봄(슬)2 봄(슬)2 봄(슬)2 국1 국2	●사람들의 봄철 생활모습을 안다. ●봄 날씨와 생활의 관계를 살펴본다. ●때와 장소에 알맞은 옷차림을 알아보고 실천한다. ●글쓴이가 경험한 일을 안다. ●글의 내용과 자신의 경험을 비교하며 읽는다. (대인관계, 생태감수성)	[바:스스로하기] 봄철 건강을 위해 해야 할 일 스스로 정하고 실천하기			체크 리스트 자기 평가	4월 1주 (4/1)
봄(슬)2, 슬심1,즐심1, 즐1) 봄(즐)2 국2,국(심)1	●봄 날씨의 특징을 이야기하고 봄날씨를 표현해 본다. ●봄이 오는 소리를 생각하며 노래를 부른다. ●다른 사람과 대화를 나눌 때에 어울리는 몸짓과 말에 대해 안다. (창의성, 의사소통, 기초학습)					
봄(바)2, 봄(바)심1 봄(즐)2, 봄(즐)심1 봄(즐)1, 자1	●봄을 건강하게 보내기 위해 해야 할 일을 알고 실천한다. ●공주머니 옮기기 놀이와 봄 날씨의 특징에 따라 움직임을 다르게 하여 놀이한다. ●봄 날씨와 관련된 노래 부르고 몸으로 표현한다. (자기관리, 생태감수성, 창의력)	[즐:놀이하기] 봄 날씨 특징에 따른 움직임을 하며 공주머니 놀이하기			실기 평가	3월 5주 (3/25)
봄(즐)3, 자2 국3 국활2	●일기 예보 놀이에 필요한 것을 만들어 놀이한다. ●글의 내용과 자신의 경험을 비교하여 글을 읽고 친구들과 대화를 나눈다. ●친구들과 대화하는 역할극을 한다. (대인관계, 의사소통, 창의력)	[국:듣말] 상대에 적절히 반응하며 대화 나누기			관찰 평가	4월 1주 (4/4)
봄(즐)2	●주제1에 대해 돌아보고 반성할 수 있다. (자기평가서 작성)　　　　(자기관리)	[메모]				

6장
교육과정 사례3 – 꿈꾸는 봄[주]

　2013학년도 두 번째 주제 〈꿈꾸는 봄〉은 '나의 꿈'과 '봄나들이'라는 두 개의 작은 주제로 이루어져 있는데 첫 번째 주제인 〈소중한 새싹〉과 연결해서 수업을 진행했다. 여기서는 아이들이 '나'에 대해 알아본 것을 바탕으로 '나'의 흥미와 재능에 대해 더 깊이 알아보고 꿈을 찾아보는 활동을 하였다. 그리고 본격적인 봄을 맞이하여 봄나들이를 해보고 이것을 자연스럽게 자연보호 활동과 연결하였다(191～193쪽 〈주제 중심 교육과정 예시 3〉 참고).

주. 2013. 4. 8~5. 14

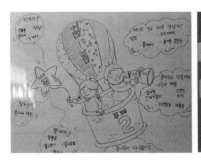

[사진1] '꿈꾸는 봄' 마인드맵

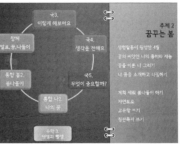

[그림1] '꿈꾸는 봄' 구성

즐거운 공놀이로 시작한 '꿈'

아이들에게 꿈이 무엇이냐고 물으면 어떤 아이들은 꿈이 없다고 말한다. 그런 아이들에게 어른들은 계속 꿈을 가지라고 하고 꿈을 위해 끊임없이 노력하라고 한다. 아이들의 입장에서 어른들의 그런 말은 참 부담스러울 것 같다. 부자연스럽고 부담스러운 상황은 아이들의 마음을 닫히게 한다.

그래서 먼저 놀이로 접근하였다. 주제를 시작하자마자 첫 번째 활동으로 공놀이를 하였는데 운동장에 4개의 코너를 만들고 네 반이 돌아가며 진행하였다. 원래는 목표물을 향해서 공을 차 넣는 간단한 놀이인데 2학년 전체 공놀이 활동으로 확대하였다. 미니 골대에 축구공을 드리블해서 넣는 첫 번째 코너에서는 약간 머뭇머뭇하고 골대에 골을 잘 넣지 못하던 '맑으니'들이 두 번째, 세 번째 코너를 거치며 힘을 조절해서 목표를 향해 공을 차는 모습을 보였다. 아이들은 집중력과 미세한 힘을 조절하는 능력을 조금씩 향상시켜갔다.

'즐거운 공놀이' 활동은 4개의 코너로 구성되었다. 첫 번째 코너 '미니 골대를 향하여'는 조그만 미니 골대가 쓰러지지 않도록 조심조심 축구공을 차 넣는 것이다. 두 번째 코너 '축구공 볼링'은 힘을 잘 조절해 정확한 방향으로 축구공을 차서 볼링핀처럼 세워진 재활용 PET병을 쓰러뜨리는 것이다. 세 번째 코너 '과녁을 향해'는 운동장에 그려진 과녁을 향해 공을 차서 굴리는 것이다. 마지막 네 번째 코너 '축구 골대를 향하여'는 온 힘을 다해 축구공을 차서 축구 골대에 넣는 것이다. 아이들이 이렇게 4개 코너를 땀을 뻘뻘 흘리며 재미있게 놀고 나서 아이들에게 느낀 점을 물어보았다.

"골대가 '쬐끄매서' 공이 안으로 들어가기 어려웠어요."

"과녁에 정확히 공이 들어가서 신났어요."

"잘 될 것 같았는데 잘 안됐어요. 그런데 몇 번 하다 보니까 점점 잘해졌어요."

이렇게 다양한 느낌들을 모아서 앞으로 우리들이 하고 싶은 일을 할 때 지금처럼 어려움이 있을지도 모르지만 많이 경험하고 노력하다 보면 조금씩 나아질 것이라고 함께 이야기를 나누었다. 그리고 놀이를 하면서 친구들을 응원하고 격려해 주도록 유도하였다. '나'의 미래에 '나' 혼자만 있는 것이 아니라 '내' 친구들이 함께 할 것이므로 주변을 돌아보고 서로 도우며 함께 노력할 수 있어야 한다는 이야기를 나누었다. '내'가 좋아하는 것들과 재능에 대해 생각하는 수업을 많이 하는 〈꿈꾸는 봄〉에서 골대에 골이 들어가듯이 '내'가 좋아하는 것에 흠뻑 젖어들 수 있는 '맑으니'들이 되기를 소망하였다.

[사진2] '꿈꾸는 봄' 공놀이 활동

쉬는 시간에는 주제 놀이인 '목표물 맞추기'를 주로 하였다. 볼링핀처럼 세운 PET병을 맞추어서 쓰러뜨리는 볼링 놀이를 하거나 우유갑을 씻어서 이어 붙여 만든 통에 공기돌이나 지우개 등 작은 물건을 넣는 놀이를 하였다. 그리고 우유갑 두 개를 끼워서 만든 네모공을 1~5단계 거리에서 던져서 통에 넣는 놀이를 수업 시간에 배워서 쉬는 시간에 하기도 하였다. 이런 다양한 놀이를 통해 아이들에게 '내'가 집중하고 노력하는 만큼 '나의 재능'이 커지고 '나의 꿈'도 더불어 생기고 키워나갈 수 있음을 알게 해주고 싶었다.

놀이만큼 아이들이 좋아했던 건 노래였다. 주제 노래로 '도토리의 꿈'과 '아름다운 세상'을 택하여 수시로 함께 불렀다. 처음에는 노랫말을 잘 모르고 불렀던 아이들이 여러 번 부르며 노래를 외우게 되자 수업 시간에는 함께 노랫말에 대해 이야기하며 그 뜻을 되새기게 될 수 있었다.

내가 좋아하는 것과 잘할 수 있는 것이 무엇인지 알아보고, 친구들과 함께 나의 꿈을 찾아 힘껏 달려보는 활동도 하면서 아이들의 마음속에는 작지만 소중한 꿈이 조금씩 피어나는 것처럼 보였다. 창의적 체험활동의 진로활동 시간을 이용하여 이제 막 피어나기 시작한 소중한 꿈을 소개하는 기회를 마련하였고, 학부모 참여 수업을 함께 계획하여 부모님과 주변 어른들이 아이들의 꿈을 격려해줄 수 있도록 하였다.

꿈 발레리나

장시현

나는 꿈이 발레리나가 될거야
사람들을 행복하게 해주고 싶어
나의 춤을 보고 즐거워하지요 ^^
나의 춤을 보고 사람들이 꿈을 찾아요
지금은 할 수 없지만
나중에 내가 크면 사랑하는 사람들에게
꿈을 주는 발레리나가 될 거야

우리딸 시현이가 예쁜 발레리나가 된 모습을 상상하니 너무 예쁘고 사랑스러울 것 같아. 무엇이 되든 우리 시현이가 행복했으면 좋겠어
시현아, 예쁜 발레리나가 되려면 항상 생활 속에서 바른 자세를 하는 것이 중요한 것 같구나. 예쁜 꿈 꼭 이루기 바래.

'내 꿈'에 대한 아이의 시와 어른들의 격려 글

수업 시작과 함께 '아름다운 세상' 노래를 부르며, 아름다운 세상을 만들기 위해서는 우리가 꾸는 꿈들이 무엇을 바탕으로 해야 하는지를 이야기하며 수업을 진행해 나갔다. 아이들은 꿈 요리사라는 시를 나의 꿈과 관련된 내용으로 바꾸어서 쓰고 꿈의 전당에 붙이고, 학부모님들은 '내 아이', '다른 아이' 할 것 없이 진심을 담아 격려하는 말을 적어주었다. 다른 사람과 더불어 사는 것을 생각하며 자신의 미래를 꿈꾸는 아이들을 보았고, 아이들의 작은 꿈을 소중히 여기며 격려해 주는 학부모님들에게 고마운 마음이 들었다.

[사진3] 꿈의 전당에 담은 아이들의 시

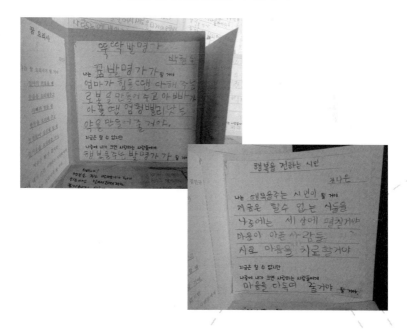

[사진4] 꿈의 전당과 부모님들의 격려의 메시지

봄나들이

아이들이 부르는 '아름다운 세상'처럼 아름다운 계절인 봄을 느끼기 좋은 4월에는 학교 주변에 자주 나갔다. 첫 번째 주제 〈소중한 새싹〉의 두 번째 소주제 '봄이 왔어요'에서는 봄 날씨를 느끼고 봄의 생활을 알아보며 즐거운 놀이를 했었다. 이어진 두 번째 주제 〈꿈꾸는 봄〉의 두 번째 소주제인 '봄나들이'에서는 계획을 세워 봄나들이를 준비하고 자연을 보호하는 활동을 한 뒤 직접 봄나들이를 다녀오는 것으로 구성하였다.

봄나들이를 한 후 사진도 찍고 시도 지어 보았다. 봄나들이 하면서 본 것을 자유롭게 이야기하면서 수수께끼와 다섯 고개 놀이를 해 보았다. 이런 활동들은 수시로 학년 카페에 올려서 가정에서도 주제에 관해 관심을 갖고 이야기할 수 있는 기회를 마련하고자 하였다.

[사진5] 학년 카페에 올린
봄나들이 이야기

[사진6] 학부모님들의 댓글

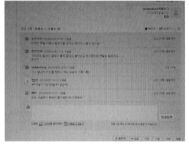

학교와 가정에서 여러 번 산책을 하면서 엄마랑 봄나물을 캐 본적이 있다는 이야기나 예전엔 물이 맑았는데 점점 더러워지는 것 같다는 것, 학교 옆 개천에 몇 년째 살고 있는 오리 가족을 사람들이 괴롭혀서 몇 마리가 없어졌다는 이야기 등 아이들은 자신의 경험을 쏟아내었다.

"선생님, 원래 오리 몇 마리였는지 알아요?"

"재작년엔 4마리였어. 올해는 3마리밖에 못 봤구."

"아니에요. 원래 6마리였어요. 제가 세어 봤어요."

[사진7] 봄나들이와 자연보호 활동

"그래? 그런데 오늘은 두 마리밖에 안보이네?"

"우리 엄마가 그러는데요. 어떤 아이들이 오리한테 막 돌 던져서 오리들이 도망갔데요."

"맞아요. 물 더러워지게 쓰레기 버리고 그래서 오리들이 그거 먹었을 수도 있어요."

이런 이야기들을 바탕으로 내 주변을 살피고 가꾸는 것이 필요하다는 것까지 이야기가 진행되었고 자연스럽게 환경에 대한 예의와 다른 사람에 대한 예의로 연결되었다. 자연에 대한 예의로 재활용의 의미와 좋은 점, 쓰레기 줄이는 방법과 재활용품 분류 방법 등을 배웠다. 그리고 나서 성사천과 우리 동네 주변 쓰레

[사진8] 서정 2학년 온라인 카페

기 줍기 봉사 활동을 한 뒤 배운 방법대로 쓰레기를 분류해서 직접 버려 보았다. 사람에 대한 예의로는 상황에 알맞은 고운 말을 사용하는 것을 배운 뒤 친구들과 고운 말을 사용하는 상황극을 해 보고 봄나들이를 가서 고운 말을 사용할 것을 다짐하였다. 국립 생물자원관과 수도권 매립지로 봄나들이 체험 학습을 다녀온 뒤 고운 말을 사용하여 친구에게 칭찬 쪽지를 써 보기도 하였다.

아이들이 공부 시간에 배우는 이런 학습 내용들은 아이들의 삶과 밀접해야 아이들이 잘 이해하고 자신의 것으로 받아들일 수 있다. 아이들의 배움은 교사 혼자 애쓴다고 해서 커지는 것이 아니다. 교사의 노력 못지않게 아이들 스스로의 노력이 요구되므로 아이들이 배움에 몰입할 수 있도록 학교뿐 아니라 가정에서도 배움에 관련된 다양한 환경을 만드는 것이 중요하다. 매주 주간 학습 안내를 통해서 학부모님들에게 학습 내용을 알리긴 하지만 그 정도로는 부족하다. 학기 초 교육과정 설명회나 학년·학급 다모임, 상담 활동, 학년(또는 학급) 카페 같은 인터넷 소통 공간, 그리고 아이들의 자기 평가서와 교사의 학생 평가서 등을 통해 다각도로 교육과정에 대해 알려서 학부모들이 학교교육 활동에 참여하는 협육의 장을 만들러 적극적으로 노력하는 것이 필요하다.

아이들을 바라보다

"선생님……"

삐죽이 고개를 들이미는 작년 아이들이다. 가위바위보를 하러 온 것이다. 이제 삼학년이 된지도 두 달이 넘었건만 거의 매일 얼굴을 보여주는 고마운 친구들이다.

"가위 바위 보"

"으악!"

"와~ 아싸!"

교실에 이리 저리 굴러다니는 주인 잃은 연필들을 모아 놓고 이렇게 나를 찾는 아이들과 가위바위보를 하여 하나씩 주곤 하였는데, 그 소문이 나서 우리 반, 다른 반 할 것 없이 작년 2학년 아이들이 하루에도 대여섯 명씩 나를 찾는다. 나는 귀여운 녀석들 얼굴 봐서 좋고, 주인 잃은 연필은 새 주인을 만나서 좋고, 아이들은 가위바위보도 하고 연필도 얻고, 일석 삼조다.

사실 일이 바쁘거나 중요한 일을 생각하고 있을 때는 조금 귀찮기도 하다. 한꺼번에 오는 것이 아니고 한두 명씩 불쑥불쑥 교실로 들어오니 흐름이 깨지기 때문이다. 그런데 눈을 반짝이며 나를 찾아오는 아이들 얼굴을 보면 그런 생각을 한 것이 내심 미안해진다. 방과 후 교실이 끝나고 집에 가기 전, 선생님을 찾아와 몽당연필 한 자루씩 얻어들고 발걸음도 가볍게 교실 문을 나서는 뒷모습을 보면 바쁜 일에 지친 내 얼굴에 나도 모르게 웃음이 번진다. 가위바위보에 이기고 심사숙고하며 연필을 고르다 자기 손가락보다 작은 몽당연필을 고른 아이에게 이유를 물었더니 연필 뒤에 깍지를 끼면 한참 더 쓸 수 있고 끝까지 써보고 싶다고 한다. 길고 번듯한 연필만을 좋아할 거라는 나의 생각이 부끄러워졌다. 가위바위보에 진 친구는 연필을 못 얻어서 실망하는 것 같더니 어느새 우리 반 주제 놀잇감을 가지고 빈 교실에서 신나게 놀고 있다. 그러더니 보너스로 바닥에 있는 휴지를 주워준다. 후배들에게 자기가 봉사한 이야기를 해줘도 괜찮다고 맘 넓게 이야기하며….

아이들과 마음을 나누는 것에 인색했을 때가 있었다. 그때는 훈계를 많이 했던 것 같다. 지난번도 가르쳐 줬는데 왜 안 지켜지는지 다그치곤 했다. 잘못을 꼬치꼬치 캐묻고 정리해주는 나를 보는 아이의 눈에서, 친구를 혼내는 모습을 지켜보는 아이의 눈에

[사진9] 나를 찾아주는 아이들

서, 무섭게 변한 선생님의 마음을 건들지 않으려는 아이의 눈에서 선생님과 가까이하고 싶어 하지 않는 주저함이 느껴졌다. 집에 돌아가는 아이들의 뒷모습을 보면 시원하기도 했다. 부끄럽지만 사실이다. 모두들 집에 보내고 나서 조용하게 다음날을 준비하고 싶었기 때문이다. 그때 나의 눈은 아이들을 보지 않고 있었다. 아이들의 겉모습만을 보고 마음을 느끼고 싶어 하지 않았다. 아이들은 내 눈, 내 마음속에 들어오고 싶어 했지만 내 눈은 아이들을 스쳐 지나간 것이다.

내가 좋아하는 음악가 중에 피아니스트 백건우가 있다. 그의 피아노 연주회에 가서 고운 피아노 연주를 들으며 사람의 손끝에서 저런 감성이 묻어날 수 있구나 하고 무척 감탄했었다. 그날, 온 몸으로 느껴지는 음악, 마음 깊은 곳에 감동을 준 백건우와 악수 한 번을 하고 싶어서 100m가 넘는 긴 줄을 기쁜 마음으로 섰었다. 그의 손은 무척 크고 생각보다 투박했고, 손바닥은 굳은살이 박힌 것처럼 딱딱했다. 얼마 전 한 텔레비전 프로그램에서 백건우의 삶에 대해 방영한 것을 보았는데 만 10세에 데뷔하여 예순이 훌쩍 넘은 지금도 1년에 평균 50회 이상 공연을 하고 있으며 매일 10시간 이상을 연습에 매달린다고 한다. 굳은살이 박히고 딱딱했던 그의 손은 그 끝없는 노력의 흔적이었다. 오케스트라와 연습이 끝난 뒤 추운 공연장에서 계속 연습을 하던 모습, 공연 30분 전까지도 피아노 연습에 매진하는 모습, 작곡가의 마음과 의도를 손끝으로 표현하기 위해 매일매일 파리의 헌 책방을 돌면서 새로운 악보를 찾는 모습 등에서 진정한 거장의 모습을 느꼈다. 그리고 주어진 최고의 공연을 관객들에게 보여주기 위해 끝까지 노력하고 싶다는 인터뷰를 보고 교사로서 나는 어땠는지, 그리고 지금은 어떤지 돌아보게 되었다. 주어진 상황을 이야기하며 나를 합리화시키고, 요즘 아이들의 모습이 예전과 다르다며 핑계를 댔었다. 근무 환경이나 행정적 지원이 부족하다며 힘이 빠졌었다.

그렇지만 교사로서 나 자신에 대해 생각해 보고, 동료들과의 교류와 좋은 책, 다양한 삶의 경험을 통해 스스로에 대한 성찰을 거듭하고 있는 요즘 이제 아이들은 내 눈에 담겨 있다. 아이들이 예쁘게 느껴지고, 눈에 들어오면서 내 마음이 더욱더 풍요로워졌다. 스스로 잘하고 싶어 하는 아이들의 마음이 조금씩 느껴진다.

나를 보는 아이들의 눈에서 망설임과 주저함이 많이 사라졌고, 아이들과 마음을 나누는 내가 스스로 흐뭇하기도 하다. 마음이 느껴지면서 배움의 중심이 나로부터 아이들로 조금씩 조금씩 옮겨 간다. 그리고 아이들도 나도 조금씩 조금씩 함께 성장한다.

주제 중심 교육과정 예시 3 - 2013년도 2학년 1학기 두 번째 주제

주제1. 재구성 이유와 마인드맵

두 번째 주제 꿈꾸는 봄은 '나의 꿈'과 '봄나들이'라는 두 개의 소주제로 이루어져있다. 주제를 두 소주제로 구성한 까닭은 주제학습이 이루어지는 시기가 씨앗에서 새싹이 돋고 꽃이 피는 생명활동이 왕성한 시기이기 때문에 내 안에서 꿈의 씨앗을 찾고 생생히 꿈꾸며 표현해보는 활동과 연계가 가능하고, 계절의 변화에 따라 달라진 자연 경관을 봄나들이를 통해 경험할 수 있기 때문이다.

작은 주제 1, '나의 꿈'에서는 꿈의 씨앗이라고 할 수 있는 나의 흥미와 재능을 조사하고, 내가 꿈을 이룬 모습을 그린 후에 친구들에게 소개하면서 자신의 꿈을 생생히 꿈꾸는 기회를 갖고, 자신의 꿈을 지키는 다짐을 하며 활동을 마무리한다.

작은 주제 2, '봄나들이'에서는 봄나들이를 가기 전에 봄나들이 장소를 조사하여 서로 소개하고 직접 봄나들이 계획 및 지켜야 할 약속을 정한다. 봄나들이 약속을 정할 때는 바른생활에서 강조하는 자연보호와 국어 4단원의 핵심내용인 고운 말을 사용하여 대화하기, 써보기 활동을 통합하여 시민의식 (공동체, 환경의식) 및 대인관계능력을 기르는데 중점을 두고 아이들이 주도적으로 봄나들이 약속을 정한다. 일련의 계획을 바탕으로 아이들은 봄나들이를 다녀온 후에 다양한 방법으로 자신의 경험을 발표하고, 친구들에게 칭찬쪽지를 써보며 봄나들이의 의미를 마음속에 되새겨보는 시간을 갖는다.

아이들은 '꿈꾸는 봄'에서 다양한 활동을 통해 나의 꿈에 대한 인식과 달라진 자연 환경의 변화를 경험할 뿐만 아니라 자기관리능력(자아정체성, 실행력), 진로개발능력(진로인식) 및 시민의식(공동체의식, 환경의식), 대인관계능력(인내력, 타인과의 협동), 정보처리능력(정보수집, 전달 및 공유)의 핵심역량을 키우리라 기대된다.

주제2 참고사이트	[참고자료] 164p(지) 인간의 적성의 분류 (가드너의 다중 지능 이론)	이동 교구 상자 (http://www.etbox.kr)
주제2 참고도서	브레멘의 동물 음악대(웅진주니어) 줄무늬가 생겼어요(비룡소) 세상에서 가장 큰 집(마루벌) 프레드릭(시공주니어) 아빠는 너희를 응원한단다(월드김영사) 미운 오리 새끼(웅진주니어)	꿈꾸는 윌리(웅진닷컴) 하늘을 날고 싶은 펭귄 레오나르도(아이즐북스) 노빈손의 봄나들이(뜨인돌) 네가 제일 예뻐(아이존) 사계절 생태놀이-봄(길벗어린이) 내 가족을 소개합니다(초록우체통)

주제2	꿈꾸는 봄		재구성 배움 활동 및 내용

과목 단원	교육과정 성취기준	핵심역량 (차시)
국어3. 이렇게 해 보아요	●여러 가지 말놀이에 즐겨 참여한 다.(듣말) ●낱말과 낱말의 의미 관계를 알고 활용한다.(문법)	대인관계 의사소통 (9)
국어4. 생각을 전 해요	●고운 말, 바른말을 사용하는 태도 를 지닌다.(듣말) ●자신의 생각을 문장으로 정확하 게 표현한다.(쓰기)	대인관계 의사소통 기초학습 (11)
국어5. 무엇이 중요할까?	●글을 읽고 중요한 내용을 확인한 다.(읽기) ●대상의 특징이 드러나게 짧은 글 을 쓴다.(쓰기)	기초학습 (11)
통합 1-(2). 나의 꿈	●자신의 꿈을 이루기 위한 실천 사 항을 정해서 지킨다.(바) ●나의 재능을 살펴보고 나에게 맞 는 꿈을 찾는다.(슬) ●여러 가지 방법으로 나의 꿈을 표 현한다.(즐)	자기관리 진로개발 (20+0+0+1)
통합 2-(2). 봄나들이	●봄나들이나 야외 활동 중 자연환 경을 생각하며 자연 보호 활동에 참 여한다.(바) ●여러 가지 자료나 친구, 주변 사 람들의 의견을 바탕으로 봄나들이 갈 만한 곳을 찾아본다.(슬) ●여러 가지 놀이나 게임을 준비하 여 봄나들이를 즐긴다.(즐)	시민의식 정보처리 대인관계 (20+2+2+2)
창체	●자신의 흥미와 재능을 찾고 꿈을 소개한다. ●학교주변에 봄나들이를 다녀와 서 몸으로 표현한다. ●자연환경 보호를 실천한다.	진로개발 시민의식 대인관계 (자7,봉2,진3)

주 제 미 포 함	창체	●어린이날 체육대회	대인관계 자기관리 (동2,즐심2)
	수학 2. 덧 셈과 뺄셈	●덧셈과 뺄셈을 활용하여 실생활 문제를 해결할 수 있다.	기초학습 (17+1)

총시간 수	112 (4/8 ~ 5/14)

재구성 배움 활동 및 내용

[작은 주제 1 : 나의 꿈]
★ 소주제 설명 및 마음열기
- 학습 주제가 나의 꿈임을 알기
- 꿈 관련 노래 부르며 공차기

◆ 나는 특별해요
- 나의 흥미와 재능 찾기 (- 성격유형검사)
- 나의 흥미와 재능 발표하기
- 글을 읽고 중요한 내용을 찾는 방법을 알고 찾기

◆ 내 꿈을 소개하고 키워요
- 나의 꿈을 그리고 소개하기
- 나의 꿈 이름표를 만들고 꿈 이루기 위한
  실천사항 적기(수행)
- 설명하는 글 쓰는 방법 알고 대상의 특징이
  잘 드러나게 설명하는 글쓰기
- 꿈 소개 활동을 통해 알게 된 친구의 꿈을
  찾아 달리기(수행)

◆ 내 꿈을 지켜요
- 노랫말을 내 꿈과 관련지어 바꾸어 부르기
- 꿈과 관련된 목표물을 향해 던지기
- 나의 꿈을 지키려는 다짐하기
- 중요한 내용이 잘 드러나게 설명하는 글 쓰기
- 모둠친구들의 꿈을 설명하는 글을 쓰기
- 나의 책 만들기(수행)

[작은 주제 2 : 봄이 왔어요]
◆ 소주제 설명 및 마음열기
- 학습 주제가 '봄나들이'임을 알기
- 노래를 부르며 봄나들이 경험 떠올리기
- 성사천 나들이를 다녀와서 수수께끼 만들기
- 수수께끼를 만드는 방법을 알기

◆ 어디로 가고 누구를 만나서 어떤 놀이를 할까요?
- 봄나들이 장소를 조사하여 소개하기
- 봄나들이 가서 만날 것들을 흉내내는 놀이하기
- 글 읽고 반대의 낱말 알기
- 다섯고개 놀이하기

◆ 봄나들이를 준비하고 서로 약속해요
- 봄나들이 계획세우기(수행)
- 자연 보호하는 방법을 알고 실천카드 만들기
- 재활용품을 알아보고 종류별로 모아보기
- 성사천에서 쓰레기를 줍고 재활용품 분류 놀이
  하기 (수행)
- 고운 말을 해야 하는 까닭과 상황에 알맞은
  고운 말에 대해 알기
- 고운 말을 사용하여 친구들과 대화하기
- 생각을 문장으로 표현하는 방법 알기
  (약속정하기)

◆ 즐거운 봄나들이
《주제2 현장체험학습 : 봄나들이- 생태박물관》
5/8 수
- 사전 학습:현장학습에서 지켜야 할 약속정하기
- 학습 주제:여러 가지 놀이나 게임을 준비하여
  봄나들이 즐기기
- 사후 학습:봄나들이 경험 발표하기

◆ 봄나들이 다녀왔어요
- 봄나들이 경험을 다양한 방법으로 발표하기 (모자이
  크 포함)
- 고운 말을 사용하여 자신의 생각을 담아 칭찬쪽지 쓰
  기(수행)
- 수수께끼를 만들고 수수께끼 놀이하기
- 즐거운 봄동산을 몸으로 표현하기
- 고운 말을 써서 대화하는 만화 꾸미기

◆ 주제 정리 및 반성하기
- 배운 내용을 되돌아보고 정리하기
- 자기평가 및 자기반성

교과/차시	학습목표 (핵심역량)	수행평가 내용 주제 책	방법 노래	시기 (날짜) 놀이
나(즐)2 나(즐)2	●나의 꿈에 대한 주제망을 짠다. (자기 관리)	꿈꾸는 윌리 노빈손의 봄나들이	도토리의 꿈 아름다운 세상	목표물 맞추기
나(슬1,즐심1) 자1 국4	●내가 좋아하는 것과 잘하는 것을 찾아본다. ●글을 읽고 중요한 내용을 찾을 수 있다. (자기 관리)	[바:스스로 하기] 나의 꿈을 이루기 위한 실천사항을 꾸준히 실천하기	자기 평가	
나(슬)2 나(즐2,바2) 국3 나(즐1,진2)	●나의 꿈을 그리고 소개할 수 있다. ●꿈을 이루기 위해 할 일을 정하여 실천할 수 있다. ●대상의 특징이 잘 드러나게 실명하는 글을 쓸 수 있다. ●친구의 꿈을 찾아 함께 달릴 수 있다. (자기 관리, 의사소통, 대인관계)	[창체:진로] 나의 흥미와 재능을 바로 알고 꿈 소개 활동에 적극적으로 참여하기	관찰	4월 3주 (4/19)
나(즐)2 나(즐1,진1) 나(바)1 국2 국활2 나(바1,슬1,즐2)	●내 꿈을 생각하며 노랫말을 바꾸어 부르고 목표물을 향하여 던질 수 있다. ●나의 꿈을 지키려는 마음을 갖는다. ●중요한 내용이 잘 드러나게 설명하는 글을 쓸 수 있다. ●공부한 것을 되돌아보며 나의 책을 만들 수 있다. (자기 관리, 진로개발)	[즐:나타내기] 나의 꿈을 책으로 만들어 표현하기	수행 관찰	4월4주 (4/22)
봄(즐)2 봄(즐)2 자2 국2	●학습주제에 대한 주제망을 짠다. ●봄나들이를 떠올리며 노래를 부른다. ●성사천 나들이 다녀와서 수수께끼를 만들 수 있다.	[창체:봉사] 자연환경 보호 방법을 바르게 실천하기	상호 관찰, 자기 평가	5월1주 (5/2)
봄(슬)2 봄(즐)1 국3 국2	●봄나들이 장소를 살펴보고 노래를 부르며 흉내 내기 놀이를 할 수 있다. ●반대인 낱말을 찾으며 낱말의 의미 관계를 파악할 수 있다. ●여러 가지 말놀이에 즐겁게 참여할 수 있다. (의사소통, 대인관계)	[슬:조사 ·발표하기] 다양한 자료를 활용하여 봄나들이 계획 짜서 발표하기		
봄(슬)2 봄(바)2 봄(바)2 봄(즐)1,봉2 국3 국2 국2	●봄나들이에 필요한 것을 살펴보고 봄나들이를 할 때 지킬 일을 알며 실천한다. ●재활용품을 알아보고 종류별로 모을 수 있다. ●고운 말을 사용하여 친구들과 대화할 수 있다. (정보처리, 시민의식, 대인관계)		관찰	4월 5주 (4/29)
봄(즐2,바심2, 슬심2)	●친구들과 즐겁게 봄나들이를 갈 수 있다. (대인관계)			
봄(슬2,즐, 즐심2) 국2 국활2 자 국2	●봄나들이 경험을 다양한 방법으로 발표할 수 있다. ●고운 말을 사용하여 자신의 생각을 쓸 수 있다. (의사소통)	[국:쓰기] 자신의 생각을 담아 칭찬 쪽지 쓰기	지필	5월2주 (5/8)
자2	●주제2에 대해 돌아보고 반성할 수 있다. (자기평가서 작성) (자기관리)	[메모]		

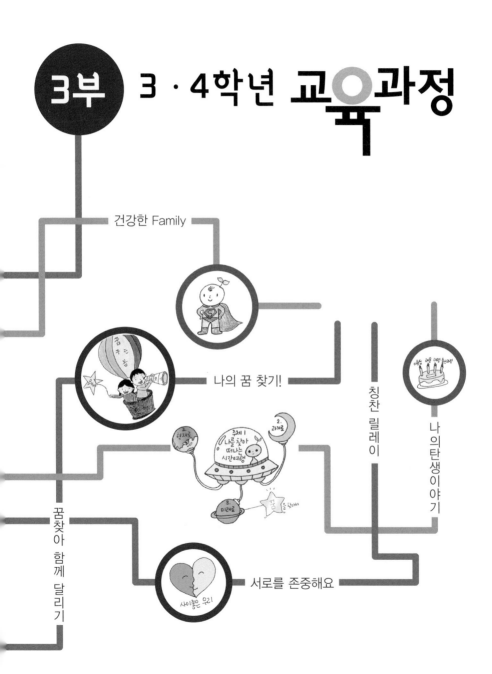

3부 3·4학년 교육과정

건강한 Family

나의 꿈 찾기!

칭찬 릴레이

나의 탄생 이야기

꿈 찾아 함께 달리기

서로를 존중해요

1장
교사들 스스로 협력하여 교육과정 만들기

3학년 교사들의 문제의식과 경험의 공유

서정초등학교에서는 모든 학년이 교육과정을 재구성하여 주제 중심으로 통합 교육과정을 만들어 운영하고 있다. 공립학교에서 이렇게 모든 학년이 교육과정을 재구성한다는 것은 사실 쉽지 않은 일이다.

먼저 교육과정 재구성에 대한 필요성을 모두가 공감하고 함께 시작해야 가능한 일이다. 서정초등학교는 경기도교육청에서 지정하는 혁신학교로 교사의 자발성과 참여를 중요하게 생각하는 학교문화가 만들어지면서 수업 혁신을 위해 교육과정 재구성에 모두 참여하게 되었다. 모든 학년이 2011년부터 3년째 한 학기씩 수학 전담 교과를 제외한 모든 교과의 교육과정을 재구성하고 있다. 학년 교육과정에 대한 전문성을 높이기 위해 학년 중임제를 실시하여 같은 학년을 여러 번 담임하고 있어 해가 갈수록 문제점들을 보완하여 아이들을 위한 교육과정을 만들어가고 있다.

필자가 속한 3학년은 교사들이 모두 새롭게 구성되어 교육과정 재구성 작업을 처음부터 새롭게 해야 했다. 이전 3학년의 교육과정 재구성 결과물은 있었으나 새로 담임을 맡게 된 교사들이 직접 작업한 것이 아니기 때문에 그런 활동을 만들게 된 이유도, 과정도 알 수가 없었다. 그래서 처음부터 우리가 새롭게 하려고 했다. 가급적 이전 학년도의 교육과정 재구성 결과물은 보지 않으려고 했다. 교육과정 재구성을 할 때 제일 중요한 것은 교사들의 창의성이기 때문이다.

교과서는 교육과정을 잘 표현한 훌륭한 교육 자료이지만 안타깝게도 교사들의 창의성을 빼앗아가는 치명적인 문제점을 안고 있다. 이 말에 동의하지 않는 교사들도 있겠지만 교과서로 인해 교과서의 내용 자체에 대해서 고민할 필요성을 못 느끼고 교과서 흐름을 따라가기만 하면 된다는 심리를 낳는다. 여기에 각종 일제평가로 때문에 절대 교과서를 벗어나서는 안 되는 상황을 만들어 놓게 되면 교사들은 1년 내내 교과서 진도 대로 교육을 할 수밖에 없게 된다.

이런 식으로 학교교육을 고정화시켜 놓고 교과서는 단지 하나의 교재일 뿐이고 교과서 외의 다른 교재를 활용해야 한다고 말하는 것은 교사들을 우롱하는 처사일 뿐이다. 여기에 학력이라는 미명 아래에 교과서를 벗어나면 안 될 것 같은 심리가 교사나 학부모, 학생 모두에게 자리 잡고 있는 것도 한몫을 하고 있다.

이렇게 해서는 창의적인 교육이 나올 수 없다. 물론 교과서도 뛰어난 집필진들의 창의성으로 만들어진 것이겠지만 학교에서 교육을 하다 보면 지금 맡고 있는 아이들과 맞지 않는 부분도 드러난다. 지역적인 특징도 고려해야 하고, 교사의 교육철학을 스며들게 하는 교육활동도 생각해서 창의적으로 교육과정을 고민해야 하는데 진도와 각종 학교 행사에 쫓기다 보면 창의적인 교육활동은 실종되게 마련이다.

이렇다 보니 현재 교육과정은 캐비닛 속에 방치되는 서류일 뿐이다. 진도 그대로 나가기 때문에 별 다르게 계속 보면서 연구할 필요가 없으므로 그냥 학기 초에 만들고는 보지 않게 되는 것이다. 물론 모든 학교가 그렇다는 것은 아니고 일반적인 현상을 이야기하는 것이다.

교육과정 재구성은 이런 문제점을 인식하는 것에서 출발한다고 할 수 있다. 이런 문제점을 인식하고 좀 더 창의적인 교육활동을 위해 노력해야 할 부분을 찾는 것에 공감하고 출발하는 것이 교육과정 재구성에 앞서 가장 먼저 해야 할 일이다.

우리 학교는 이미 그런 공감대가 형성되어 있고 교육과정 재구성에 대한 경험이 충분히 있기 때문에 이런 부분

[사진1] 3학년 아이들에게 중요한 가치

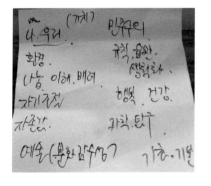

을 따로 할 필요는 없었다. 만약에 교육과정 재구성을 처음 시작해 보려는 학교가 있다면 교육과정 재구성에 대한 필요성부터 함께 이야기하면서 시작해야 할 것이다. 힘든 길이지만 충분히 그럴만한 가치가 있다.

우리는 3학년 교육과정을 주제 중심으로 통합하는 재구성 작업을 시작하면서 가장 먼저 어떤 가치와 역량을 키워 주고 싶은지부터 의논했다. 저학년에서 중학년으로 올라오면서 학교에서 꼭 익혀야 할 내용이 무엇이 있을지 의논했다.

중요한 가치를 의논한 결과 아이들이 아직 자기중심적인 사고를 못 벗어나고 있기 때문에 3학년으로 올라오는 아이들에게 중요한 가치는 나눔, 배려, 이해를 몸에 익히는 것으로 보았다. 또한 규칙과 습관을 올바르게 생활화하는 것이 중요하다고 보았고 자존감을 높이는 것이 중요하다고 보았다.

3학년 교사들은 이런 점들을 생각하면서 교육과정을 재구성하자고 동의했고 주제와 활동을 계획할 때 이러한 가치들을 녹이려고 노력하였다. 3학년 아이들에게 필요한 가치에 대해 공유하는 과정은 3학년을 맡게 된 각각의 교사가 가지고 있는 교육철학을 이어주는 끈이 되었다.

교사들은 모두 특이하게도 3학년에서 처음 만났지만 교사 개인들의 경험과 상황은 '3학년'과 상당히 밀접한 관련을 맺고 있었다. 3학년 자녀를 둔 경우, 바로 지난해에 3학년을 거쳐 4학년 자녀를 둔 경우, 작년에 2학년 담임을 맡고 현재 자녀를 3학년으로 올려

보내는 경우, 작년에 3학년 담임이었던 경우, 현재 3학년 아이들이 입학할 때 1학년 담임이었던 경우 등 '3학년' 아이들을 잘 알고 있는 교사들로 구성되어 있었다. 그래서 3학년 아이들의 특징이나 그 변화 과정을 누구보다도 잘 알고 있었다. 이 점들은 교육과정을 계획할 때도, 이후 교육과정을 운영하고 담임을 하면서 정말 아이들을 위한 교육 방안을 찾는 데 중요하게 작용하였다.

우리는 이런 주제 중심 통합 교육과정을 만들기 위한 재구성 작업을 겨울방학 동안 실시했다. 우리 학교는 극소수의 예외적인 경우를 빼고 교사들의 학년 배정을 겨울방학이 시작되기 전에 끝내고, 1~2월을 교육과정 재구성을 위한 기간으로 설정해 두고 있다. 1~2월은 새로운 학년을 준비하는 데 정말 중요한 시간이다. 그래서 그 전에 교사들의 학년 배정을 미리 끝내고 1~2월을 교육과정을 준비하는 시기로 바꾸는 학교가 점차 늘어나고 있는 추세다. 예전에는 학년과 학급 배정을 대부분 2월말 인사이동이 끝나고 난 뒤에 결정하기 때문에 학년 교육과정을 제대로 준비할 수 있는 시간을 갖지 못했다. 이런 시간을 갖지 못한 채 학년을 맞이하기 때문에 학년 교육과정에 대한 준비가 안된 상태에서 교과서 흐름을 그대로 따라갈 수밖에 없는 것이다. 정해진 순서에 의해 주어진 대로 가르치고 배우는 것이 흥미를 유발하기에 상당히 힘들 수밖에 없는 노릇이다. 학년 배정은 반드시 겨울방학 때 이루어져야 할 것이다.

주제 선정을 위한 교과 성취 기준 파악하기

통합 교육과정을 마련하기 위해서는 교과를 연결할 수 있는 주제를 선정하는 것이 가장 먼저 해야 할 일이다. 주제를 선정하기 위해서는 교과들 사이의 관련성을 찾아야 하는데, 이를 위해 국가 교육과정에서 제시하고 있는 학년의 교과별 성취 기준을 파악하고 있어야 한다. 그래서 가장 먼저 교과별 성취 기준을 함께 파악하는 작업부터 했다.

국가교육과정 정보센터 홈페이지(http://www.ncic.go.kr)로 접속해서 [교육과정 자료실]-[성취 기준] 메뉴로 들어가면 2009 개정 교육과정 성취 기준을 모두 다운받을 수 있다. 예전에는 성취 기준이라는 것이 교육과정에 정확하게 나와 있지 않았는데 2013년 1월에 각 학교로 배포된 '성취 기준'에는 아래와 같이 교육과정 내용, 성취 기준, 성취 수준을 명확하게 분류하고 예시 문항까지 제시하고 있다. 여기 나오는 교육과정 내용으로 교과 내용을 파악해야 한다.

하지만 이 작업은 많은 교과를 한꺼번에 봐야 하는 방대한 일이고 지도 순서에 대한 기준이 필요하기 때문에 교육과정 내용을 교과서의 단원과 연결해서 새로운 예시 자료를 만들었다. 사실 교과서에 나오는 차시 목표를 가지고 재구성하기에는 너무 양이 많고 통합의 의미가 없다. 교육과정에 나오는 '교육과정 내용'을 가지고 교과서를 만든 것으로 교과서 집필자의 의도에 따라 교육과정 내용을 달성하기 위한 단계가 더 늘어났기 때문에 차시 목표는

[표 1] 영어과 교육과정 내용, 성취 기준, 성취 수준 예시

교육과정 내용	성취 기준	성취 수준	
①-1. 실물이나 그림에 관한 설명을 듣고 이해한다.	영초6111. 실물이나 그림에 관한 설명을 듣고 해당하는 대상이나 특징을 파악할 수 있다.	상	실물이나 그림에 관한 설명을 듣고, 해당하는 대상이나 특징을 정확하게 파악할 수 있다.
		중	실물이나 그림에 관한 설명을 반복하여 듣고, 해당하는 대상이나 특징을 대체로 파악할 수 있다.
		하	실물이나 그림에 관한 설명을 시각적 단서와 함께 반복하여 듣고, 해당하는 대상이나 특징을 일부 파악할 수 있다.
①-2. 앞으로 일어날 일에 관한 간단한 말이나 대화를 듣고 이해한다.	영초6112. 앞으로 일어날 일에 관한 간단한 말이나 대화를 듣고 시간적 개념과 내용을 파악할 수 있다.	상	앞으로 일어날 일에 관한 간단한 말이나 대화를 듣고, 시간, 순서, 계획 등을 정확하게 파악할 수 있다.
		중	앞으로 일어날 일에 관한 간단한 말이나 대화를 반복하여 듣고, 시간, 순서, 계획 등을 대체로 파악할 수 있다.
		하	앞으로 일어날 일에 관한 간단한 말이나 대화를 반복하여 듣고, 시간, 순서, 계획 등을 일부 파악할 수 있다.

교육과정 내용보다 훨씬 많은 것이다. 그러므로 우리는 교과서 단원의 차시 목표에 구애받지 말고 '교육과정 내용'을 보고 교과서 단원별 배당 시간만큼 나름대로 단계를 조절하여 지도하면 되는 것이다.

보통 10차시 정도의 차시 목표가 있다면 교육과정에 나오는 단원과 연결되는 '교육과정 내용'은 5~6개 정도로 줄어들 것이다. 10차시를 이용하여 5~6개의 목표를 달성하면 되기 때문에 교육과정 운영에 여유가 생기는 것이다. '교육과정 내용'을 달성하는 데 도움이 되는 교과서 활동을 선택하고 교사가 창의적으로 활동을 구성해 넣으면 된다.

[표2] 성취 기준과 단원을 연결한 예시 자료

학기	단원명		성취 기준
1학기	감동의 물결 (듣말쓰 6, 읽기 6)	듣기	애니메이션을 보고 반언어적 · 비언어적 표현을 이해한다.
		쓰기	글을 읽고, 자신의 생각이나 느낌을 표현하는 글을 쓴다.
		문학	문학 작품을 읽고 느낀 점을 말이나 글로 표현한다. 문학 작품에는 일상의 세계와 비슷한 상상의 세계가 담겨 있음을 이해한다.
	2. 아는 것이 힘 (듣말쓰 6, 읽기 6)	듣기	안내하는 말을 듣고 중유할 내용을 정리한다.
		쓰기	일의 절차, 방법 등을 설명하는 글을 쓴다.
		읽기	설명하는 글을 읽고 중심 내용과 세부 내용을 파악한다.
	3. 여러 가지 생각 (듣말쓰 6, 읽기 6)	듣기	훈화를 듣고 이야기에 담겨 있는 교훈을 파악한다.
		쓰기	어떤 사실에 대한 자신의 의견이 잘 드러나게 글을 쓴다.
		읽기	설명하는 글을 읽고 중심 내용과 세부 내용을 파악한다.
	4. 마음을 전해요 (듣말쓰 6, 읽기 6)	듣기	전화 대화를 하면서 상대의 말을 예의 바르게 듣는다.
		말하기	전화 예절을 지키면서 대화를 한다.
		쓰기	알맞은 낱말을 사용하여 감사하는 마음을 전하는 글을 쓴다.
		읽기	독서 감상문을 읽고 책의 내용과 책에 대한 감상을 구별한다.

3학년 교사들끼리 모여서 단원별 성취 기준을 보고 1학기 전체 내용을 한눈에 파악하는 작업을 진행했다. 여기서 성취 기준과 앞에서 말하는 교육과정 내용은 이번에 교육부 발간 자료에서 구분되어 정리되어 있는데 교육과정의 내용을 평가를 위해 기준으로 설정한 것이 성취 기준이 된다. 여기에 수준을 고려하여 상 · 중 · 하로 구분한 것이 성취 수준이 된다. 그래서 앞으로 성취 기준이라는 말을 많이 사용했지만 '교육과정 내용'을 가지고 교육과정을 살펴보면 된다고 할 수 있다.

이런 자료를 바탕으로 우리 학년에서는 1장에서 밝힌 교육과정 재구성 단계별로 차근히 진행해 보았다. 주제를 중심으로 통합 교육과정을 만들기 위해서는 중핵 교과를 사회, 도덕, 과학 교과를 정해서 중핵 교과의 교과 내용을 살펴보는 작업을 하였다. 모든 교과를 한눈에 보면 좋겠지만 일단 중핵 교과부터 어떤 내용들이 있는지 한눈에 파악하기 위해 단원에 연결된 성취 기준으로 교과 단원별 마인드맵을 그려보았다. 이 작업은 20분이면 끝나는 작업이다. 교과의 단원을 날개로 하고 성취 기준을 보고 성취 기준의 주요 키워드를 펼쳐나가면 된다.

주제 선정 및 주제별 교과 내용 분류하기

이렇게 해서 나온 중핵 교과 마인드맵을 펼쳐놓고 관련된 키워드를 찾아보면서 주제를 잡아나갔다. 중핵 교과들이 연결될 수 있는 키워드로 주제를 연상하고 대강의 계획을 잡았다. 세 교과를 펼쳐 놓으면 연결되는 키워드가 보이게 된다. 그 키워드를 포함할 수 있는 주제를 선정하면 된다. 각종 교육과정 이론서를 보면, 주제는 학생들이 쉽게 인지할 수 있으면서 교과를 잘 포함할 수 있는 것이 되어야 한다고 되어 있다. 또한 프로젝트 접근법에 의하면, 아이들의 실생활과 관련성이 높은 것으로 주제를 잡게 되어 있다.

우리 학년에서 주제를 잡는 작업을 사실 두 번이나 해야 했다. 처음에 잡았던 주제는 '나, 너, 우리', '가족', '고양 알리미 프로젝

[사진2] 주제 선정을 위한 교과 마인드맵

트', '권율 프로젝트'였다. 도덕과 사회를 중핵 교과로 삼고 키워드 중심으로 연결되는 내용으로 주제를 잡아보니 이렇게 4가지 주제가 도출되었다. '나, 너, 우리'와 '가족'은 3학년으로 올라오면서 처음 배우는 도덕 교과의 여러 단원에서 자기중심적인 사고를 벗어나기 위해 범주를 정하면서 주제를 잡아 본 것으로 도덕 교과가 중핵 교과가 되었다. '고양 알리미 프로젝트'와 '권율 프로젝트'는 3학년 사회 교과가 지역에 대해 배우는 지역교과서로 학습하기 때문에 고양시에 대해 알기 위해 잡아본 주제였다. '고양 알리미 프로젝트'를 위해서는 고양시를 학습하여 고양시에 대해 다른 시도의 친구들에게 설명하는 방식으로 프로젝트를 계획하여 보았고, '권율 프로젝트'를 위해서는 고양시를 대표하는 인물인 권율을 중심으로 고양시의 역사와 유물을 학습해나가는 프로젝트로 계획하여 보았다.

그러나 검토 결과 주제명이 너무 흔하고 아이들에게 흥미를 이끌어내기에 부족하다는 판단을 내리고, 다시 교과 내용을 살펴보며 조정하여 주제를 다시 잡았다. 그래서 다시 협의한 결과 '나를 찾아 떠나는 시간여행', '우리가 만드는 서정행주문화제', '떴다! 패밀리', '보물을 찾아라', '힘내, 지구야!'로 바뀌었다. 이는 아이들이 주제를 만날 때 주제에 대한 궁금증을 훨씬 높이고 흥미로운 느낌을 가질 수 있도록 바꾼 것이다. 주제를 정하는 과정은 참 신중하고 많은 고민을 통해 이루어졌다.

주제가 정해진 뒤 주제별로 어떤 교과의 단원이 속하는지 찾아보았다. 이 작업을 통해 주제를 직접 이끌어 가는 중핵 교과의 단원을 알아보고 도구 교과에서 어떤 단원을 주제에 끌어 쓸 수 있을지를 파악할 수 있었다. 단원을 중심으로 주제와의 관련성을 찾는 것은 예전에 차시를 중심으로 재구성하는 어려움에서 벗어나고 교과서에 나오는 교과 흐름의 장점을 이어받기 위함이다.

주제명을 바꾸면서 단순히 이름만 바꾼 것은 아니다. 구성하는 교과 단원도 재조정하였고 좀 더 문제해결의 요소를 가미한 프로젝트 형식의 진행을 계획하게 되었다.

'나를 찾아 떠나는 시간여행'은 도덕과 사회를 통합하여 '나'를 돌아보고 나'를 있게 한 조상들은 어떻게 살았는지 확인해 보면서 미래에 '나'는 어떤 모습으로 살아갈지 꿈을 그려보는 활동을 위해 교과와 단원을 구성하였다. '우리가 만드는 서정행주문화제'는 5월에 고양시에서 열리는 행주문화제를 흉내 내어 그 준비과정을 통해 고양시의 인물, 상징, 자랑거리, 역사를 배울 수 있도록 계획하였다. '떴다! 패밀리'는 5월 가정의 달을 맞이하여 도덕 교과에서 가족 단원을 연결하여 가족의 소중함을 깨닫는 활동들로 구성하고 가족 캠프를 계획하였다. '보물을 찾아라'는, 과학과의 '자석' 단원을 이용하여 과학적 지식으로 장난감을 만들고, 사회과에서 고양시 지도를 바탕으로 고양시의 시형적 요소를 파악하고, 고양시의 보물인 여러 유적들에 대해 배울 수 있게 관련 단원들을 모았다. 마지막 '힘내, 지구야!'는 과학과 '날씨' 단원을 환경문제로 확장하여 환경의 소중함을 깨닫고 알아보는 내용으로 연결하였다.

[사진3]에서 보이는 것처럼, 주제를 선정하고 주제와 관련된 교과의 단원을 추출하였고 좀 더 전체적으로 관련 교과들을 연결하기 위해 포스트잇에 교과의 단원과 주요 배우는 내용을 적어 칠판에 붙여가며 파악하는 작업을 하였다. 왼쪽으로 전체적으로 한눈에 파악할 수 있게 교과별로 붙이고 오른쪽에는 주제를 붙여서 옮기면서 다시 주제 내용을 구성하였다. 이 작업은 한 한기 내용을 한눈에 익히는 가장 중요한 작업이었다.

이 작업은 반나절 정도 걸리는 작업으로 그렇게 어렵지 않았고 함께 협의하면서 옮길 수 있었고 옮기는 과정 속에서 좋은 주제별 계획들이 쏟아지기 시작했다. 이런 협의 과정 자체가 교육과정을 만드는 과정이 되는 것이다.

[사진3] 주제와 관련된 교과 단원 추출하기

주제별 상세 계획 세우기

주제별 상세 계획은 3학년이 5명이라 하나씩 맡기로 했다. 전체적인 흐름과 그동안 주제 중심 교육과정을 운영한 경험을 바탕으로 개별 작업이 가능하다고 보았다. 각자 겨울방학 동안 주제별 관련 자료도 수집하고 전체 계획도 세운 다음 다시 모여서 검토하였다. 모두 각자 상세 계획을 세우는 것에 약간 부담을 느끼긴 했지만 이후 모였을 때 훌륭한 계획을 세워 왔다.

이렇게 분담해서 상세 계획을 세운 것은 이후 교육과정 운영에서 교사들 각자가 자기 교육과정이라는 책임의식을 갖고 짜임새 있는 진행을 하는 데 큰 보탬이 되었다. 그동안 남이 짜 놓은 교육과정은 어떤 교육철학에 의해서 나왔는지 파악하기도 어려웠고 교사들마다 생각이 다르기 때문에 쉽게 와 닿지 않는 부분이 많았다. 일선 학교에서 다른 학교의 잘된 교육과정 재구성 내용을 가

[사진4] 주제별 교과 단원 구성 완료

지고 그대로 실행에 옮기는 경우가 많은데 그건 몸에 맞지 않는 옷을 입는 것처럼 제대로 된 교육과정을 구현하기가 어렵기 마련이다.

자기가 계획해 보고 그걸 같은 학년에서 함께 추진했을 때 자발성과 동료성을 동시에 얻을 수 있게 되는 것이다. 또한 더 집중적으로 고민할 수 있기 때문에 더 세밀한 계획을 수립할 수 있게 된다. 물론 교사들마다 교육철학이 다를 수 있고 선호하는 교육방법이 다를 수 있지만 각자가 수립한 계획을 존중하고 그 계획들이 성공적으로 진행될 수 있도록 협력하는 관계를 만들어 나가는 모습을 학기 중에 느낄 수 있었다. 교육과정 재구성에만 힘을 쏟았음에도 함께 성장하고 협력하는 공동체를 만들어갈 수 있음을 보게 된다.

우리 학교에서는 교육과정 재구성 양식이 거의 비슷하게 통일되어 있다. 다음은 원래는 B4사이즈에 전체를 한눈에 볼 수 있게 만들고 있는데 A4에 맞게 세로 형식으로 두 쪽으로 만들어 놓은 재구성 양식이다.

주제명	핵심 역량	교과	시수	단원	성취 기준	재구성 이유
우리가 만드는 서정행주 문화제	창의력 자기 주도 학습력 정보 처리 능력 의사 소통 능력 생태 감수성	국어	21	2. 아는 것이 힘	●(읽) 문단의 중심 내용과 세부 내용을 구별하며 설명하는 글을 읽을 수 있다. ●(쓰) 안내하는 말을 잘 듣고 중요한 내용을 정리하고, 듣는이가 알기 쉽게 안내할 수 있다.	우리가 만드는 서정행주문화제 주제는 사회 2 우리 고장의 자랑 단원을 중핵교과로 하여 고양시의 대표적인 자랑거리나 인물 등 대표하는 것에 대해 학습하는 활동을 아이들이 경험하고 친숙한 지역에서 해마다 열리는 행주문화제를 소재로 하였다. 아이들에게 학교 내에서 행주문화제를 작게 열어보는 과정을 선택적으로 계획하고 준비하고 열어봄으로써 지역의 행사에 관심을 갖게 하고, 고양시를 대표하는 것들에 대해 조사하고 그 내용을 다양한 형태로 발표하게 함으로써 고양시의 자랑거리는 입체적으로 느끼고 표현할 수 있게 국어, 미술, 체육, 창체 과목을 도구교과로 활용하였다.
				6. 좋은 생각이 있어요	●(읽) 이야기의 흐름을 파악하여 깨달은 점을 말할 수 있다.	
		사회	20	2. 고장의 자랑	●우리 고장의 유래와 특징, 지명의 유래와 변천, 고장의 자랑거리와 인물을 다양한 방법으로 조사하여 설명할 수 있다. ●우리 고장의 자랑거리를 답사하고 보고서를 쓸 수 있으며 행사의 특징을 조사하여 설명할 수 있다.	
		체육	6	1. 움직임 세상 속으로	●몸을 움직이는 여러 가지 방법에 대해 이해하고, 다양한 방법으로 움직일 수 있다.	
		미술	8	8. 수묵화와 판본체(8)	●수묵화와 붓글씨에 필요한 용구를 알아보고 그 성질을 이탐색할 수 있다. ●판본체로 간단한 글을 쓸 수 있다.	

주제명	핵심 역량	교과	시수	단원	성취 기준	재구성 이유
우리가 만드는 서정 행주 문화제	창의력 자기 주도 학습력 정보 처리 능력 의사 소통 능력	음악	9	1. 어깨 동무(2)	●장단의 기본박을 치며 짝과 함께 신체표현을 하며 노래를 부를 수 있다.	아이들은 고양시의 대표하는 것을 선택적으로 조사하고 연구하여 표현하는 고양 알리미 부스를 직접 운영해야 하고 고양시의 상징을 체험하는 고양 알기 체험 부스, 서정 행주 놀이 마당, 서정행주문화제 대동놀이 등을 서정행주문화제에서 체험하게 된다.
				10. 느낌이 달라요 (2)	●악곡의 특징을 몸움직임으로 표현할 수 있다. ●빠르기를 구별하며 감상하고 악곡의 느낌을 말할 수 있다.	
				11. 출래 출래 놀아보세(3)	●자진모리 장단에 맞추어 노래를 부를 수 있다. ●노래를 부르며 덕석몰자와 남생아 놀아라 놀이를 할 수 있다.	
				고양시 노래 배우기	●고양시와 관련된 노래를 익혀 부를 수 있다	
	생태 감수성	창체	8		●주제협의 및 반성 ●고양시 알리미 부스 운영하기 ●행주문화제와 관련된 놀이하기 ●주제 학습 마무리 하기	

활동 및 활동내용	시수	학습 목표	관련 교과	평가계획
※주제열기 ─ 행주문화제 경험 이야기 하고 특징 파악하기 ─ 서정행주문화제 브레인스토밍, 문화제 계획하기 ─ 장기학습 과제 정하기	2	─ 행주문화제 무엇인지 말하고 중요성에 대해 말할 수 있다. ─ 주제에 대하여 이해하고 마인드맵으로 그릴 수 있다.	창2	
※소주제 1. 서정행주문화제 준비하기 ● 고양 알리미 부스 준비하기 ─ 자료 조사, 발표 방법 익히기 ─ 고양시 지명 유래 나누어 다양하게 표현하기 ─ 고양시 인물과 자랑거리 신문 만들기 ─ 고양시 인물 관련 이야기 읽고 깨달은 점 말하기 ─ 고양시티투어	38	─ 사회 학습에 필요한 자료를 조사하고 발표하는 방법을 익힐 수 있다. ─ 고양시 지명 유래의 특징을 파악하고 모둠별로 다양하게 표현한다. ─ 고양시 인물과 자랑거리를 조사하고 신문으로 만들어 표현한다. ─ 고양시 인물 이야기를 읽고 흐름을 파악하고 깨달은 점을 말한다.	창2 사3 사3 국7 사9 국7 국7	[국어] 문단의 중심내용과 세부 내용 구별하며 설명하는 글 읽기 (관찰지필) [사회] 근거를 들어 고장의 자랑거리를 말하기(구술) [국어] 정확하고 알기 쉽게 안내하는 말 하기(지필)

활동 및 활동내용	시수	학습 목표	관련 교과	평가계획
— 고양시 유적지 안내 표지판 보고 중심내용과 세부내용 파악하기 — 고양 알리미 부스 안내 자료 만들기	38	— 고양시티투어를 통해 고양시 인물과 유적지를 파악하고 보고서를 쓴다. — 고양시 유적지의 안내 표지판을 보고 중심내용과 세부내용을 파악한다. — 고양 알리미 부스에 안내할 자료를 모둠별로 내용을 선택하고 다양하게 만든다.		
● 서정 행주 길놀이 준비하기 — 고양시 행사 다양하게 발표하고 홍보 초대장 만들기 — 음악에 맞추어 고양시 모습 움직임 표현하기	11	— 다양한 고양시 행사의 특징을 파악하고 설명한다. — 고양시 행사와 사람들의 모습, 자랑거리에 일어나는 모습을 움직임으로 표현한다. — 고양시 모습을 움직임으로 만든 것을 음악에 맞추어 빠르기에 맞게 표현한다.	사3 체6 음2	[음악] 자진모리 장단과 장구의 연주법 알고 연주하기(실기)
● 서정 행주 거리 미술전 준비하기 — 서정 행주 수묵화 그리기 — 행주 판본체 그리기	8	— 수묵화의 다양한 방법으로 주변의 물건을 표현하고 판본체로 간단한 글자를 쓴다.	미8	
● 서정 행주 음악 놀이마당 준비하기 — 어깨동무 노래 부르고 짝 놀이하기 — 강강술래 노래와 놀이하기 — 고양시 노래 배우기	7	— 짝과 함께 신체표현하며 전래동요를 부를 수 있다. — 서정행주문화제 대동놀이에 함께 할 강강술래 노래를 배우고 놀이를 한다. — 고양시를 소개하는 노래를 익혀 부를 수 있다.	음2 체3 음2	[체육] 준비운동, 주운동, 정리 운동의 단계별 체력운동 하기(관찰)
※소주제 2. 서정행주문화제 열기 — 고양 알리미 부스 운영 — 고양 알기 체험부스 운영 — 서정 행주 놀이마당 운영 — 서정행주문화제 대동놀이 — 서정행주문화제 수묵화전 및 기념 공연	4	— 서정행주문화제에 필요한 다양한 부스를 운영한다. — 고양시를 대표하는 상징을 다양한 방법으로 표현한다.	창3 사1	
※소주제 3. 행주문화제 및 꽃박람회 참가 — 행주문화제 참가하고 미션 수행하기 — 꽃박람회 참가하고 미션 수행하기		— 고양시 행사인 행주문화제와 꽃박람회에 참가하여 고양시에서 일어나는 다양한 행사를 체험한다.		

※주제평가 및 반성	2		창1	
— 주제 학습 자기 평가하기			사1	
— 주제 학습 소감 발표하기				
— 지필평가				

　이러한 과정을 통해 계획된 주제 중심 교육과정은 1학기 모든 교과 내용을 거의 모두 포함하고 있다. 우리 학교는 개교 이후 처음부터 한 한기 전체를 재구성하는 경험을 겪어왔기 때문에 3학년을 처음 맡게 된 교사들도 익숙했지만, 그렇지 않은 경우 어떤 학년의 1학기를 통째로 재구성하는 것은 교사들에게 사실 많은 부담이 된다. 하지만 우리 학교 경험을 돌아봤을 때 1학기 전체를 통합하면 아이들에게는 통합적으로 구성된 교육과정의 수업 활동이 특별한 일이 아니라 주제를 명확히 이해하고 모든 수업 활동을 그 주제로 연결해서 사고하는 계기로 작용하였다.

　아이들은 "이번 주제는 무엇인가요?", "이번 주제는 어떤 활동들이 있나요?" 하면서 개별 교과를 이야기하기보다는 주제를 통해 통합적으로 생각을 발전시키는 모습을 보여주었다. 이런 과정을 지속적으로 했더니 아이들은 학년이 올라가면서 학교 공부가 주제 중심으로 이루어지는 걸 익숙하게 받아들이고 그 안에서 이루어지는 개별 활동의 의미를 찾고 있음을 알 수 있었다.

2장
교육과정 사례 1 – 나를 찾아 떠나는 시간여행

'나와 친구가 함께하는 힘'을 찾는다

3학년에 처음 올라온 아이들에게는 많은 것이 새롭게 다가온다. 부담도 상당히 늘어난다. 1·2학년에 비해 교과목 수도 늘어나고 수업 시간도 늘어나서 오전 수업으로 끝나는 날보다 오후 시간까지 공부하는 날이 많아진다. 하지만 3학년 처음 올라온 아이들을 맞이해 보면 아이들은 아직 행동이나 말에서 저학년의 모습을 많이 보인다.

3월 새 학년 새 학기를 맞이한 아이들에게 학습에 대한 부담감을 덜어주면서 학습하는 내용들이 자기의 생활과 무관한 것이 아니라 연결되어 있음을 느낄 수 있도록 해주어야 한다. 이를 통해서 아이들이 학습의 필요성을 이해할 수 있어야 아이들이 학습에 몰입할 수 있는 기반이 조성된다. 또한 3학년은 차분히 학교교육에 적응하며 자기중심적인 사고에서 벗어나 다른 사람을 생각할 수 있어야 하는 중요한 시기로서 공동체 생활을 협력적으로 해 나가는 힘을 길러주어야 한다.

3학년 교육과정의 첫 주제에서 가장 먼저 필요한 것은, 현재 자신을 돌아보는 시간을 통해 스스로 자신의 바른 모습에 대한 상을 바로 세우고, 자기만의 세계에서 벗어나 친구와 함께하는 시간을 통해 함께하는 힘을 키워야 하는 것이었다. 또한 그런 힘을 바탕으로 학습하는 힘을 길러주는 시간들이 있어야 3학년을 시작하는 데 아이들에게 큰 도움이 될 거라고 생각했다.

3학년 1학기 통합 교육과정을 만들면서 이러한 관점에서 학기 초의 교과 내용을 살펴보니 관련된 교과의 단원들이 몇 가지가 보였다. 대표적인 교과 단원으로 도덕 2단원 '정말 멋있는 내가 되기', 체육 6단원 '몸을 튼튼하게 하려면'에서 '나'를 주제로 이야기를 만들 수 있을 것 같았다. '나'를 돌아본 뒤 '나'의 주변을 돌아보기 위한 관점을 부여하는 의미에서 '우리'를 느끼고 함께하는 활동을 계획하면 초기에 계획했던 '나'를 돌아보는 성과를 찾을 수 있을 것이라고 생각했다. 이런 계획과 함께 다른 교과를 살펴보니 사회 3단원 '고장의 생활과 변화'가 있는데, 의식주의 변화, 생활도구의 변화에 대해 공부하는 내용이었다. 이를 어떻게 '나'와 연결할 수 있을까 고민한 결과 '나'를 현재, 과거, 미래로 돌아보게 하면 자연스럽게 연결할 수 있을 것 같아 마치 타임머신을 타고 도는 것처럼 '시간여행'이라는 아이디어를 도출하였다.

그래서 현재 상태에서 시작하여 과거, 미래가 이어지도록 교육 과정을 계획했다. 가장 먼저 아이들은 '현재'를 배운다. 학년 초 생활 속에서 나 스스로를 조절하고 타인을 배려하는 마음과 우정에 대해 먼저 공부하여 안정된 학급 분위기에서 학년을 시작하는 것이 필요하기 때문이다. 그 다음에 아이들은 '과거'로 가서, '과거'에서는 신비한 탄생 과정을 거쳐 많은 축복 속에서 이 세상에 태어난 자신을 알고 자신의 존재 가치를 확인하는 시간을 갖는다. 마지막 시간에는 '미래'로 가서 자신의 흥미와 적성을 살피고 진로에 대해 탐색해보고, 주제 전체에서 배운 내용들을 종합하여 자기소개서를 작성하여 마무리한다.

이렇게 교과 단원과 성취 기준을 살펴보면서 주제를 도출하고 주제를 중심으로 이야기를 만들어내는 것이 쉬운 일은 아니지만 아이들에게 배움의 의미를 다시 느끼게 해 주는 소중한 작업이 된다. 아이들은 그냥 주어진 교과서에 나와 있는 내용으로 배우는 것이 아니라 배우는 내용들이 자기와 어떻게 연결되고 왜 배워야 하는지를 느끼게 된다. 이를 통해 배움의 의욕을 높이고 몰입을 할 수 있게 도와준다.

학습의 흥미를 높이고 아이들의 능동적인 학습을 위해 학습 내용을 조직하는 교육과정 재구성 방법으로 '문제 중심 학습'(PBL: problem-based learning) 방법과 프로젝트 학습이 있다. '문제 중심 학습' 방법에서는 문제를 만들어 아이들이 문제를 해결해 가는 과정을 교육과정으로 만들어낸다. '프로젝트 접근법'에서는 실제

생활과 밀접한 관련이 있는 주제로 학생들이 배우고 싶어 하는 내용을 학습 과정에 적극적으로 포함시키는 발현적 교육과정의 방법을 사용하기도 한다. 이런 방법들은 학습내용을 조직하는 절차나 모형이 어느 정도 정해져 있다. 반면에 우리가 만든 '나를 찾아 떠나는 시간여행'은 주제를 이끌어가는 이야기를 만들어 그 이야기에 의미를 부여하여 아이들이 느낄 수 있게 하는 방식이다. 문제 중심 학습이나 프로젝트 접근법처럼 학습 내용을 조직하는 일정한 절차나 모형이 없다 보니 학습 내용을 구성하는 면에서 자유롭지만 상당한 창의성이 요구된다. 그래서 교육과정 흐름에 스토리를 부여하고 의미를 불어넣어 학습자의 흥미를 고려하지만, 교육내용에 대한 학습자의 요구를 고려하기보다는 교사들의 교육과정 구성이 중요하다 보니 너무 교사 주도의 교육과정 운영이 되고 있는 측면이 있다. 하지만 학습자의 흥미와 요구에 기반 하는 교육이 자칫 교육과정의 주요 내용을 놓칠 우려가 있는 반면에 교사들이 학습 내용을 주도적으로 조직하다 보니 아이들이 학습할 내용을 놓치지 않으면서도 배움의 연결성을 놓치지 않는 장점이 되고 있다.

[표1] '나를 찾아 떠나는 시간여행' 교과와 단원

주제	핵심역량	교과	시수	단원	성취 기준	재구성 이유
나를 찾아 떠나는 시간여행		국어	15 (국12+심화3)	1단원 감동의 물결	─ 글을 읽고, 자신의 생각과 느낌을 표현하는 글을 쓴다. ─ 문학 작품을 읽고 느낀 점을 말이나 글로 표현한다. ─ 문학작품에는 일상의 세계와 비슷한 상상의 세계가 담겨있음을 이해한다.	3학년 첫 주제를 시작하면서, 아이들이 겪을 변화들에 대해 생각해보았다. 우선 통합교과로 배우던 1,2학년과는 달리 3학년부터는 분과 되어 배우게 된다. 따라서 과목의 수와 교과서가 늘어 났고 주간 수업 시수도 증가하게 된다. 이러한 변화에 아이들은 학습에 대한 부담감과 분절된 교과교육과정에 대한 낯섦으로 혼란스러워 할 것을 예상할 수 있었다. 따라서 '나'라는 주제를 중심으로 구성을 할 때에 우선 맥락이 자연스럽게 연결되어 하나의 흐름 속에서 교육과정이 진행되기를 바랐다. 그래서 그 맥락으로 '시간여행'을 생각하였다.
		사회	17	3단원 고장의 생활과 변화	─ 의식주 생활의 변화와 지속성을 이해한다. ─ 생활도구의 변화양상을 통해 조상들의 슬기를 이해한다. ─ 여가 생활의 의미와 종류 및 변화의 양상에 대하여 이해한다. ─ 문화유산의 의미와 문화유산에 담긴 조상들의 생활 모습에 대하여 이해한다.	
		과학	12	1단원 우리 생활과 물질	─ 주위에 있는 물체가 어떤 물질로 이루어져 있는지 안다. ─ 특정 물체를 이루고 있는 물질이 어떤 성질 때문에 사용되었는지를 설명할 수 있다. ─ 여러 가지 물체와 물질을 특징에 따라 고체, 액체, 기체로 분류할 수 있다.	
		도덕	9 (도6+심화3)	2단원 정말 멋있는 내가 되기	─ 바른 몸가짐이 중요한 이유를 알고, 몸가짐을 바르게 하려는 마음 기른다. ─ 바른 몸가짐을 갖기 위해 어떻게 해야 하는지 바르게 판단한다. ─ 바른 몸가짐을 갖기 위한 방법을 익히고 생활 속에서 꾸준히 실천한다.	
				4단원 너희가 있어 행복해	─ 친구 간의 진정한 우정과 지켜야 할 예절을 안다. ─ 친구 간의 다툼과 갈등에 대한 올바른 해결 방법을 안다. ─ 다문화 친구에 대한 편견 극복과 존중을 한다.	

주제	핵심 역량	교과	시수	단원	성취 기준	재구성 이유
나를 찾아 떠나는 시간여행		미술	8	1단원 형과 색	— 조형놀이를 통해 형과 색의 조화를 이해하고 표현한다. — 10색상환에서 따뜻한 느낌의 색과 차가운 느낌의 색을 안다.	그리고 시간의 흐름이 현재로부터 시작하여 과거, 미래로 이어지는데, 학년초 생활 속에서 나 스스로를 조절하고 타인을 배려하는 마음과 우정에 대해 먼저 공부하여 안정된 학급 분위기에서 학년을 시작하였으면 하는 생각으로 현재를 가장 먼저 배우고, 과거에서는 신비한 탄생과정을 거쳐 많은 축복 속에서 이 세상에 태어난 자신을 알고 자신의 존재가치를 확인하는 시간이 된다. 마지막으로 자신의 흥미와 적성을 살피고 진로에 대해 탐색해보고, 주제 마무활동으로 배운 내용들을 종합하여 자기소개서를 작성하여 첫 주제를 마무리하고자 한다.
		체육	6	몸을 튼튼하게 하려면	— 건강과 체력의 의미를 안다. — 운동이 몸에 미치는 영향을 안다. — 나의 체격과 체력을 측정한다. — 운동 계획을 세운다.	
		음악	5	2단원 구슬비	— 2/4박자 일정박 치며 노래를 부를 수 있다. — 가락의 흐름을 살려 노래를 부를 수 있다.	
				4단원 리코더 세상	— 리코더의 바른 연주 자세, 호흡법을 익히고 소리를 낼 수 있다. — 리코더의 텅잉을 익히고 제재곡을 연주할 수 있다. — 성부의 어울림을 느끼며 2중주를 할 수 있다.	
		창체	12		— 자신의 흥미와 적성을 발견한다. — 내가 하고 싶은 직업을 선택하여 그에 대한 정보를 찾을 수 있다. — 친구들 앞에서 바른 자세로 자기소개서를 발표할 수 있다.	
			84			

소주제별 활동 계획

소주제 1 '현재로'를 세부 주제 '멋진 나', '사이좋은 우리', '신비한 우리 주변'으로 나누었다. 현재 '내' 모습을 돌아보고 '나'를 둘러싸고 있는 '우리', '나'를 둘러싸고 있는 주변의 물건들을 볼 수 있게 엮어 보았다.

'멋진 나'에서는 도덕 2단원 '멋있는 내가 되기'에서 3학년 들어와서 변화해야 할 '나'의 바른 몸가짐을 알아보고 스스로 실천해 나가는 계획을 세우고 실천하는 수업을 준비했다. 체육을 통합하여 아이들이 '멋진 나를 만들기 위한 운동' 계획을 세우고 자기의 체격을 측정해 보면서 건강한 습관을 키울 수 있는 시간을 계획했다. 그리고 국어, 미술, 음악 교과를 통해 자기의 생각과 느낌을 글과 그림, 노래로 표현할 수 있는 활동을 계획하여 '현재의 내 마음'을 표현하게 하였다. 글을 읽고 자기의 생각과 느낌을 독서 감상문으로 표현해 보고, 자기의 모습이나 성격을 색으로 표현해 봄으로써 자기를 돌아보는 활동을 계획하였다.

'사이좋은 우리'에서는 도덕 4단원 '너희가 있어 행복해' 교육 내용을 끌어와서 '나'와 함께하는 친구들과 좋은 친구가 되기 위해 어떻게 평화로운 대화를 나누고 차이를 존중해야 하는지 이해하는 수업을 계획하였고 칭찬 릴레이로 마무리할 수 있도록 하였다.

마지막으로 '신비한 우리 주변'에서는 과학 1단원 '우리 생활과 물질'을 끌어와서 '나'를 둘러싸고 있는 물체에 대해 학습하도록 계획하였다. 교과에서 독립적으로 단원이 구성되지만 주제와 연결성을 찾아서 큰 그림 속에서 학습이 진행되는 것을 느낄 수 있도록 하였다

소주제 2 '과거로'는 '내'가 있기 전까지 '나'의 탄생 과정을 돌아보는 '위대한 탄생'이라는 작은 주제와 '내'가 있기 전의 과거 우리

조상들의 의식주 생활을 알아보는 '그땐 그랬지'라는 작은 주제로 나누어 구성하였다.

'위대한 탄생'에서는 '내' 이름의 뜻, 태몽, 태명, 출산 과정, 육아일기 등 '나'의 탄생과 관련된 자료들을 모아 보면서 '나'의 탄생 이야기를 만들어 보게 계획하였다. 작은 주제 '그땐 그랬지'에서는 사회 교과를 끌어와서 조상들의 의식주 생활의 변화를 알아보고 의식주에서 나타나는 조상들의 슬기를 찾고 역할극으로 표현해 보게 계획하였다.

소주제 3 '미래로'에서는 주제를 완성하기 위해 창의적 체험활동을 끌어와서 '내'가 좋아하는 것, 잘 하는 것을 찾아보고 그걸 바탕으로 미래의 자기 직업을 찾아보게 구성하였다. 마지막으로 미래의 명함을 만들어 3학년 아이들 전체가 명함을 교환하는 활동으로 마무리할 수 있게 계획하였다.

[표2] '나를 찾아 떠나는 시간여행' 소주제별 활동

활동 및 활동내용	시수	학습목표	관련 교과	평가 계획
※주제열기 주제 설명 및 생각나누기 마인드맵 그리기	2	─ 주제에서 배울 내용을 협의할 수 있다.	창1 사1	
※소주제 1. 현재로 ● 멋진 나 1. 내 몸의 주인은 나 ─ 바른 몸가짐에 대해 알고 나의 생활 돌아보기 ─ 바른 몸가짐을 실천할 계획 세우고 실천하여 체크리스트로 확인하기 ─ 건강한 습관에 대해 알아보고 운동 계획 세우기 ─ 나의 체격 측정하기 2. 내 마음을 표현해요 ─ 이야기 만나기, 생각과 느낌을 표현할 방법 생각하기 ─ 글로 표현하기, 독서 감상문 쓰기 ─ 색으로 표현하기, 그림으로 표현하기 ─ 노래의 느낌 살려 표현하기 ─ 내가 좋아하는 책 읽고 생각과 느낌 표현하기	17	─ 바른 몸가짐에 대해 알고 계획을 세워 실천할 수 있다. ─ 운동 계획을 세워 건강한 생활을 실천한다. ─ 글을 읽고, 자신의 생각이나 느낌을 정리하여 독서 감상문을 쓸 수 있다. ─ 자신의 생각이나 느낌을 색의 느낌과 연관 지어 표현할 수 있다. ─ 자신의 생각이나 느낌을 담아 제재 곡을 부를 수 있다.	도4 체3 국6 미2 음2	[도덕] 바른 몸가짐의 중요성을 알고 생활 속에서 꾸준히 실천하기(관찰)
● 사이좋은 우리 1. 서로를 존중해요 ─ 친구들과 다른 점 살피고 이해하기 〈다문화〉 ─ 우리와 닮은꼴인 색과 물질 ─ 우정의 의미 알고 사이좋게 지내기 ─ 말의 힘 알기, 평화로운 대화 ─ 좋은 친구가 되기 위해 노력할 점 생각하기 2. 너와 내가 만드는 행복한 세상 ─ 우정규칙 정하고 실천하기 ─ 짝체조, 모둠 단결 놀이로 협동하기 ─ 활동 중에 친구들의 모습 생각하며 칭찬릴레이 하기	18	─ 서로의 차이점을 살피고 그것을 이해하고 존중하는 마음을 갖는다. ─ 우리 주변 물질들의 특징을 살피고, 사람의 감정이나 성품과 연관 지어 생각할 수 있다. ─ 우리 주변의 색을 탐색하고, 그 느낌을 사람의 감정이나 성품과 연관 지어 생각할 수 있다. ─ 친구 간의 지켜야 할 예절을 알고 실천할 수 있다. ─ 친구를 배려하고 힘을 합쳐 협동놀이를 할 수 있다.	도5 과4 국2 미2 체3 창2	[도덕] 친구의 중요성과 사이좋게 지내는 방법을 꾸준히 실천하기(관찰)

● 신비한 우리 주변 1. 이건 무엇으로 만들었을까? 　─ 물체를 이루는 물질 2. 물질의 상태 　─ 고체, 액체, 기체 상태 3. 세상을 노래하는 소리 　─ 4. 리코더세상	11	─ 주위에 있는 물체가 어떤 물질로 이루어져 있는지 안다. ─ 바른 자세로 악기를 연주할 수 있다.	과4 과4 음3	[과학] 여러 가지 물체와 물질을 특징에 따라 고체, 액체, 기체로 분류하기(지필보고서) [음악] 올바른 주법에 맞게 리코더 연주하기(관찰)
※소주제 2. 과거로 ● 위대한 탄생 1. 위인의 삶 　─ 위인전 읽고 독서 감상문 쓰기 2. 나의 탄생 이야기 　─ 내 이름의 뜻, 태몽, 태명, 출산 과정, 육아일기 등 나의 탄생과 관련된 자료들 모으기 　─ 친구들과 함께 나누며 나의 출생의 축복에 감사하는 마음 갖기	6	─ 위인전을 읽고 조상들의 슬기를 느끼고 독서 감상문을 쓸 수 있다. ─ 나의 탄생에 대한 정보를 조사하고, 자신이 소중한 존재임을 느낀다.	국1 사2 국1 창2	
● 그땐 그랬지 　─ 옛 이야기 속의 교훈 찾기 　─ 의식주의 변화 살피고 역할놀이 하기 　─ 생활도구 속의 조상들의 지혜와 멋 살피기	20	─ 옛 이야기 속에 담긴 교훈을 찾을 수 있다. ─ 옛 이야기 속의 삶을 현재와 비교할 수 있다. ─ 조상들의 생활도구에 담긴 조상들의 지혜와 멋을 발견할 수 있다.	국2 사7 미4 사7	[사회] 옛날과 오늘날의 여가의 모습을 표로 정리하기(지필)
※소주제 3. 미래로 ● 꿈을 찾아서 　─ 내가 좋아하는 것과 잘 하는 것 발견하기 　─ 내가 하고 싶은 직업 조사하기 　: 컴퓨터실 　─ 내가 이루고자 하는 일 생각해보기	8	─ 나의 흥미와 소질을 탐색할 수 있다. ─ 컴퓨터를 사용하여 내가 하고 싶은 직업에 대해 조사할 수 있다.	창4	
● 멋진 나를 소개합니다. 　─ 내 꿈을 이루기 위해 노력할 점 살피기 　─ 〈종합활동〉자기소개서 쓰기 　: 다모임에서 발표		─ 배운 내용을 종합하여 자기소개서를 쓸 수 있다. ─ 친구들 앞에서 바른 자세로 자기소개서를 발표할 수 있다.	국2 창2	
※주제평가 및 반성 자기주제평가, 주제평가	2		창1 국1	
			84	

[그림1]은 '나를 찾아 떠나는 시간여행' 교육과정 전체를 표현한 마인드맵이다. 이 마인드맵은 일러스트에 소질이 많은 3학년 선생님이 그린 것으로 전체 과정을 한 눈에 파악할 수도 있고, 그림 자체가 아이들의 흥미를 많이 이끌어 내면서 학습내용에 대한 아이들의 이해도를 높이는 효과를 낳았다.

[그림1] '나를 찾아 떠나는 시간여행' 마인드맵

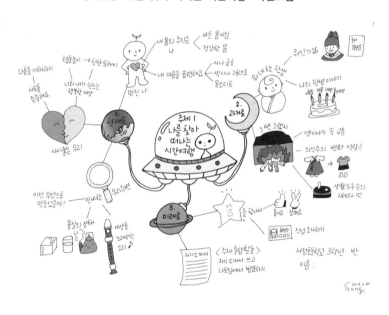

소주제별 활동 이야기

'가치 사전 만들기'

'나를 찾아 떠나는 시간여행'을 시작하기 전에 아이들이 한 해 같은 반 친구들과 서로를 존중하고 배려하면서 살아갈 수 있도록 하는 교육이 필요했다. 그래서 도입한 것이 '가치 사전 만들기'였다. '가치 사전 만들기'는 『아름다운 가치 사전』이라는 책을 읽어주고 그 속에 나오는 가치 사전

[사진1] 가치 사전 만들기 모둠별 활동

처럼 아이들에게 모둠별로 가치 사전을 의논해서 만들어 보게 한 활동이었다. 정말 아이들에게 중요한 가치는 무엇이고 가치를 아이들의 시각에서 정의 내리게 하여 스스로 지켜 나가는 규칙으로 삼게 하고자 하였다.

이렇듯 교육과정을 운영하면서 관련 도서, 특히 그림책을 수업에 많이 도입하였다. 교과서가 훌륭한 텍스트이지만 짧게 일부분만 나와 있는 경우도 많아 온전한 느낌을 갖기가 힘들기도 하고 아이들의 상상력을 자극하는 그림의 수준도 그렇게 높지 않은 편이다. 그러다 보니 교과서에 몰입하기가 힘든데, 그림책은 꼭 저학년 아이들뿐만 아니라 고학년 아이들에게도 충분히 높은 효과가 있었다. 그림책에 나오는 글은 적지만 아이들에게 내용을 전달하기에 충분했고, 그림은 좀 더 쉽게 상상하게 만들었다. 글이 많다면 일부만이라도 큰 도움이 되었다. 아름다운 가치 사전에 나오는 글은 상당히 많았지만 일부만 들려주고 아이들에게 '우리'

[사진2] 완성된 '가치사전'

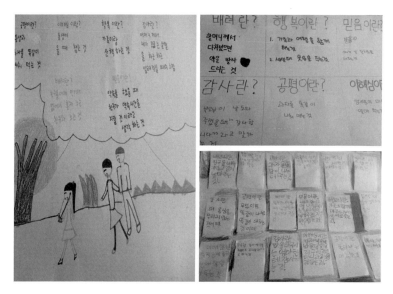

만의 가치를 정하고 가치를 정의하는 데 큰 도움이 되었다.

가치 사전을 만드는 활동은 아이들이 따로 혼자 하지 않았다. 모둠별로 함께 이야기하면서 필요한 가치를 뽑아 보았고, 모둠 전체에 공통적으로 나오는 가치로 가치 사전을 만들어 보았다. 다음 [그림3]은 아이들이 만든 가치 사전의 일부이다. 아이들의 생각이 참 아름답다.

'나의 뇌 구조도와 내 마음 확인하기'

'나를 찾아 떠나는 시간여행'이므로 가장 주된 활동을 아이들이 자신을 발견하는 것이다. 그래서 자신을 돌아보고, 자기의 생각을 정리해서 현재 생각들을 표현하는 활동으로 뇌 구조도를 그려 보게 하였다. 아이들은 어떤 일에 가장 관심이 많고 적은지를 뇌 구조도로 표현해 보고 그 내용을 친구들과 이야기하면서 생각을 나누었다. 평소에는 잘 보이지 않던 아이들의 생각을 교사가 읽을 수 있었고 아이들도 자기의 생각을 정리하고 친구의 생각들을 이해하는 시간이 되었다. 가정에 가서 뇌 구조도를 보이게 했더니 학부모들도 몰랐던 아이들의 생각을 이해할 수 있는 시간이 되었다.

나를 다양하게 표현할 수 있게 비워져 있는 다양한 문장을 완성하는 활동을 통해 자기의 생각이 어떤지 적어보게 하는 활동도 역시 나를 돌아보고 나를 찾아보는 소중한 시간들이 되었다. 이런 활동을 통해 자신을 찾고 도덕 교과의 '나의 바른 몸가짐'과 연

[사진3] 자신의 뇌 구조도 그리기

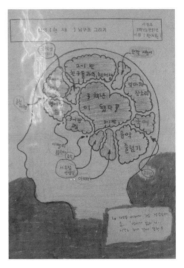

[사진4] 내 마음 확인하기

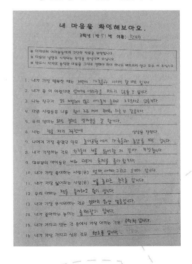

결하여 바른 몸가짐을 가지기 위해서 자기의 생활 속에서 고칠 점들을 찾아서 실천할 수 있는 계획을 세워 꾸준히 실천하는 시간도 가졌다.

'색 동화책 읽고 나를 표현하기'

다양한 책을 교육과정 운영에 도입했는데 미술과 도덕을 통합하여 아이들이 '나'를 표현하는 방법을 배우는 시간을 가졌다. 『색깔들의 뽐내기』, 『색깔들이 만든 집』 책을 읽어주고 색으로 표현해 보도록 하였다. 이 책들을 보면, 성격에 따라 색깔을 가늠할 수 있는 내용이 나오고 색으로 마음을 잘 표현하는 방법을 아이들이 느낄 수 있도록 되어 있어 자신의 마음과 색을 잘 연결하도록 도와준다. '나를 색으로 표현한다면 어떤 색일까?', '왜 그런 색으로 나를 표현했을까?', '색과 함께 나를 표현하는 모양을 어떤 모양일까?' 등의 질문을 통해 아이들이 자기를 돌아보면서 표현해 보았고 친구들의 색도 함께 보면서 색의 느낌도 충분히 느끼고 색이 주는 의미도 생각해 보는 시간이 되었다.

'나의 탄생 이야기'

'나'를 찾아가는 활동에서 '과거로'에 연결되는 활동이 '나의 탄생 이야기'를 만드는 것이었다. 학부모님께 아이 이름의 뜻, 태몽, 태명, 출산과정, 육아일기 등 탄생과 관련된 글을 써 달라고 부탁드렸다. 학부모님들께서는 정성들여 편지를 적어 주셨고 아이들

은 그 편지를 가지고 자
기를 소개하는 신문을
만들었다. 아이들은 간
간히 자기 이름의 뜻이
나 태몽을 들은 경우는
있었지만 이렇게 사세
히 들어보지는 못하였

[사진5] '나의 탄생 이야기' 신문

기 때문에 부모님들의 편지는 정말 소중하게 다가왔다.

이 주제가 진행되는 시기에 교육과정 설명회가 있어서 학부모
님들에게 이 편지를 쓰면서 들었던 소감을 물어봤더니 정성들여
글을 쓰는 것이 참 힘들었지만 아이를 돌아보며 아이와 더 가까워
질 수 있었던 소중한 경험이었다는 말을 들을 수 있었다.

아이들은 이 편지를 어떻게 생각했을까? 아이들은 이 편지를
정말 소중하게 간직하고 몇 번이고 읽으면서 부모님의 사랑을 확
인하고 있었다. 자기가 얼마나 부모님께 소중한 존재인지를 깨닫
는 귀한 경험이 되었다. 이렇게 만든 신문을 서로 함께 읽어보면
서 친구에 대해 더 알게 되는 기회도 되었다.

'옛 놀이 한마당'

'그땐 그랬지'에서 조상들의 여가 생활 변화를 통해 조상들의
슬기와 멋을 배우는 내용을 학습하게 되었다. 옛 놀이 방법을 가
르친 다음 체육과 사회를 통합하여 진행했다. 6가지 놀이를 각 코

[사진6] 옛 놀이 한마당

너를 돌아가며 아이들 모두가 체험할 수 있도록 하였다. 윷놀이, 꼬리잡기, 닭싸움, 제기차기, 공기놀이, 비석치기 6가지를 학급별로 두 조로 나누어서 돌아다니면서 체험할 수 있도록 하였다.

[사진7] 칭찬 릴레이

'칭찬 릴레이'

'너와 내가 만드는 행복한 세상'이라는 작은 주제 아래에 '나'와 함께 있는 친구의 장점을 발견하고 친구의 장점을 배울 수 있는 시간을 만들었다. 교실에 자리를 치우고 빙 둘러 앉아서 친구를 칭찬하고 칭찬을 받은 친구는 받아서 또 다른 친구의 장점을 칭찬하게 하였다. 아직 3학년이라 의미 있는 칭찬을 길게 이어가지는 못하지만 친구의 장점과 칭찬거리를 충분히 발견할 수 있는 시간이었다.

'질끈 바구니 만들기'

[사진8] 질끈 바구니 만들기

사회 시간 '조상들의 슬기와 멋'을 배우는 학습을 진행하면서 옛날 조상들이 생활 도구를 만들던 재료를 가지고 아이들이 무엇인가를 만들어보면 훨씬 기억에 오래 남고 의미가 있을 것 같아 고민하다가 질끈을 가지고 바구니를 만들어보는 시간을 가졌다. 3학년 아이들에게는 질끈으로 엮어서 만드는 작업이 상당히 어렵기 때문에 모둠별로 엄마들의 도움을 받아 모둠별로 설명을 듣고 바구니를 만들어 보았다. 아이들에게는 조상들이 생활 주변에서 비슷한 재료를 이용하여 많은 물건을 만들어 이용했다는 점을 이 활동을 통해 인식할 수 있는 시간이었다.

3장
교육과정 사례2 – 우리가 만드는 서정행주문화제

지역사회를 탐사하는 여행

3학년 사회 교과는 학생들이 살고 있는 지역에 대해 학습하게 되어 있다. 사회 교과는 일반적으로 배워야 하는 내용이 너무 많고 암기를 해야 하기 때문에 3학년에 올라와 과목이 분화되어 사회 교과를 처음 접하는 아이들에게 굉장히 어렵게 느껴진다. 사회과 학습을 해 나가는데 그냥 교과서만 들고 하면 아이들에게 사회 교과는 너무너무 괴로운 과목이 된다. 외울 것도 많고 알아야 할 것도 많아 아이들에게 정말 질려버리는 과목이 된다.

이러한 문제를 극복하기 위해서는 사회과 학습 내용이 아이들에게 얼마나 가까운지 느끼게 해 주어야 한다. 그래야 아이들이 흥미를 가지고 참여하게 된다. 교육과정 재구성을 하면서 사회과 학습 내용이 얼마나 아이들에게 가까운지 알려주고 학습에 대한 아이들의 흥미를 높이고 학습한 내용을 스스로 표현할 수 있게 노력하였다.

고양시에서는 5월에 다양한 축제가 열린다. 행주대첩의 정신을 계승하는 고양행주문화제가 고양시 곳곳에서 열리고 고양국제꽃박람회가 성대하게 개최된다. 3학년 사회 2단원 '2. 우리 고장의 자랑'의 내용을 살펴보면 지역의 인물과 자랑거리, 행사 등을 학습하게 되어 있는데 이 내용과 5월에 열리는 고양시의 다양한 축제가 맞아 떨어진다.

그래서 같은 학년 선생님들과 의논 끝에 고양시 지역 축제인 고양행주문화제가 고양시 곳곳에서 열리는 것처럼 우리 학교 곳곳에서 아이들이 수준에 맞게 준비해 고양시를 알리는 '서정행주문화제'를 여는 프로젝트를 기획하게 되었다.

고양시에 대해 너무 자세하게 기술되어 있는 사회 교과 내용은 너무 많은 내용을 머릿속에 담아야 하는 부담을 주기 때문에 학습 내용에 대한 취사선택과 집중이 필요했다. 또한 학습한 내용을 단순히 암기할 것이 아니라 자기 선택에 의해 조사와 학습을 하고 다른 친구들에게 설명하고 표현하는 과정을 통해 학습의 집중도를 높일 필요가 있었다.

이러한 과정을 포함할 수 있는 프로젝트를 구상하게 되었고, 그 프로젝트 이름이 바로 '우리가 만드는 서정행주문화제'였다. 3학년 선생님들과 3학년 1학기 교육과정을 검토하면서 서정행주문화제 주제를 위해 관련 있는 교과를 모아 놓은 것을 살펴보면 다음과 같다([표1] 참조).

[표1] '우리가 만드는 서정행주문화제' 교과와 단원

주제명	교과	시수	단원	성취 기준
우리가 만드는 서정행주 문화제	국어	21	2. 아는 것이 힘	● (읽) 문단의 중심 내용과 세부 내용을 구별하며 설명하는 글을 읽을 수 있다. ● (쓰) 안내하는 말을 잘 듣고 중요한 내용을 정리하고, 듣는이가 알기 쉽게 안내할 수 있다.
			6. 좋은 생각이 있어요	● (읽) 이야기의 흐름을 파악하여 깨달은 점을 말할 수 있다.
	사회	20	2. 고장의 자랑	● 우리 고장의 유래와 특징, 지명의 유래와 변천, 고장의 자랑거리와 인물을 다양한 방법으로 조사하여 설명할 수 있다. ● 우리 고장의 자랑거리를 답사하고 보고서를 쓸 수 있으며 행사의 특징을 조사하여 설명할 수 있다.
	체육	6	1. 움직임 세상 속으로	● 몸을 움직이는 여러 가지 방법에 대해 이해하고, 다양한 방법으로 움직일 수 있다.
	미술	8	8. 수묵화와 판본체(8)	● 수묵화와 붓글씨에 필요한 용구를 알아보고 그 성질을 탐색할 수 있다. ● 판본체로 간단한 글을 쓸 수 있다.
	음악	9	1. 어깨동무(2)	● 장단의 기본박을 치며 짝과 함께 신체 표현을 하며 노래를 부를 수 있다.
			10. 느낌이 달라요(2)	● 악곡의 특징을 몸움직임으로 표현할 수 있다. ● 빠르기를 구별하며 감상하고 악곡의 느낌을 말할 수 있다.
			11. 촐래 촐래 놀아보세(3)	● 자진모리 장단에 맞추어 노래를 부를 수 있다. ● 노래를 부르며 '덕석 몰자'와 '남생아 놀아라' 놀이를 할 수 있다.
			고양시 노래 배우기	● 고양시와 관련된 노래를 익혀 부를 수 있다
	창제	8		● 주제 협의 및 반성 ● 고양시 알리미 부스 운영하기 ● 행주문화제와 관련된 놀이하기 ● 주제 학습 마무리하기

먼저 중핵 교과로 사회를 잡고 사회 2단원 '고장의 자랑'에 나오

는 내용을 중심으로 다른 교과의 내용을 연결하고자 하였다. 국어 교과의 경우 안내하는 말이나 중심 내용, 세부 내용을 구분하는 단원 내용이 나오는데, 기본적인 내용을 학습한 뒤 고양시 유적이나 자랑거리를 소개하는 내용으로 안내하는 말을 만들면 주제에 잘 연결될 수 있을 것 같아 국어 2단원을 여기에 연결하였다. 또한 국어 6단원 '좋은 생각이 있어요'에 나오는 '인물의 말과 행동에서 깨달은 점, 본받을 점 찾기' 내용을 사회와 통합하여 '고양시 인물에 대해 알아보고 고양시 인물에서 깨달은 점, 본받을 점 찾기'로 방향을 잡았다.

체육 교과는 교과전담 교사가 가르치고 있는데 보통 이러한 전담 교과는 주제 통합에 넣지 않았지만 이번에 처음으로 시도해 보았다. 체육 표현활동에 '움직임 표현' 단원이 나오는데 움직임을 다양하게 표현하는 방법을 학습하고 주제와 연결하여 행주문화제에 실제로 실시되는 거리 퍼레이드를 흉내 내어 표현하게 해 보면 아이들의 훌륭한 길놀이가 나올 수 있을 것이라 생각하였다. 그래서 체육 전담 선생님과 의논하여 체육 교과도 이 주제에 포함시켰다.

미술 교과의 경우 주제 자체가 전통문화와 관련되기 때문에 3학년 미술에 처음 등장하는 '수묵화'와 '판본체'를 도입했다. 기본적인 수묵화 그리기와 판본체를 익힌 다음, 주제와 관련된 글자를 써보게 하면 충분히 주제를 살리면서 교과 내용을 학습할 수 있을 거라고 보았다.

음악 교과의 경우에도 역시 주제에 맞게 전래동요, 민요가 나오는 단원을 배치하였고 다행히도 강강술래 노래와 놀이가 있어 주제에 잘 맞게 계획할 수 있었다.

창의적 체험활동에서는 주제에 포함된 교과 내용을 학습하고 전체적으로 종합하여 표현할 수 있는 서정행주문화제를 행사처럼 펼칠 수 있게 기획하였고 우연히 지역사회 교과서에 나오는 고양시 노래를 작사·작곡하신 분과 연락되어 고양시 노래를 배우는 시간을 계획할 수 있었다.

그래서 전체적으로 교육과정의 내용을 '우리가 만드는 서정행주문화제'라는 주제로 정하였고, 진행 과정에 대해서는 아이들이 먼저 고양시에 대한 기본적인 학습을 하고, 국어·미술·체육과 같은 도구 교과들을 주제와 연결해 통합하여 학습한 다음 '서정행주문화제'라는 행사를 통해 학습한 내용을 펼치는 식으로 기획하였다. 주제 학습을 통해 아이들이 고양시에 대해 충분히 느끼고 표현할 수 있도록 초점을 맞추었다.

소주제별 활동 계획

주제에 적합한 교과와 단원을 끌어오면서 함께 구상하여 주제 전체 계획을 다음과 같이 정하였다. 처음에는 주제 학습을 할 수 있게 흐름을 크게 소주제 3개로 구분하였다. 주제 열기를 한 다음 각각의 소주제 '1. 서정행주문화제 준비하기', '2. 서정행주문화제

열기', '3. 서정행주문화제 참가하기'가 이어지도록 하고 마지막에 주제 반성 및 평가로 마무리하는 것으로 계획하였다. 이렇게 하여 재구성된 교육과정의 활동 계획은 다음과 같다([표2] 참조).

[표2] '우리가 만드는 서정행주문화제' 소주제별 활동

활농 및 활동내용	시수	학습 목표	관련 교과	평가계획
※주제열기 — 행주문화제 경험 이야기하고 특징 파악하기 — 서정행주문화제 브레인스토밍, 문화제 계획하기 — 장기학습 과제 정하기	2	— 행주문화제가 무엇인지 말하고 중요성에 대해 말할 수 있다. — 주제에 대하여 이해하고 마인드맵으로 그릴 수 있다.	창2	
※소주제 1. 서정행주문화제 준비하기 ● 고양 알리미 부스 준비하기 — 자료 조사, 발표 방법 익히기 — 고양시 지명 유래 나누어 다양하게 표현하기 — 고양시 인물과 자랑거리 신문 만들기 — 고양시 인물 관련 이야기 읽고 깨달은 점 말하기 — 고양시티투어 — 고양시 유적지 안내 표지판 보고 중심내용과 세부내용 파악하기 — 고양 알리미 부스 안내 자료 만들기	38	— 사회 학습에 필요한 자료를 조사하고 발표하는 방법을 익힐 수 있다. — 고양시 지명 유래의 특징을 파악하고 모둠별로 다양하게 표현한다. — 고양시 인물과 자랑거리를 조사하고 신문으로 만들어 표현한다. — 고양시 인물 이야기를 읽고 흐름을 파악하고 깨달은 점을 말한다. — 고양시티투어를 통해 고양시 인물과 유적지를 파악하고 보고서를 쓴다. — 고양시 유적지의 안내 표지판을 보고 중심내용과 세부내용을 파악한다. — 고양 알리미 부스에 안내할 자료를 모둠별로 내용을 선택하고 다양하게 만든다.	창2 사3 사3 국7 사9 국7 국7	[국어] 문단의 중심내용과 세부 내용 구별하며 설명하는 글 읽기 (관찰지필) [사회] 근거를 들어 고장의 자랑거리를 말하기(구술) [국어] 정확하고 알기 쉽게 안내하는 말하기(지필)

●서정 행주 길놀이 준비하기 - 고양시 행사 다양하게 발표하고 홍보 초대장 만들기 - 음악에 맞추어 고양시 모습 움직임 표현하기	11	― 다양한 고양시 행사의 특징을 파악하고 설명한다. ― 고양시 행사와 사람들의 모습, 자랑거리에 일어나는 모습을 움직임으로 표현한다. ― 고양시 모습을 움직임으로 만든 것을 음악에 맞추어 빠르기에 맞게 표현한다.	사3 체6 음2	[음악] 자진모리 장단과 장구의 연주법 알고 연주하기(실기)
●서정행주거리미술전 준비하기 ― 서정 행주 수묵화 그리기 ― 행주 판본체 그리기	8	― 수묵화의 다양한 방법으로 주변의 물건을 표현하고 판본체로 간단한 글자를 쓴다.	미8	
●서정행주 음악 놀이마당 준비하기 ― 어깨동무 노래 부르고 짝 놀이하기 ― 강강술래 노래와 놀이하기 ― 고양시 노래 배우기	7	― 짝과 함께 신체표현하며 전래동요를 부를 수 있다. ― 서정 행주 문화제 대동놀이에 함께 할 강강술래 노래를 배우고 놀이를 한다. ― 고양시를 소개하는 노래를 익혀 부를 수 있다.	음2 체3 음2	[체육] 준비운동, 주운동, 정리운동의 단계별 체력운동하기(관찰)
※소주제 2. 서정행주문화제 열기 - 고양 알리미 부스 운영 - 고양 알기 체험부스 운영 - 서정 행주 놀이마당 운영 - 서정행주문화제 대동놀이 - 서정행주문화제 수묵화전 및 기념 공연	4	- 서정행주문화제에 필요한 다양한 부스를 운영한다. - 고양시를 대표하는 상징을 다양한 방법으로 표현한다.	창3 사1	
※소주제 3. 행주문화제 및 꽃박람회 참가 ― 행주문화제 참가하고 미션 수행하기 ― 꽃박람회 참가하고 미션 수행하기		― 고양시 행사인 행주문화제와 꽃박람회에 참가하여 고양시에서 일어나는 다양한 행사를 체험한다.		
※주제평가 및 반성 ― 주제 학습 자기 평가하기 ― 주제 학습 소감 발표하기 ― 지필평가	2		창1 사1	

'1. 서정행주문화제 준비하기' 소주제는 다시 4개의 작은 주제

로 구성하였다. 먼저 '고양 알리미 부스 준비하기'란 작은 주제를 계획하였다. 여기에는 사회, 국어를 통합하여, 고양시 지역의 대표적인 지명, 인물, 자랑거리를 학습한 뒤 그 학습 내용을 국어과 내용과 결합하는 방식으로 진행하였다. 그래서 종합적으로 문화제에 등장하는 각종 부스를 흉내 내어 고양시를 알리는 부스를 만들고 부스에서 사람들에게 고양시를 알리는 부스 내용을 제작하는 학습 결과물을 만들게 하였다. 두 번째 작은 주제 '서정행주길 놀이 준비하기'에는 체육과 사회, 음악을 통합하였다. 체육에 나오는 '움직임 표현' 내용을 교과에 나오는 기본 내용으로 학습한 뒤 고양시 자랑거리나 행사를 표현하게 하여 서정행주문화제에 선보이게 계획하였다. 세 번째 작은 주제 '서정행주거리미술전 준비하기'에서는 수묵화와 판본체를 익히고 '행주'와 '고양' 글자를 판본체로 쓰게 하여 전시할 계획을 세웠고, 마지막 '서정행주 음악놀이마당' 작은 주제에서는 음악과 체육을 통합하여 전래동요와 전래놀이, 강강술래 노래를 배우고 실제로 놀이와 무용을 하게 계획하였다.

소주제 '2. 서정행주문화제 열기'에서는 '1. 서정행주문화제 준비하기'에서 학습하고 결과물을 만든 것을 표현하도록 계획하였다. 그래서 아이들이 직접 준비하고 설명하는 '고양 알리미 부스', 부모님의 도움을 받아 운영하는 '고양 알기 체험 부스', 행주대첩에 관련된 '놀이마당', 강강술래를 직접 배워보는 '대동놀이' 등으로 구성하였다.

소주제 '3. 행주문화제 및 꽃박람회 참가하기'는 교육과정과 관련된 것은 아니고 그동안 학습한 내용을 바탕으로 실제로 이후에 진행되는 고양행주문화제와 고양국제꽃박람회를 참가해 보도록 권하는 내용이다.

이런 전체 계획을 바탕으로 좀 더 학습 내용을 알기 쉽게 마인드맵으로 구성하였다. 처음 계획을 3학년 선생님들과 의논한 결과 학생들이 파악하기 쉽지 않다는 의견이 있어 '서정행주문화제 준비하기' 소주제를 '고양 알기'와 '준비하기'로 구분하였다. 그래서 크게 주제 흐름을 '주제 열기' → '고양 알기' → '준비하기' → '문화제 열기' → '문화제 참가하기' 5단계로 구분하였다. 이렇게 해서 나온 마인드맵은 [그림1]과 같다.

[그림1] '우리가 만드는 서정행주문화제' 주제 마인드맵

이 계획을 바탕으로 주제 100차시에 대해 전체 계획을 세웠다. 1주제를 할 때 기본 계획을 수립한 선생님의 계획을 대략 듣고 매주 협의를 진행했지만 전체를 한눈에 보면서 하지 않았기 때문에 다소 근시안적인 사고를 가질 수밖에 없었다. 그래서 이 주제를 진행하기 위해 100차시 전체 내용을 한눈에 볼 수 있게 시간별로 계획을 세우고 과목별 시수를 누가하면서 기술하였다. 이 계획을 통해 전체 흐름을 좀 더 명확하게 볼 수 있었다. 꼭 이런 양식이 아니라도 주제에 해당하는 주간 학습 안내를 모두 작성하면 된다.

소주제별 활동 이야기

주제 열기 - 주제 도입과 주제 마인드맵 그리기

주제를 처음 열 때 주제를 파악하고 학습의 흥미를 느낄 수 있도록 하는 것이 주제 시작의 가장 중요한 열쇠이다. 주제가 아이들의 실생활과 얼마나 밀접하게 관련되어 있는지 느낄 수 있게 해주어야 하고 왜 지금 이 학습을 하게 되었고, 왜 이 학습을 우리가 해야 하는지 필요성을 느끼게 해 주어야 한다.

고양행주문화제는 이제 겨우 3학년이 된 아이들에게 생소한 지역 축제이다. 그래서 먼저 작년 유튜브에 올라와 있는 고양행주문화제 영상을 보여주고 느낀 점과 특징을 이야기해 보는 시간을 가졌다. 고양행주문화제는 해마다 열리는 축제지만 별로 참여해보지 못해 잘 모르는 아이들이 많았다. 그래서 고양행주문화제에

참여해 본 적 있는 아이들이 자기의 경험을 자세히 이야기하는 시
간을 가졌다. 고양행주문화제에 가 본 적이 없는 아이들은 유사
한 축제에 가서 본 경험을 이야기하게 하여 학습에 자연스럽게 참
여할 수 있게 하였다.

그런 다음 축제의 특징을 이야기해 보게 했다.

"고양시의 특징이 잘 나타나 있는 것 같아요."

"천막 쳐져 있는 부스에 가면 재미있는 체험도 해요."

"가면을 쓰고 노래에 맞추어 춤도 추고 길거리 행진을 해요."

[사진1] 아이들이 함께 주제 마인드맵을 그리고 있는 모습

5월에 행주문화제가 실제로 개최되는데 그 전에 우리가 미리
공부해서 서정초등학교의 '행주문화제'를 만들어 보자며 제안하

였다. 그런 다음에 이번 주제를 '우리가 만드는 서정행주문화제'로 정하자고 이야기하고 서정행주문화제를 위해 무엇을 준비해야 할지에 대해 아이들과 의견을 나누면서 자연스럽게 주제 전체 학습 내용을 소개하고 공유하는 분위기를 이끌어냈다.

주제 전체의 마인드맵을 함께 그리면서 '주제 열기'→'고양 알기'→'준비하기'→'문화제 열기'→'문화제 참가하기'로 이어지는 흐름에서 각 단계마다 무엇을 학습해야 할지 찾아보았다.

아이들은 마인드맵 그리는 시간을 참 좋아한다. 그림과 글을 그리면서 주제 학습 전체를 부담 없이 표현하는 것에 재미를 느낀다. 마인드맵은 주제 전체 내용을 한눈에 볼 수 있기도 하고 수업을 해나가면서 각 수업이 어떻게 주제와 연관되어 있는지 확인할 수 있는 중요한 자료가 된다. 각 마인드맵은 선생님들마다 교실에 붙여놓고 아이들이 항상 볼 수 있게 하고 있는데, 현재 우리 교실에서는 컴퓨터 바탕화면에 주제 마인드맵을 넣어두어 TV를 켜면 항상 볼 수 있게 해 놓고 있다. 그리고 수업을 진행할 때마다 마인드맵을 보면서 수업이 주제와 어떻게 연결되는지 찾아주고 있다.

고양 알기 - 지명의 유래, 인물 신문 만들기

'고양 알기' 소주제로 넘어가서 사회과 지역 교과서에 나오는 지역의 내용을 차례대로 학습하였다. 교육과정을 재구성하게 되면 교과서 내용을 전혀 학습하지 않는 걸로 인식하는 경우가 있는

데 그렇지 않다. 기본적인 교과 학습 내용을 주제에 맞게 잘 구성하여 따르도록 하고 있다. 다만 교과 지식 내용이 너무 많아 학습의 흥미를 떨어뜨리고 학습자 중심이 아니라 교사 중심으로 수업이 흘러가는 것을 막고 배움 중심의 수업을 위해 다양한 방안을 강구하는 점이 다르다.

사회과 지역교과서 역시 지역을 좁혀 놓고 있지만 너무 많은 내용들을 담고 있어 아이들이 상당히 부담스러워 한다. 예를 들면, 3학년 사회과 지역교과서에는 거의 모든 고양시 동 이름의 유래가 나온다. 고양시 동 이름이 예로부터 어떻게 유래되었는지 고양시 역사와 함께 나오는데 모든 동 이름을 학습한다고 해서 기억할 수도 없고 모두 외울 수 있는 것이 아닌데 알아야 할 내용들이 너무 많이 제시되어 있어 아이들이 부담을 가질 수밖에 없다. 모든 내용을 학습할 수도 없고 학습한다고 해서 학습한 내용을 모두 기억하기도 어렵다. 그래서 범위를 좁혀주려고 했다. 먼저 아이들은 개인별 과제로 동 이름의 유래에 관련된 자료를 읽고 동을 선택해서 조사하여 친구들에게 문제를 내는 시간을 가졌다.

[사진2] 동 이름 퀴즈 풀이

그런 다음 모둠별로 지역과 동을 나누어

함께 읽어보고 동 이름을 소개할 자료를 만들어 보게 했다. 모둠별로 동을 선택하여 동 이름 유래에 관련된 내용을 신문이나 소책자, 그림 등으로 나타내어 발표했다.

그 외에도 '고양 알기' 주제에 의해 고양시의 인물, 자랑거리, 행사 등에 대해 모둠별 선택권을 주고 조사하고 신문이나 메이킹북 형태로 표현하게 하였다.

[사진3] 모둠별 지역 신문 만들기   [사진4] 동 이름 유래와 특징 그림으로 표현하고 발표하기

현장학습 고양시티투어

체험학습을 계획할 때 주제에 맞게 얼마나 적합한 체험학습을 기획하느냐가 주제 통합 교육과정 운영에 큰 관건이 된다. 체험학습은 주제와 연관이 있으면서 주제의 흐름을 잘 따를 수 있는 장소와 내용이 준비되어야 한다.

고양시에서는 고양시 문화 명소를 설명해주는 문화해설사가 동승하는 시티투어 버스를 저렴한 가격에 운영하고 있다. 보통

일반 시민들 대상으로 하고 있지만 학교에서 요청할 경우 30명만 넘으면 학급 수만큼 차량이 오고 각 차량마다 문화해설사가 함께 동승하여 고양시의 유적에 대해 자세히 설명해준다.

학기 초에 고양시티투어 버스를 신청하여 학교에서 교과서를 통해 학습한 내용을 전문가에게 좀 더 자세히 설명을 들으며 고양시 유적을 직접 볼 수 있는 기회가 되었다. 고양시티투어 버스를 통해 '밤가시 초가', '장항습지', '행주산성', '서오릉', '밥할머니 석상'을 차례로 방문했다. 각 장소를 돌면서 아이들에게 주었던 미션은 각 장소별 사진을 찍어서 나중에 부스 만들 때 도움 자료로 사용하는 것이었다. 3학년 아이들이라 너무 그 미션에 충실한 나머지 설명을 들으려고 하지 않아 카메라 찍는 시간을 따로 주어야 가능했다. 이미 '고양 알기' 소주제로 다양한 활동을 하고 난 뒤에 떠나는 체험학습이라 그런지 문화해설사의 질문에 아이들은 척척 대답을 잘해서 문화해설사들이 많이 놀랍게 느꼈다고 한다.

다만 문화해설사분들이 열심히 아이들에게 설명을 해주셨지만 아이들의 수준과 수용 능력을 고려해서 볼 때에는 아이들에게 그 설명을 이해시키는 데 많은 어려움을 겪는 모습이 아쉬웠다. 너무 많은 내용을 전달하기에 급하다 보니 아이들이 받아 안을 수 있는 양을 넘어서고 있었다. 그러다 보니 문화해설사가 함께하는 현장학습의 효과를 반감시키고 있었다. 아이들에게 내용을 많이 알려준다고 아이들이 그것을 배우게 되는 것은 아니다. 좀 더 내용을 줄이고 아이들이 집중할 수 있는 내용에 초점을 맞추고 아이들이 직접 체험할 수 있는 활동을 펼쳤으면 하는 바람이 들었다. 아무래도 교사가 아니다보니 아이들의 심리 상태나 활동량에 대한 예측이 불가능하다는 것을 느꼈다.

[사진5] 현장학습 내용 장소별로 토론하기

　현장 체험학습을 갔다 온 후에 자기가 찍은 사진, 모아온 소책자 등을 가지고 협동학습의 '순환복습' 구조를 활용하여 정리하였다. 장소별로 전지를 펼쳐놓고 돌아가면서 자기가 조사한 내용, 사진 등을 붙이며 설명을 써보게 했다. 단 이미 설명된 내용을 제외하고 빠져 있는 부분만 더 채우게 하였다. 아이들은 이런 과정을 통해 체험학습에서 배운 내용을 정리하였고 이를 바탕으로 체험학습 보고서를 작성하였다.

고양시 노래 배우기

　사회과 지역 교과서 뒤편에 보면 고양시 노래들이 여러 가지가 나온다. 그 노래들을 작곡하신 분이 서정초등학교 교가를 작곡하신 분으로 고양시의 예산을 받아서 고양시 노래 배우기를 신청한 학교들을 대상으로 고양시 노래와 역사를 지도해 준다. 우리 학교에도 오셔서 안내 책자와 CD를 제공해주셨고, 아이들은 고양시 관련 역사도 함께 학습하며 고양시 노래를 배우는 시간을 가지게 되었다.

교재로 나온 고양시 역사와 노래들은 아이들의 흥미에 잘 부합되고 역사에 대해 많은 지식을 배울 수 있게 잘 구성되어 있었고 CD가 함께 제공되어 노래를 금방 익히는 데 도움이 되었다. 노래 또한 아이들 수준에 맞게 잘 만들어져 주제 학습 내내 흥얼거리며 부르고 다니고 있었다. 이렇게 지역의 문화 자원을 잘 찾아보면 정말 훌륭하게 주제를 잘 이해할 수 있는 학습 자원이 많다. 주제를 계획할 때 각종 홈페이지를 통해 관련 지원 자료를 찾아야 할 것이다.

우리가 만드는 서정행주문화제

서정행주문화제를 크게 고양 알리미 부스, 고양 체험 부스, 길놀이, 거리 미술전, 강강술래로 구성하여 하루 종일 시간을 할애하여 진행하였다. 처음에는 강당에서 모든 활동을 진행하려고 했으나 다른 학년과 행사가 겹쳐 각 교실에서 진행하게 되었다. 다행히 각 학급에서 준비한 내용을 부스에서 설명하고 진행하는 데에 강당보다 교실을 돌아다니며 진행하는 것이 훨씬 효율적이었다. 이 문화제는 학부모 참여 공개수업으로 진행하였다.

고양 알리미 부스를 운영하기 위해 각 학급에서 특수한 주제를 잡아 그 주제에 맞게 더 깊이 조사하고 발표할 준비를 하였다. 각 학급별 주제는 '고양시 동들의 이름 유래', '고양시 인물', '고양시

[사진6] 서정행주문화제 학급별 깃발 제작하기

[사진7] 서정행주문화제 퍼레이드

[사진8] 서정행주문화제 고양시 모습 표현무용

자랑거리와 행사', '고양시 역사와 왕릉'으로 구분하였고 학급별로 부스 3개를 나누어 맡아 좀 더 세분화하여 준비하였다. 그리고 아이들은 먼저 다른 학급을 차례차례 돌면서 다른 학급의 부스에서 설명을 듣고 퀴즈를 풀어보는 시간을 가지는 관람조와 자기 학급에 남아서 연이어 들어오는 다른 학급의 아이들에게 설명하는 설명조로 나뉘어 2교대로 진행하였다. 아이들은 다른 반에서 다양하게 준비된, 고양시 관련 설명을 듣고 퀴즈를 맞히면서 학습을 진행하였고 다시 자기 교실로 와서 준비한 내용을 적어도 4번은 다른 반 친구들에게 설명하는 시간을 가질 수 있었다. 아이들은 그동안 학습한 내용을 좀 더 단단하게 다지는 시간이 되기도 하였고 놓쳤던 내용들을 충분히 학습할 수 있었다. 자기가 학습한 내용을 다른 사람에게 설명하는 것이 '러닝피라미드'에서 가장 학습 효과가 높은 것으로 나타났듯이 그런 학습의 원리를 적용하여 부스를 진행해 보았던 것이다.

　길놀이는 놀이동산의 퍼레이드를 흉내 내 보았다. 길놀이를 실제로 느낄 수 있도록 학급별로 깃발을 제작하였고 고양 알리미 부스가 끝난 뒤에 학교 전체를 고양시 노래 음악에 맞추어 돌아다니며 길놀이를 진행하였다. 이 길놀이를 준비하기 위해 체육 시간에 움직임 표현을 다양하게 학습하고 마지막 종합 활동으로 고양시 자랑거리나 행사에서 나타나는 움직임의 모습을 표현하는 시간을 가졌다. 이 시간을 통해 준비된 내용을 길놀이 끝에 3학년 전체가 모인 자리에서 발표하였다. 이 표현무용을 효과적으로 표

[사진9] 서정행주문화제 고양시 동 이름 유래 설명 부스

현하기 위해 얼굴 가면을 만들어 쓰고 진행하였다. 아이들은 학교 전체를 돌면서 길놀이를 진행하는 것에 부끄러워하기도 했지만 체육 시간이 멋지게 주제와 어울리면서 자칫 간단한 몸동작에 그칠 수 있는 표현무용에 많은 생명력을 불어넣는 기회가 되었다. 그리고 이렇게 만들고 진행한 깃발은 주제가 끝난 뒤 학년 복도에 게시하여 전시하였다.

길놀이가 끝난 뒤 고양 체험 부스를 진행하였는데 역시 반별로 체험 부스를 다르게 진행하였다. 이때는 학부모의 도움을 받아 진행하였는데 '행주치마 돌 나르기', '고양시 상징 장미꽃 아트 풍선 만들기', '고양시 마크 배지 만들기', '고양시 상징 색칠하기', '딱지 만들기'를 반별로 구분하여 진행하였다. '행주치마 돌 나르

기' 체험은 행주대첩에서 행주치마로 돌을 날랐다는 역사적 일화를 재연하기 위해 아이들이 친구들과 함께 급식 앞치마로 돌을 나르는 체험을 진행했는데, 문화제에 참여한 사람들의 많은 흥미를 끌 수 있었다.

오후에는 음악교과서에 나오는 강강술래 노래에 맞추어 실제로 강강술래 대동놀이를 함께 배우며 진행하였다. 강강술래와 행주문화제의 의미를 잘 결합하여 안내하고 시작하였다. 강강술래가 이렇게 재미있는 줄 몰랐다며 신나며 3학년 전체 학생들이 강강술래를 배우면서 어우러졌다.

행주얼 체험학습

주제 학습 마지막 활동으로 고양시 교육청 지원으로 진행된 행주얼 체험학습을 실시하였다. 50학급 선착순으로 실시한 행주얼 체험학습은 행주초등학교 주관으로 체험학습장을 운영하는 것에 참가하는 것으로 행주산성을 문화해설사와 함께 돌면서 학습하고 행주초등학교에서 행주대첩과 관련된 학습, 행주대첩과 관련된 활쏘기, 콩주머니 던지기, 성 쌓기, 전통 복장 착용 등 다양한 행주얼 체

[사진10] 행주얼 체험학습 활쏘기

험학습을 실시하였다.
아이들은 평소 접해보
지 못했던 다양한 체험
학습을 통해 행주얼에
대해 더욱 잘 느낄 수
있었다. 시기적으로도
서정행주문화제가 끝나

[사진11] 행주얼 체험학습 전통 복장

고 바로 실시하여 주제 학습의 마무리를 제대로 할 수 있는 시간
들을 가졌다.

'우리가 만드는 서정행주문화제'를 통해 아이들은 자기들이 학
습한 내용을 모둠별로 힘을 합쳐 재조직하여 설명하는 기회를 가
질 수 있었고 다른 사람들의 설명 내용을 들으며 서로의 학습내용
을 쌓아갈 수 있었다. 또한 국어, 체육, 음악 교과를 사회 교과를
중심으로 통합하여 학습 내용을 점차 나선형으로 심화 발전시켜
나아가며 학습을 진행하여 학습이 끝났을 때 일부러 학습내용을
외우지 않아도 많은 내용을 익힐 수 있었다. 교과별로 진행하기
보다 중핵 교과를 중심으로 주제 중심으로 학습을 진행했을 때 훨
씬 아이들이 학습에 흥미를 가지고 더 쉽게 학습내용에 접근할 수
있음을 느낄 수 있었다.

4장
교육과정 사례 3 - 떴다! 패밀리

사랑이 가득한 우리 가족을 위해

3학년 교육과정을 통합하면서 3학년 도덕 교과에 나오는 3단원 '사랑이 가득한 우리 집'을 중심으로 교육과정을 통합적으로 재구성하면 5월 가정의 달과 연계해서 가족과 관련된 여러 의미 있는 활동을 계획할 수 있을 것으로 보고 관련 단원을 모으기 시작했다.

우선 도덕 교과를 중핵 교과로 잡고 가족이란 테마로 다른 교과를 살펴보니 과학 3단원 '동물의 한살이와 나의 성장 과정'을 주제와 연결해서 의미를 찾을 수 있다는 생각이 들었다.

또한 우리 학교는 3~6학년은 해마다 학급 단위나 학년 단위로 학교에서 야영을 실시하고 있다. 그래서 기왕 야영을 한다면 그냥 행사를 하는 데 머무르지 말고 주제를 마무리하는 활동으로 진행하면 주제 교육과정을 훨씬 잘 뒷받침하는 좋은 활동이 될 수 있을 것으로 보았다. 그래서 야영을 '가족'이라는 주제와 연결해서 '가족과 함께 참여하는 가족 야영'으로 결정하고 주제 교육과정의 마무리 활동으로 설정하였다.

가족 야영을 주제의 마무리 활동으로 설정하고 이것과 연결할 수 있는 다른 교과들을 살펴보니 체육에서 여가 활동이나 경쟁 활동 단원을 포함할 수 있었다. 그리고 가족과 함께 하는 발표회를 생각하면서 음악 교과의 여러 단원을 포함하였다.

이렇게 모아 놓은 여러 교과 단원들과 가족 야영 활동을 다시 검토하면서 아이들의 궁금증과 흥미를 더 많이 유발할 수 있는 주제명이 필요하다는 고민을 하게 되었다. 그래서 현재는 종영되었지만 큰 인기를 끌었던 TV 프로그램, 〈떴다! 패밀리〉이름을 본떠 '떴다! 패밀리'로 정하게 되었다.

[표1] '떴다! 패밀리' 교과와 단원

주제명	핵심역량	교과	시수	단원	성취 기준	재구성 이유
떴다! 패밀리	의사 소통 능력	국어	15	3. 여러 가지 생각	●(쓰)알맞은 낱말을 사용하여 감사하는 마음을 전하는 글을 쓴다. ●(읽)글을 읽고 중심 내용과 세부 내용을 파악한다.(의견과 까닭 구분하기)	5월 가정의 달의 시기성을 고려하여 구성한 주제이다. 동물의 한살이와 나의 성장과정을 통하여 가정의 소중함과 가족구성원의 소중함을 깨닫고 화목한 가정을 위해 노력해야 함을 깨닫고 꾸준히 실천하도록 하였다. 건강한 가족이란 소주제를 통하여 몸과 마음이 건강한 가족을 만들기 위해 체육활동뿐만 아니라 가족과 함께 노래도 부르고 책도 읽는 멋있는 가족으로 발전시키려 한다. 더 나아가 주제를 마무리하는 시기에 3학년 한마음 가족 캠프를 기획하여 가족과의 협력, 사랑, 행복을 느끼는 시간을 가져 보려한다.
		도덕	3	3. 사랑이 가득한 우 리 집	●화목한 가정의 의미와 그 중요성을 이해하고, 부모님께 효도하며 형제자매 간에 우애 있게 지내는 생활을 꾸준히 실천한다.	
		과학	14	3. 동물의 한살이	●동물의 한살이의 변화를 이해한다.	
		미술	12	2. 경험 표현(8)	●수채화에 필요한 재료와 용구의 사용방법을 알고 여러 가지 기법으로 표현한다. ●나의 경험을 다양한 방법으로 나타낸다.	
				5. 관찰 표현(4)	●주변의 사물을 주의 깊게 관찰하고 특징을 살려 표현한다.	
	생태 감수 성	체육	15	3.경쟁 활동(10)	●피하기형 경쟁의 의미와 특징을 이해하고 이에 필요한 기본 기능과 전략을 습득.적용한다.	
				5. 여가 활동(5)	●일상생활 속에서 자신에게 적합한 신체활동 중심의 여가 활동을 체험한다.	
		음악	7	3. 소풍(2)	●3/4박자의 강약을 표현하며 노래 부를 수 있다. ●가락의 흐름을 이해하여 노래 부를 수 있다.	
				7. 리듬악 기노래 (2)	●듣고 부르기로 가락을 익혀 노래 부를 수 있다. ●리듬 악기의 특징과 주법을 알고 바르게 연주할 수 있다.	
				8. 시계(3)	●성부의 어울림을 느끼며 돌림노래를 부를 수 있다. ●감상을 하고 반복되는 가락을 찾을 수 있다. ●오스티나토 반주를 할 수 있다.	
		창체	4	독서교육	●주제협의 및 반성 ●주제와 관련된 책을 읽고 깊이 있는 공부를 할 수 있다.	
			70			

소주제별 활동 계획

주제를 정한 후 주제를 구성하는 소주제를 크게 '화목한 패밀리', '동물 패밀리', '건강한 패밀리' 3가지로 나누었다. '화목한 패밀리'에서는 도덕 3단원 '사랑이 가득한 우리 집'을 그대로 가지고 와서 화목한 가정의 의미를 이해하고 가족을 소중히 여기는 마음을 기를 수 있도록 하고, 읽기를 통합하여 가족과 화목하게 지내기 위한 의견과 까닭을 발표하는 활동을 수업 계획으로 세웠다.

5월 가정의 달 행사가 교육과정에 잘 반영되도록 읽기와 미술을 통합하여 가족에 대한 감사의 마음을 알맞은 낱말을 사용하여 글로 나타내고 가족 얼굴을 관찰하여 표현하는 활동, 가족에게 줄 선물을 만드는 활동 등을 계획했다.

주제 마무리 활동으로 가족 야영을 계획하였는데 가족 야영에 펼쳐지는 활동들이 모든 소주제에 연결되도록 계획하였다. 대략 독서 OX 퀴즈, 체육 활동, 가족 노래자랑을 계획하였는데, 이 활동들은 모두 소주제를 다루는 수업 활동이 뒷받침되어야 가능한 것들이다.

'화목한 패밀리'에서는 아이들이 가족에 관련된 도서를 많이 읽을 수 있도록 하고 거기서 들은 내용에서 OX퀴즈를 만들어 가족 야영을 진행할 때 그것을 풀어가는 시간을 가졌다. 가족 관련 책들은 가족의 의미가 잘 담긴 그림책들로 선정하였고 각 교실에서 틈나는 대로 담임교사가 읽어 주는 걸로 하였다.

[표2] '떴다! 패밀리' 소주제별 활동

활동 및 활동내용	시수	학습 목표	관련 교과	평가계획
※주제열기 ─ 가족에 대한 우리의 생각 이야기하기, 들어주기 ─ 가족과 관련된 경험(사랑, 미움 등) 발표하기 ─ 주제 협의하고 주제망 정리하기(마인드맵)	2	─ 가족이란 무엇인지 말하고 중요성에 대해 말할 수 있다. ─ 주제에 대하여 이해하고 마인드맵으로 그릴 수 있다.	도1 창1	
※소주제 1. 화목한 패밀리! ● 가화만사성이란? ─ 화목한 가정의 의미와 중요성 ─ 가족을 소중히 여기는 마음 기르기 ─ 의견과 까닭 ─ 가족과 화목하게 지내기 위한 실천발표하기 (의견과 까닭을 들어서)	6	─ 가화만사성의 의미를 이해할 수 있다. ─ 가족의 소중함을 느낄 수 있다. ─ 의견과 까닭을 구분하여 가족과 화목하게 지내기 위한 방법을 발표할 수 있다.	도2 읽4	[국어] 사실과 의견이 잘 드러나게 글쓰기(관찰) [도덕] 화목한 가정을 위해 효도와 우애를 실천하기(관찰)
● 가정의 소중함 ─ 가족 관련 책 찾아 읽고 이야기 나누기(교사가 읽어 주기, 친구가 읽어 주기 등) ─ 가족에 대한 감사의 마음 글로 표현하기 ─ 가족 얼굴 관찰하여 표현하기 ─ 가족에게 줄 선물 만들기 　(편지, 그림, 상장 만들기)	12	─ 책을 읽고 가족의 소중함을 느낄 수 있다. ─ 알맞은 낱말을 사용하여 가족에게 감사하는 마음을 전하는 글을 쓸 수 있다. ─ 가족 구성원의 얼굴을 주의 깊게 관찰하고 특징을 살려 표현할 수 있다. ─ 가족에게 쓴 편지와 그림을 선물로 만들어 전달할 수 있다.	듣6 미6	
※소주제 2. 동물 패밀리! ● 여러 가지 동물의 한살이 ─ 사람의 성장과정 알아보기 ─ 나의 성장과정 책 만들기 ─ 성장관련 책 읽고 이야기 나누기 ─ 동물의 한살이 과정 관찰 및 그리기 ─ 국립생물자원관 견학(현장체험학습)	22	─ 사람의 성장과정을 이해하고 나의 성장과정 책을 만들 수 있다. ─ 성장 관련 책을 읽고 과학적 상식뿐 아니라 가족의 소중함을 느낄 수 있다. ─ 동물의 한살이 과정을 교실에서 관찰하고 누가하여 그릴 수 있다. ─ 현장체험학습을 통하여 동물의 모습과 한살이 과정을 자세히 살펴본다.	읽4 과14 미2 창2	

※소주제 3. 건강한 패밀리! ● 음악은 즐거워! ― 가족 관련 제재곡을 배우고 익히기 (그날 배운 제재곡은 집에 가서 가족과 함께 다시 부르고 연주해 보기) ● 운동은 즐거워! ― 피하기형 경쟁 활동과 관련된 운동을 배우고 익히기 ― 가족과 함께 주말에 운동하기 ● 한마음 가족캠프(패밀리가 떴다!) ― 가족과 함께 학교에서 캠프하기 (걷기대회, 체육대회, 가족 노래자랑 등) ● 추억은 방울방울 ― 즐거웠던 점, 아쉬운 점 이야기 나누기 ― 가족캠프 후 즐거웠던 경험 표현하기	26	― 책을 읽고 가족의 소중함을 느낄 수 있다. ― 알맞은 낱말을 사용하여 가족에게 감사하는 마음을 전하는 글을 쓸 수 있다. ― 가족 구성원의 얼굴을 주의 깊게 관찰하고 특징을 살려 표현할 수 있다. ― 가족에게 쓴 편지와 그림을 선물로 만들어 전달할 수 있다.	음7 미4 체15	[체육] 술래 피하기형 경쟁 활동의 기본 기능과 게임 전략을 적용해 피하기형 게임하기(관찰) [체육] 여가의 개념과 중요성을 이해하고 나의 여가 생활을 반성하여 올바른 여가 생활 다짐하기 (시벌) [미술] 나의 경험을 바탕으로 하여 다양한 방법으로 표현하기(관찰, 자기평가, 실기) [음악] 악곡의 특징을 살려 노래 부르기(실기)
※주제평가 및 반성 ― 주제 학습 자기 평가하기 ― 주제 학습 소감 발표하기 ― 지필평가	2		창1 듣1	
	70			

두 번째 소주제 '동물 패밀리'에서는 과학 3단원 '동물의 한살이'와 미술, 읽기, 창체를 통합하여 활동을 구성하였다. 사람의 성장 과정을 알아보고 나의 성장 과정을 책으로 만들어보는 수업, 한살이 동안 동물을 직접 키우며 그 과정을 그려보게 하는 수업을 계획하였다. 여기서도 동물의 성장 과정이 담긴 관련 도서를 풍부하게 구하여 과학 시간, 읽기 시간을 이용하여 읽어주는 계획을 세웠다. 이 내용도 가족 야영 때 독서 OX 퀴즈 문제로 만들어 아이들의 집중을 이끌어 내고자 하였다. 또한 국립생물자원관으로

체험학습을 계획하여 각종 생물의 한살이 과정을 잘 확인할 수 있도록 하였다.

마지막 '건강한 패밀리'에서는 노래를 배우고 가족과 함께 다시 불러 보면서 가족 야영 때 가족 노래자랑을 준비하도록 계획하였다. 주제에서 배우는 노래를 가족 노래자랑 지정곡으로 정했다. 3학년 가족 전체가 나올 수는 없지만 교과서에 있는 제재곡을 지정곡으로, 다른 노래를 자유곡으로 꼭 부르도록 했기 때문에 가족 및 친구 노래자랑을 준비하는 과정에서 많이 들을 수도 있고 따라 부를 수도 있다고 보았다. 그리고 전담 교과이지만 체육을 포함하여 '피하기형 경쟁 활동'을 교육과정으로 가져왔다.

이런 활동들을 정리하는 의미로 가족 퀴즈 대회, 가족 노래자랑, 가족 체육 대회 시간 등으로 이루어진 가족 야영으로 주제를 마무리하게 계획하였다.

주제 마인드맵은 다음과 같이 크게 3가지 소주제를 바탕으로 가족 캠프를 진행하는 방식으로 구성하였다.

소주제별 활동 이야기

국립생물자원관 현장학습

인천에 위치한 국립생물자원관은 생물에 대한 다양한 자료들이 잘 정리되어 있는 곳으로 주제 교육과정의 학습 내용과 잘 맞아 떨어지는 현장학습 장소였다. 사전 신청을 통해 학급별로 '생

[그림1] '떴다! 패밀리' 주제 마인드맵

[사진1] 동물의 한살이 관찰 일기 준비   [사진2] 국립생물자원관 현장 학습

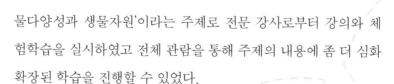

물다양성과 생물자원'이라는 주제로 전문 강사로부터 강의와 체험학습을 실시하였고 전체 관람을 통해 주제의 내용에 좀 더 심화확장된 학습을 진행할 수 있었다.

다만 모든 학습내용을 국립생물자원관 전문 강사들의 안내로 들었더니 학생들이 스스로 학습하는 내용이 다소 부족했다. 3학년 교사들이 함께 의논하기를 내년에는 학생들이 스스로 찾고 학습할 수 있는 내용을 포함하자고 하였다.

관련 도서 읽기와 생물의 한살이 관찰

3학년 주제 중심 교육과정에서 가장 큰 특징은 관련 도서를 읽어주면서 주제 학습 내용을 심화시키고, 그림을 통해서 사고를 확장시키고자 노력한 점이다. 〈떴다! 패밀리〉 주제에서는 과학 '동물의 한살이'와 도덕 '가족'에 관한 내용이 핵심이기 때문에 두 내용과 관련된 도서를 다음과 같이 뽑아서 수업을 진행하면서 틈나는 대로 읽어주었다.

[표3] '떴다! 패밀리' 주제 관련 도서 목록

가족	생물의 한살이
우리 엄마가 좋은 10가지 이유(아이세움. 2010) 우리 아빠가 좋은 10가지 이유(아이세움. 2012) 내가 만일 엄마라면(베틀북. 2000) 내가 만일 아빠라면(베틀북. 2000) 행복한 우리 가족(문학동네어린이. 2006) 아빠도 우리도 (미래아이. 2011) 가족 나무 만들기(미래아이. 2004) 내 동생은 괴물(미래아이. 2009)	생명이 숨 쉬는 알(웅진주니어. 2006) 우린 모두 아기였다!(베틀북. 2004) 아기는 어디에서 올까요?(시공주니어. 2006) 어른이 되는 건 쉬운 일이 아니에요 (한울림 어린이. 2011) 톡톡 알에서 나와요(웅진주니어. 2011) 애벌레가 들려주는 나비 이야기 (철수와 영희. 2008) 강아지가 태어났어요(비룡소. 2000) 누구야 누구(보리. 2011) 맴맴 매미의 한 살이(비룡소. 2007)

그리고 동물의 한살이를 배우기 때문에 교실에서 교과서에 나오는 배추흰나비와 누에를 관찰할 수 있게 준비를 하고 관찰 일기를 써보게 하였다.

원래는 교실에서 교과서에 나와 있는 배추흰나비와 누에를 관찰하는 것으로 끝내려고 했더니 한 아이가 '동물의 한살이인데 다양하게 관찰할 수 있게 해 볼 수는 없냐?'고 건의했다. 아이들이 과연 어떻게 생각할까 싶어 교실에서 다양한 동식물 관찰에 대해 토론하게 했더니 나름대로 각자 관찰하고 키우고 싶은 것을 정해서 키우는 걸로 결정하고 키우기 시작했다. 각자 키우고 있는 것을 매일 관찰하고 조금씩 관찰 일기를 써나가기로 했다. 집에서 각자 키우고 있는 아이들도 많았지만 친구들과 함께 키우는 것은 처음인지라 쉬는 시간에 모여서 다양한 관심사를 이야기하는 모습을 볼 수 있었다.

가족 야영

〈떴다! 패밀리〉 주제의 꽃이자 마무리인 '가족 야영'은 3학년 학생 150명과 그 가족 150명 이상이 참여하는 큰 행사였다. 이제 겨우 저학년을 벗어난 3학년 학생들에게 학교에서 야영은 큰 경험이다. '가족 야영' 활동을 주제와 연결하기 위해 많은 노력을 하였다. 가족과 함께 하는 활동과 주제와 연결되는 활동을 절묘하게 연결시키려고 노력하였다. 경쟁 활동으로 학급 간 계주와 '짐볼피구'를 하였다. 서정초등학교는 경쟁 교육을 지양하기 때문에 학급 대항 활동을 하지 않아 계주를 해 본 적이 없다. 계주를 한다는 자체가 경쟁에 의미를 두는 것 같아 활동으로 구성하기가 어려웠지만 실제 계주를 할 때 모든 아이들이 달리고, 경쟁의 결과에 대해 전혀 언급을 하지 않았기 때문에 경쟁으로 인한 폐해는 나타나지 않았다. 사전에 계주 결과에 대해 이야기하지 않고 과정에 대해 서로 격려하자고 이야기를 아이들과 나누었던 것이 효과적이었다.

'짐볼피구'는 짐볼(gym ball) 2~3개를 굴려서 상대편 참가자를 맞추고, 맞은 사람은 아웃되고, 아웃된 사람이 다시 상대편 참가자를 맞춰서 일정 시간 후에 가장 많은 사람이 남은 학급을 선정하는 게임이다. 역시 결과에 큰 의미를 두지 않았고 아이들과 부모가 함께 손을 잡고 진행하였기 때문에 큰 사고 없이 즐겁게 진행할 수 있었다.

야영에서 저녁 식사는 모둠별로 재료를 준비해서 섞어 비빔밥을 만들어 먹는 시간이었다. 모둠별로 가족들이 모두 모여 서로 인사를 나누고 함께 밥을 먹으며 이야기를 나눔으로써 아이들은 자신의 가족, 친구, 그리고 친구의 가족과 하나가 되는 느낌을 가질 수 있었다.

이런 경쟁 활동이 끝난 뒤 독서 OX 퀴즈를 진행했는데 〈떴다! 패밀리〉 주제가 진행되는 동안 읽어 주었던 가족 관련 도서, 과학 관련 도서에서 뽑아온 문제를 온 가족이 함께 맞추는 시간이었다. 아이들은 귀담아 들었던 책 내용을 바탕으로 부모님께 설명

[사진3] 가족, 친구와 함께하는 노래자랑

하면서 퀴즈를 맞추기 위해 노력하는 모습을 보였다.

독서 퀴즈가 끝난 뒤 아이들은 풍등에 가족과 관련된 소원을 적고, 학부모들은 강당에 아이들이 잘 수 있게 텐트를 설치하였다. 강당에 3학년 전체의 텐트를 설치하였더니 춥지도 않고 충분히 안전하게 잘 수 있는 공간이 마련되었다.

[사진4] 소원이 담긴 풍등 날리기

아이들이 풍등 소원 쓰기를 마치고 시청각실에서 가족, 친구와 함께하는 노래자랑을 시간을 진행했다. 이 주제를 진행하면서 배

웠던 교과서의 노래를 반드시 지정곡으로 부르고 자유곡 1곡을 곁들어 발표하게 하였다. 3학년 다수가 참여하였고, 2시간 가까이 진행하였지만 귀담아 서로의 노래를 듣는 시간이 되었다.

노래자랑이 끝난 뒤 모두 운동장에 모여 아이들이 풍등을 부모와 함께 날리며 가족의 소원을 비는 시간을 가졌다. 그리고 모두 함께 모여 캠프파이어를 한 뒤 강강술래를 진행하였다. 온 가족이 함께 운동장에서 강강술래를 하는 모습은 어느 학교에서도 볼 수 없는 장관이었다. 이런 활동들을 끝낸 뒤 아이들끼리 함께 자면서 못 다한 이야기를 나누는 시간을 보냈다. 아침에는 간단히 산책을 하고 집으로 돌아갔는데 아이들도, 부모들도 함께하는 즐거움을 만끽한 행사였다. 또한 모두가 그냥 행사가 아니라 주제 교육과정을 마무리하고 정리하는 의미를 가진 것을 느낄 수 있었다.

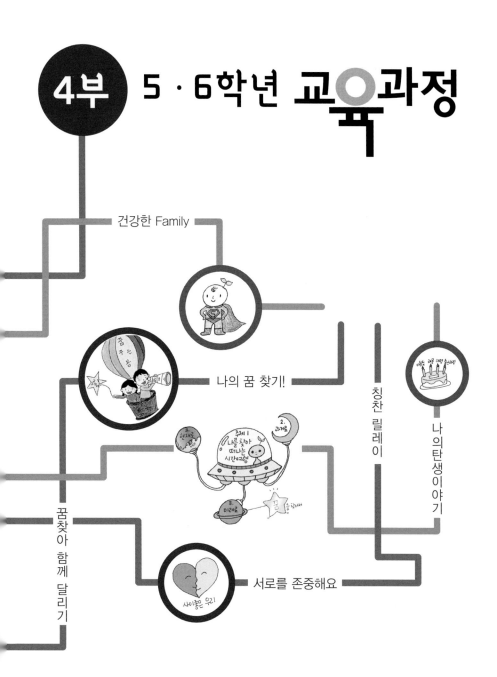

4부 5·6학년 교육과정

건강한 Family

나의 꿈 찾기!

칭찬 릴레이

나의 탄생이야기

꿈찾아 함께 달리기

서로를 존중해요

1장
성찰을 통한 교육과정 재구성

〈2012년 교실 안〉

"와 선생님 우리가 이 모든 활동을 정말 다 했네요?"

"처음엔 활동이 너무 많아 보여서 이걸 다 할 수 있을까 하는 생각을 했었어요."

"왠지 모르게 우리가 이걸 다 했다는 것이 믿어지지 않아요."

"뿌듯해요. 선생님~"

주제가 끝나고 함께 했던 주제 활동들을 반성하는 시간.

아이들은 처음 주제를 시작하며 그렸던 주제망 그림을 보며 놀라워한다.

그리고 아이들 입에서 터져 나오는 소리. 그 중에서도 "뿌듯하다!"는 표현.

교사 생활 15여 년 동안 아이들과 공부를 하고서 들어본 최고의 말이 아닐까?

이렇게 또 한 주제가 끝나고 새로운 주제가 시작된다.

오늘도 새로운 주제를 향하여 함께 노력하고 함께 고민하는 시간이 흘러가고 있다.

6학년 어린이들은 다 자란 것일까?

6학년은 초등학교 최고 학년이며 다양한 활동이 가능한 학년이다. 그렇지만, 현실을 보면 교사들은 6학년을 매우 부담스럽게 생각한다.

"올해도 새로 전입한 교사가 대부분 6학년 담임이야!"

"6학년만 빼고 다른 학년은 할 수 있습니다만,…"

단순히 비교할 수는 없겠지만 많은 학교들에서 6학년은 선호 학년이 아니다.

왜 그럴까?

여러 가지 이유가 있겠지만 일단 교사에게 '아이들이 힘들다'. 아이들 생활지도가 힘들고 그것 때문에 교사는 여러 어려움에 부딪히게 되고, 이것 때문에 많은 스트레스를 느낀다. 그리고 또 한 가지는 교과 내용이 어렵다는 것이다. 아무래도 다른 학년에 비해서는 교사가 알고 있어야 하는 내용이 더 많다. 심지어 어떤 경우에는 6학년 어린이가 교사보다 교과 내용을 더 많이 알고 있는 상황도 벌어진다.

그렇다면, 정말 6학년은 어려운 학년일까?

우리가 이 질문을 제대로 바라보지 않는다면, 그리고 이 질문에 제대로 된 해결책을 내어놓지 못한다면, 이런 질문의 해답의 하나로서 제시되는 주제 중심 교육과정은 형식적인 수준에서 진행될 수밖에 없을 것이다. 지금까지의 나도 '어렵고 힘들다고 하는 6학년 아이들과 어떻게 지내야 할까?'라는 고민에서 그 해결책으로 '교육과정'을 통한 해결책을 탐구하지 않고 '학급운영'의 방법에서 해답을 구하려고 했다. 그리고 이렇게 제시된 해결책은 결국 '교육과정 무용론'으로 이어지게 되었고 그것이 부메랑이 되어 다시 나를 미궁으로 빠뜨리는 역할을 해왔다는 생각이다.

'우리나라 어린이처럼 힘들게 살아가는 어린이가 또 어디에 있을까? 학교 공부에 학원 공부에 영어 회화에 각종 예능까지⋯ 이런 아이들에게 내가 해 줄 수 있는 것은 행복할 수 있도록 학교생활을 만들어주는 것이지 않을까?'

나는 이런 생각으로 6학년 아이들을 만나왔고 아이들과 즐겁고 행복한 학교생활을 할 수 있었다. 아이들은 이런 나를 좋아했으며 덩달아 부모님들도 나를 좋은 선생님이라 생각하는 것처럼 보였다. 하지만 커다란 함정이 있었다. 그 함정이 무엇인지 깨닫는 순간 그전까지의 나의 모습을 돌아볼 수 있었다.

"우리 선생님은 참 좋은 분이고 재미있고 학교 가는 것이 즐거워. 하지만 공부는 좀 덜 가르치시는 것 같아."

"내년에 중학교 가야하는데 이렇게 즐거운 학교생활만 해서는 안 될 것 같은데… 끝나고 학원 열심히 다녀야한다…"

과연 즐거운 학교생활만이 아이들을 행복하게 만들 수 있는 것일까? 혹시 내가 제시하고 있는 이 해결책이 잘못된 것은 아니었을까? 초등 최고 학년, 이제 곧 중학교로 진학하는 학년, 이런 생각들과 연결되어 왠지 어른스러워 보이는 6학년이다. 그래서 더 많이 공부해야 하고 더 논리적으로 생각하고 행동해야 하는 학년. 혹시 이런 어른들의 시각과 실제 6학년 아이들의 모습은 다르지 않을까?

교사가 된 후 초등 전 학년의 담임을 다 경험해 보면서 알게 된 것은 초등 6학년도 다른 저학년과 크게 다르지 않다는 점이었다. 덩치가 커다란 남학생이 나에게 다가와 "선생님 사랑해요!"라며 손으로 하트 모양을 만들어 보이거나 함께 걸을 때 선생님 손을 서로 붙잡겠다고 티격태격하며 걷는 모습은 고학년이라고 해서 어른스러운 모습을 보일 것이라는 일반적인 시각과는 사뭇 다른 모습이었다. 하지만 또 다른 한편으로는 인지적 논리적으로 사고하고 행동하려고 하고 부모님이나 선생님보다 또래 집단의 소속감을 더 중요하게 생각하는 특성도 보이는 것이 초등 6학년의 모습이었다.

초등학교 생활을 한지 6년째인 아이들은 그 발달의 상태가 균

질하지 않았으며 오히려 어른들이 생각하는 '어른스러운 6학년'의 모습이기보다는 그저 저학년 아이의 모습을 그대로 가지고 있는 6학년의 모습이 더 많았다. 하지만 이러한 생각들을 하고 있었음에도 불구하고 왜 그런 것인지 깊이 고민하지 못하였고, 그것을 해결하기 위해 교육과정 측면으로 접근하지 않고 학급운영 측면으로 접근하려고 했던 것, 그리고 이러한 나의 모습을 돌아보고 반성하여 시도하게 된 교육과정이 바로 주제 중심 교육과정이었다.

그래서 그 해결책으로 제시하게 된 주제 중심 교육과정의 핵심은 바로 '학급운영과 교육과정은 다른 것이 아니다!' 라는 명제일 것이다. 이 둘은 함께 가야 하는 것이며, 더 나아가 '학급운영+교육과정+생활지도' 이렇게 함께 결합할 때 더 큰 힘을 발휘할 수 있었다. 학급운영 차원에서 접근하던 것을 교육과정에 녹여낼 수

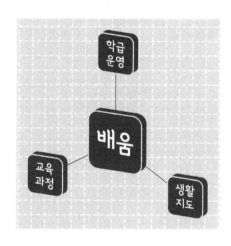

있다면 진정으로 우리 아이들과 내가 함께 원하는 교육을 할 수 있겠다는 생각은 나에게 굉장한 활력을 주었다. 그렇게만 된다면 그동안 학급운영과 교육과정 운영을 따로 하면서 벌어진 다양한 문제들, 즉 마음은 움직이지 않는

데 머리로만 지식을 받아들여야 하는, 그래서 괴로워하는 아이들의 모습들도 해결할 수 있을 테니까 말이다.

하지만 이렇게 연결하기 위해서는 무엇보다 먼저 아이들에게 교육과정이 어떤 의미와 영향을 형성하는지에 대해 교사 스스로 자신을 돌아보며 '성찰'하는 것이 필요했다.

> 사람들에게 지각 능력을 가르친다는 것은 불가능하다는 것을 깨달았다. 사람은 태어날 때부터 지각 능력이 아주 뛰어난 존재로 태어났기 때문이다. …(중략)… 나는 지각 능력을 가르칠 수 없다. 하지만 사람들이 타고난 지각 능력을 깨닫는 데 방해가 되는 것들을 발견하도록 가르칠 수는 있다.[1]

이 글을 읽으며 교육적으로 중요한 성찰의 단서를 찾을 수 있었다. 누군가의 말처럼 우리는 누군가를 가르치고는 있지만 사실 그 누군가가 어떻게 배우고 있는지는 알 수 없을 수 있다는 생각이다.

'내가 가르친다고 아이들이 배우는 것은 아니다!'

그렇다면 교사인 나는 어떻게 해야 한단 말인가?

'모든 것을 가르칠 순 없지만 방해가 되는 것을 발견하고 치워줄 수는 있다.' 이런 생각으로 성찰하고 실천할 수는 있다. 이러한 관점에서 고학년, 특히 6학년 아이들의 배움에 대해 어떻게 바라보아야 할까 성찰하고 이것이 교육과정과 어떻게 만나야 하는지

---

1. 톰 브라운 · 주디 브라운, 『여우처럼 걸어라』, 보리출판사, 2006, p. 27

몇 가지 이야기를 하고자 한다.

아이는 어른이 아니다!

우리는 아이들이 무엇인가 잘 해내는 모습을 보면 무의식적으로 '어른스럽네~', '다 컸네~' 등과 같은 말을 사용하기도 한다. 그런데 혹시 어른스럽다는 말에 들어있는 아이들의 혼란스러움에 대해 생각해 본 적이 얼마나 있을까? 2012학년도에 6학년 아이들과 제주도 올레길 걷기를 하는 졸업여행을 다녀왔다. 그 뒤 반의 한 아이가 온라인상에, 이런 글을 올렸다.

제주도 올레길을 걸으면서 겉은 강해보여도 속은 여리고 착한 애들이 내 주위에 있다는 것을 느꼈고 마지막이라고 하니 눈가가 촉촉해진 친구들 보고 마음이 흔들렸고 올레길을 걸으면서 배려라는 것을 배웠고 친구들이 한 말이 너무 마음에 와 닿았다. 애들이 좋은 일을 할 때마다 바라보고 미소 지으시는 선생님을 보게 되었고 혁신학교가 나에게 큰 도움이 되었다. 많은 것을 느낀 3박4일 여행이었다. 이런 게 바로 행복이라는 건가 봐… 무언가를 느끼게 해 주는 것, 내 마음이 조금씩 흔들리는 것, 이런 일들이 나에게 행복을 느끼게 해주네. 왜 이렇게 흔들리는 걸까? 이런 기분 이상하게 찡하고 좋다.

이 글을 접한 6학년 아이들은 서로 자신이 써야 할 글을 먼저 썼다며 시기 아닌 시기어린 댓글을 달았으며 그 장면을 흐뭇하게 바라볼 수 있었던 행복한 순간이었다. 하지만 이 순간 절대 잊지 말아야 할 것은 위의 글을 쓴 아이기 그리고 그것을 보고 함께 댓글을 달며 감동하는 아이들이 어른스러워서 그런 것은 아니라는 것이다.

'철없고 어린 줄로만 알았는데 …'

이렇게 생각하는 순간 아이들은 아이다움으로 인정받는 것이 아니라 어른스러움의 모습으로 비춰지게 되고 이렇게 비춰지는 일이 반복될수록 아이들은 그 자체의 순수성과 예민함을 잃어간다는 생각이다. 위의 글을 읽고 우리 교사들이 생각해야 할 것은 대견하고 어른스럽다가 아니라 아이가 가질 수 있는 순수함과 예민함을 느껴야 하지 않을까? 그리고 그 순수함과 예민함에 대해 칭찬해 주어야 하지 않을까? 특히 고학년에서 이렇게 아이를 아이로 바라보는 것은 그 아이가 자신의 처지를 돌아볼 수 있도록 할 것이고 그것이 바로 삶과 배움이 하나 되는 교육의 첫 시작이지 않을까 하는 생각이다.

얼마 전 모 초등학교에서 교육과정 컨설팅 의뢰가 들어왔다. 아직 컨설팅을 할 처지가 안 된다 만류하였지만 한 번만 검토해 달라고 하였다. 그래서 보게 된 교육과정은 나를 무척 당황스럽게 하였다. 분명 초등학교 학생들을 대상으로 하는 교육과정일 텐데 그 내용 자체는 웬만한 어른이 들어도 될 만한 소재와 내용들이 들어있었다. 특히 고학년 아이들의 교육과정 속에는 어른들에게나 어울릴 법한 '주식'에 대한 부분이나 '금융'에 대한 전문적인 내용까지 들어있는 것을 볼 수 있었다. 아무리 초등 고학년이고 사회 과목에서 경제 단원을 배운다 하더라도 그 내용은 분명 초등학생들을 고려한 내용은 아니라는 생각이었다. 만약 그 대상을 생각하지 않는다면 주식이나 금융에 대해 설명하고 강의하는 내용 자체는 훌륭한 것일 것이다. 하지만 대상이 초등학생이라면 즉 어른이 아닌데도 어른의 시각으로 바라보는 활동이라면 그것은 분명 무언가 빠진 것이라는 생각이 들었다. 아이는 어른이 아니기에.

핵심을 배우는 과정이 필요하다

많은 교사와 학부모가 쉽게 오해하는 부분이 있다.
'교과서를 가르치는 것=교육과정을 가르치는 것'
이런 오해는 아마도 그동안 우리 어른들이 배워온 방식에서 나온 습관이라 생각한다. 교과서 안에 있는 지식이 모든 시험에 나오는 문제와 연계되어 있었고 그것을 얼마나 잘 외우고 있는지를 평가받아온 것이 우리 어른들의 과거 경험이다. 심지어 대학에 수석 입학한 학생들의 인터뷰에서도 교과서만 가지고 열심히 공부했다고 하지 않는가? 그러다 보니 교과서에 나온 지식을 몽땅 가르쳐야 한다는 생각이 교사들을 지배하게 되었다. 학부모들도 아이들의 교과서가 깨끗한 모습을 보면 아이들이 학교에서 제대로 배우지 않았다고 잘못 생각하는 경우가 많게 되었다. 하지만 현실은 어떨까? 교과서 지식을 배우면 교육과정을 충분히 이해하고 있다고 할 수 있을까?

교과서 내용을 달달 외우고 중학교에 올라간 중학교 1학년 학생으로부터 어느 날 전화가 왔다.

"선생님. 과학 수행평가 과제로 암석에 대해 조사하는 부분을 맡았는데 변성암이나 화성암 같은 암석에 대해 어떻게 조사하면 좋을까요?"

전화 속에서 들려오는 제자의 부탁을 듣고 있다 놀란 것은 바로 불과 몇 개월 전 6학년 시기에 배웠던(물론 지금은 교육과정이 변경되어 6학년에 나오지 않는 내용이다.) 암석에 대해 질문하는 것이었고 그 학생이 그 당시 100점을 받았던 학생이라는 것 때문이었다. 그래서 되물었다.

"너 작년에 암석에 대해서 배우고 시험도 봤고 또 100점도 받았잖아! 기억 안나니?"

돌아온 대답은,

"그랬어요? 우리가 암석에 대해 배웠었나요? 그런데 배운 기억이 없어요. 헤헤…"

교과서 속의 모든 지식을 빈칸 채우기와 같은 학습지를 통해 여러 번 반복해서 외운 것이 불과 몇 개월 만에 어떻게 나타나는지 보여주는 하나의 사건이라는 생각이다.

그렇다면 교과서와 교육과정은 어떤 관계인 것일까? 교과서는 교육과정을 기반으로 만들어진 것이다. 우리가 가르쳐야 할 것은 교과서일 수도 있지만 결국에는 교육과정을 가르쳐야 한다. 현실적으로 교육과정을 설명하고 풀이해 놓고 단계별로 프로그램화해 놓은 교재 중 교과서만 한 것을 찾기가 쉽지는 않다. 교과서를 버리기 보다는 교과서를 교과서답게 사용하는 것이 더욱더 현실적이라는 생각이다. 그러나 교육과정에서 요구하는 성취 기준만 잘 가르칠 수 있다면 교과서를 가르치지 않아도 전혀 문제될 것이 없다.

그래서 나는 교과서에서 제시하는 차시별 학습목표를 중심으로 교육과정을 재구성하지 않고 교육과정 성취기준을 중심으로 교육과정을 재구성하게 되었다. 그리고 이러한 방식이 그동안 우리 선배 교사들이 차시별 학습목표를 중심으로 교육과정을 재구성하는 것과 중요한 차이점이라고 생각한다. 이를 위해서는 교과서의 모든 내용을 가르쳐야 한다는 생각을 떨쳐버려야 한다. 교육과정에서 교사 스스로 중요한 핵심 요소를 추출해낼 수 있어야 한다. 그러한 노력이 결국 교육과정 재구성을 통한 교육활동이 아이들, 특히 고학년 아이들의 학력을 떨어뜨린다는 잘못된 편견을 극복할 수 있을 것이다. 이렇게 정리되고 선명한 핵심적 내용 요소를 중심으로 배우게 된 아이들은 실제로 그것을 오랫동안 기억하는 모습을 보여주고 있기 때문이었다.

중학교에 막 올라간 제자들이 학교에 찾아와 다짜고짜 자기의 공책을 내민다.

"선생님, 중학교 공부가 더 쉬운 것 같아요. 초등학교 때 배웠던 것을 다시 배우고 있어요."

"그래? 그래도 더 어려울 텐데?"

"우리가 작년에 배웠던 것을 다시 배우고 조금 더 깊이 배우는 것 같아요."

공책에 적혀있는 내용들 중 상당수 내용이 6학년에서 배웠던 내용이다. 그것에 새로운 내용들이 보충되어 있는 공책을 보며 아이들이 어떤 느낌을 가졌을지 상상할 수 있었다.

아이들의 이런 반응은 그동안 교과서 차시별 목표를 기준으로 가르칠 때와는 전혀 다른 모습이었고 교육과정의 핵심 요소를 정확히 가르치는 것이 중요하다는 생각을 하게 되었다.

아이들은 부속품이 아니다!

아이는 짓누르고 잡아 늘리고 깔아뭉개서 이 사회의 '쓸모 있

는' 구성원으로 만들 수 있는 찰흙 덩어리가 아니다.[2]

커다란 사회가 유지 발전하기 위해 개인이 그 사회의 한 부속품이 되어 돌아가고 그러한 부속품을 만드는 교육은 이미 지금의 시대와는 맞지 않는 교육이다. 아이들은 우리가 주무른다고 마음대로 형태를 바꾸는 존재가 아님을 너무나 잘 알고 있기에 더욱더 그렇다.

이것은 아이 한 명 한 명이 소중한 존재이며 완전한 하나의 존재라는 사실에 동의함을 뜻한다. 이런 완전한 존재에게 우리는 어떻게 가르치고 배움이 일어나도록 할 수 있을까? 최소한 초등학교 단계에서만큼이라도 우리 교사들은 아이들이 쪼개진 기능이 아니라 자신의 완결성을 발전시킬 수 있도록 통합적 접근을 해야 한다. 무엇을 배우건 그 속에 담겨있는 핵심을 중심으로 함께 엮여지고 어우러진 접근, 이것을 실천하는 것이 주제 중심 교육과정의 중요한 목적이다.

분절적이고 분석적인 접근, 각 교과의 특성에 초점을 맞추는 접근은 초등학교 교육과정이 아니라 아이들이 좀 더 성숙한 다음 단계에서 자신만의 전문 분야를 공부하면서 해도 전혀 무리가 없다. 이것이 아이들의 실제 발달 단계에 비추어 보아도 좋은 방법이라는 생각이다. 아이들을 현장에서 실제로 가르치면서 본 가장 특징적인 모습은 초등 단계의 아이들은 '감정과 상상력'의 단계

---

2. 에언스트 프리츠-슈베어트, 『행복부터 가르쳐라』, 베가북스, 2011, p. 228

에 있다는 것이었다. 심지어 중학교 1학년 정도의 나이까지도 감정과 상상력의 단계라 할 수 있을 것이다. 발도르프의 발달 과정에 나오는 설명이나 혹은 뇌 과학에서 말하는 발달 과정에서도 초등 단계는 아직 분화된 단계라기보다는 무엇인가 상상 속에 사로잡혀 있는 단계라는 이야기가 많이 등장하는 것과 통한다는 생각이다. 감정과 상상 속에 사는 아이들에게는 분절적이고 분석적인 설명이나 논리보다는 이야기 형식과 같이 하나의 큰 구조로 이루어진 전체적인 것을 보고 상상할 수 있도록 하는 것이 더 어울린다 생각한다. 그런 의미에서 큰 주제를 중심으로 펼쳐지는 교육과정은 그 자체로 하나의 이야기를 품고 있을 수 있기에 각각의 과목들이 연결되고 그 연결 속에서 새로운 이야기들이 펼쳐지는 느낌을 가질 수 있다.

주제를 중심으로 배우는 교육과정은 다음과 같은 특징이 있다.

— 주제를 정해놓고 그 주제에 맞는 활동들이 계속 이어지는 지속성.

— 길게는 2달 가까이 한 주제를 중심에 두고서 생각하고 활동하는 몰입성.

— 어떤 과목이라 하더라고 모든 과목이 그 주제와 연계되어 계속 이야기 되어지는 스토리.

최근 6학년 국어과에서는 '관점'이라는 것을 중요하게 다루고 있다. 우리가 말하고자 하는 배움도 그때그때마다 교과별로 분리되어 배우기만 하는 것이 아니다. 다양한 관점에서 세상의 문제를 바라보지만 그처럼 개별적으로 보는 관점들이 서로 연결되어 있다는 것을 경험하도록 하는 것이다. 여러 과목이 있지만 이런 과목들이 하나의 주제에 연계되어 묶여 있고 그것이 우리가 삶에서 겪게 되는 문제와 다르지 않다는 이야기를 형성한다. 이것이 통합적 접근에서 가장 가치 있는 부분이라고 생각한다. 그리고 그러한 접근에 대해 아이들과 함께 고민하고 생각해 보는 것은 그 자체로 아이들을 통합적으로 바라보고 완전한 존재로 바라보는 교사의 관점이라고 생각한다.

배움이 있는 현장학습을 위해

현장학습이 왜 중요한지 고민해 보아야 한다. 백 번 듣는 것보다 한 번 보는 것이 낫다는 이야기가 있다. 아무리 교실에서 민들레가 어떻고 강아지풀이 어떻고를 이야기하는 것보다 한 번이라도 야외로 나가서 실제 민들레를 보고 강아지풀을 보며 만져보는 공부가 훨씬 도움이 되듯이 아이들과 함께 지금 배우고 있는 장소에 실제로 가보고 배우는 것이 현장학습이 필요한 이유가 될 것이다.

그렇지만 현실에서는 많은 학교들이 현장학습을 진행하는 것에 대해 어려움을 느끼고 있다. 한 학기에 한 번 학교 밖으로 나가는 것으로 생각하는 경우도 많다. 그러다 보니 현장학습은 교육과정의 필요에 의해서 어떤 의미 있는 곳을 가기보다는 아이들의 공부 스트레스를 풀어주는 하나의 쉼터처럼 활용되는 경우가 많다는 생각이 든다. 이러한 현장학습은 보는 것을 통한 배움과는 무관해지게 된다. 단순히 좋은 곳이고 유명한 곳이라는 생각으로 가서 보고 돌아오는 현장학습은 한 번의 즐거운 견학 그 이상도 이하도 아니기 때문이다. 그것이 진정 의미를 갖기 위해서는 그 현장학습에 뚜렷한 목표와 의미가 있어야 하고 현재의 배움과 연계된 곳이어야 한다. 우리는 그것을 진정한 배움을 위한 현장학습이라 할 수 있을 것이다.

몇 해 전 교육과정과 관련한 모임에서 만난 선생님께서 작은 학교에 근무할 때 있었던 이야기를 해 주셨다. 그 학교에선 여러 가지 지원 사업을 많이 했었는데 그중 하나가 토요체험학습과 같은 프로그램 운영이었다고 한다. 그래서 정말 많은 곳을 아이들과 함께 다녀왔다고 하시며 하신 말씀이 이렇다.

"아이들과 함께 정말 유명한 곳을 이곳저곳 많이 다녀왔는데 나중에 돌아온 대답은 '우리가 그곳을 다녀왔나요?'라는 대답이었다."

결국 아이들은 이곳저곳 많이 다녀왔어도 다녀온 곳들을 기억하고 있지 않았다는 것이었다.

또 다른 모임에서는 청소년 단체 활동을 열심히 하시는 선생님과 이야기를 나눌 기회가 있었다. 그 선생님께서도 비슷한 고민을 하고 계셨다.

"아이들과 중국의 자금성에 갔지만 아이들은 자금성을 둘러보기보다는 그 앞마당에서 흙놀이를 하는 것을 더 좋아했다."

왜 아이들은 이런 행동과 말을 하는지 생각해 보아야 하지 않을까? 그저 보여주기만 하면 도움이 될 것이라는 막연한 생각들. 물론 보여주는 것이 보여주지 않고 그냥 이야기로만 책으로만 하는 것보다는 좋겠지만 보여주기 위해 노력한 것에 비해선 턱없이 부족한 배움이 일어난다면 우리는 다시 교실에 앉아서 그저 이야기하고 읽고 듣게 되지 않을까 생각한다. 그렇다면 진정 의미 있는 배움으로서 '본다'는 것은 무엇을 말하는 것일까? 그것은 지금 자신에게 필요한 것을 볼 수 있도록 하는 것이 아닐까? 지금 진행 중인 주제와 딱 어울리는 그런 곳에 간다면 아이들에게 그 장소가 단순히 장소 하나로 끝나는 것이 아니라 중요한 그리고 의미 있는 장소로 다가설 것이고 배움이 일어나는 장소가 될 것이다.

"야~ 너희 학교는 맨날 놀러 다닌다면서?" (현장학습이 많다는 이야기)
"아니야… 우리 놀러가는 거 아니거든… 우리 공부하러 가는 거야…"

우리 반 6학년 아이가 학원에서 친구들과 나눈 대화라고 이야기해 주었다. 그런데 내가 놀란 것은 그 다음 말이었다.

"야~ 그런데 네가 나보다 더 많이 놀러 다녔는데, 왜 나보다 더 많이 알고 있어?"
"그러니까… 내가 그랬잖아… 우리 놀러 다니는 거 아니라고!"

의미를 가지고 어떤 곳을 다녀오고 본다는 것은 그것을 경험해 보지 못한 아이들이나 어른들에겐 놀이처럼 보일지 모르지만 실제 그것을 경험하는 아이들에게는 중요한 배움의 순간이 됨을 알 수 있었다. 나중에 나오게 되는 '아! 대한민국'에서 독도를 가기 위해 어떤 준비를 했는지 왜 그렇게 했는지 이해하는 데 중요한 성찰이라 생각한다.

카르페 디엠 : "오늘을 열심히"

〈죽은 시인의 사회〉라는 영화가 오래전 우리나라에 개봉되었고 그것을 본 후 많은 사람들이 감동받았던 것을 기억한다. 그 영화에서 나온 아주 중요한 대사가 바로 "카르페 디엠"이었고 그것은 '오늘을 열심히'라는, 현재를 소중히 하라는 뜻이다. 배움도 마찬가지이다. 배움이라는 것은 미래를 위해 하는 것이 아닌 지금 현재를 위한 배움이어야 하고 그랬을 때 우리 아이들은 배움을 받아들인다는 생각이다. 미래를 위한 배움? 쉽게 말해서 좋은 대학을 가기 위한 배움, 좋은 직장을 얻기 위한 배움이 아니라 지금 현재 자신의 성장을 볼 수 있는 배움이 중요하고 그것이 쌓여서 결국 대학과 직장을 바라보게 된다는 이야기이다. 이것저것이 무엇이 다르냐고 할 수도 있을 것 같다. 하지만 이 부분은 실제 학습에서 어떻게 생각하고 접근하느냐에 중요한 역할을 하게 된다.

사람이 무기력을 배우게 되는 것은 자극 자체가 아니라 그 자극을 스스로 통제할 수 없다는 생각 때문이다.[3]

우리 아이들에게 언젠가부터 지금 현재가 중요한 것이 아니고 미래 좀 짧게 보면 좋은 고등학교(외고나 특목고), 좋은 대학교, 좋은 직장에 들어가는 것이 중요하게 되어버렸다. 이러한 광풍은 결국 초등학교 저학년부터 사교육 시장으로 아이들을 내 보내게 되었고 사교육에서는 이러한 불안 심리를 적극적으로 활용하고 있는 것이 현실이다. 그렇다면 이렇게 현재가 아닌 미래를 위해 살아가는 아이들은 행복할까?

아이들은 행복할 때 더 도덕적으로 행동하고, 더 흔쾌히 자기가 아끼는 장난감을 빌려주며, 낯가림 없이 더 편하게 다른 사람들과 만나고, 더 따뜻하게 다른 사람들을 위로하며 그리고 더 건강하다.[4]

실제 많은 아이들은 이러한 행복감을 느끼기보다는 위에서 언급한 무력감을 더 많이 느끼고 있다고 보인다. 지금을 살고 있는 아이들이 행복해야 한다는, 미래가 아닌 현재가 중요하다는 것을 우리 어른들은 잊어버리고 있는 것은 아닐까? 지금이 아닌 미래를 위한 삶을 살기에 아이들은 심적으로 자신이 짊어져야 할 고통

3. 박경숙, 『문제는 무기력이다』, 와이즈베리, 2013, p. 72
4. 안톤 부헤르, 『아이들이 들려주는 행복심리학』, 알마, 2010, p. 10

이 아닌 부분까지도 짊어지고 살아가고 있으며 그로 인해 스스로를 비하하고 다른 사람과 협력하지 못하는 모습도 보여주고 있다.

"선생님 왜 저는 미술학원도 한 번도 다니지 않은 ○○이 보다 그림을 못 그리는 거죠?"

"그렇게 생각하니? 선생님이 보기엔 너도 그림을 무척 잘 그리는 것 같은데?"

"아니에요. 전 어릴 때부터 그림을 배웠잖아요. 그런데 그 친구는 학원에도 다니지 않았는데 저보다 그림을 훨씬 더 잘 그려요."

"음. 지금 이야기를 들어보니 네가 ○○이와 경쟁하는 생각을 가지고 있는 것 같은데?"

"어른들은 그렇게 말하잖아요. 앞으로의 사회는 경쟁을 해야 하고 지금도 마찬가지라고요…."

"그래 그렇겠지. 앞으로 너희가 더 컸을 때는. 하지만 지금은 그렇지 않다고 생각한단다. 지금 너희들은 옆의 친구와 경쟁해야 하는 시기가 아니라 옆의 친구와 협력해야 하는 시기라고 생각해."

"그럼 경쟁은 안 해도 되는 건가요?"

"물론 경쟁이 전혀 필요 없는 것은 아니겠지? 하지만 지금이 아니라고 말하고 있는 거야. 지금 이 순간에는 경쟁이 필요한 것이 아니라 협력이 필요하다는 이야기이고 경쟁은 나중에 네가 전문가가 되었을 때 그때 해야 하는 것이라는 생각이지. 그리고 그 경쟁 상대는 내 옆의 동료를 넘어서 전 세계의 전문가들과 한판! 어때?"

"와! 멋져요. 선생님 고맙습니다."

결국 삶과 배움이 하나 된다는 것, 삶과 배움이 하나 되는 교육과정을 운영한다는 것은 이러한 현실적 문제에 대해 교사가 함께 고민하고 아파했을 때 그 해결책들이 나오는 것이라는 생각이다. 아무리 많은 어른들이 심지어 부모님까지도 미래를 위해 살아야 된다고 이야기 할 때 교사만이라도 용기를 내어 현재를 위해 살아가야 하고 현재의 네가 가장 소중하다는 것을 일깨워줄 수 있을 때 우리는 아이들의 배움이 진정으로 일어난다는 것을 알 수 있지 않을까? 교사도 스스로에게 질문해야 한다. '난 지금 지금의 나에게 최선을 다해 살고 있는가? 난 현재에 충실하며 미래를 꿈꾸고 있는 것인가?'

나만의 스토리 만들기

현대에 들어서 예전보다 우리가 접할 수 있는 정보의 양이 300%가 넘는다고 이야기한다. 그 만큼 많은 정보 속에서 살고 있고 많은 정보를 받아들이고 있는 시대이다. 하지만 이렇게 정보 속에서 살고 있지만 실제 아이들의 학력은 예전보다 부족하면 했지 더 좋아 보이진 않는다는 것이 일반적인 이야기이기도 하다. 왜 그런 것일까? 그리고 그것의 해결책은 무엇일까? 어쩌면 우리는 많이 알고만 있지 그것을 행동으로 표현하지 않아서 그런 것은 아닐까? 실제 몸을 움직이고 사람을 만나고 책을 찾아보는 활동이 아닌 그저 컴퓨터 앞에 앉아서 모든 것을 해결하는 우리의 모습에서 혹시 그런 문제들이 발생하는 것은 아닐까? 그래서인지 최근 역량을 중심으로 하는 교육에 대한 이야기들이 계속 언급되고 연구되는 모습이다. 역량이라는 말이 어렵다면 '스토리'는 어떤가? 나만의 스토리를 만들어가야 할 때 스토리가 만들어지려면 결국 행동해야 한다.

'배움이라는 것은 결국 자기 생각 만들기이며 또한 자신만의 스토리를 만들어가는 과정'

행동하는 것에는 지식을 배우는 것과는 다른 특별한 속성이 있다고 생각한다. 그것은 바로 '불확실성' 이다. 교과서 속의 지식을 아는 것은 그 지식이 가지는 보편적인 속성을 배우게 되므로 특별히 어떤 변수나 불확실성이 존재하기 어려운 측면이 많다. 하지만 그것을 실제 행동으로 옮긴다면? 그 행동에는 주변의 여러 가지 상황들이 고려될 것이고 그것들로 인해 많은 변수들이 생겨나게 될 것이다. 우리네 삶에 다양한 변수가 존재하고 그것을 하나하나 해결해 나가고 겪어 나가는 것과 배움에서 행동으로 이행하는 모습이 비슷하지 않은가? 결국 행동한다는 것은 그 자체가 목적일 순 없겠지만 그 행동들로 인해 우리는 우리가 예측하지 못하던 많은 것들을 배울 수 있는 기회를 가지게 되는 것. 그것이 바로 역량을 중심으로 교육과정을 재구성하는 가장 큰 의의가 아닐까 생각한다. 그리고 이러한 역량을 중심으로 행동하며 자신만의 스토리를 만들어 가는 것. 이것이 바로 'To Know 에서 To Do 그리고 마지막은 To Be까지'라고 할 수 있을 것이다.

우리가 교육을 하는 가장 궁극적인 목적이 그러한 존재가 되는 것이라는 생각에서 이렇게 생각하고 있으며 이것이 우리가 말하고자 하는 삶과 배움이 하나 되는 교육과정의 본 모습이 아닐까 생각한다.

다음 장부터 나오는 실제 활동 사례는 위의 성찰들을 바탕으로 해서 펼쳐진 사례로 실제 서정초등학교에서 행해진 그리고 행해지고 있는 것들이다. 이러한 사례를 참고하여 개별 교사가 자신만의 사례를 만들어 가는 것이 필요하다는 생각이다. 6학년 같은 경우 전담교과(영어, 음악)시간과 수학 시간을 제외한 모든 과목을 통합해서 운영하고 있으며 1학기 5가지 주제('나 너 그리고 우리', '소중한 분들', '지혜로운 우리민족', '자연은 주인 사람은 손님', '진실과 거짓'), 2학기 4가지 주제('아! 대한민국', '지구별 세계일주', '행복한 미래', '축제')로 이루어져 있다. 이 책에서는 그중에서 '아! 대한민국'과 '행복한 미래' 그리고 '진실과 거짓' 이렇게 3가지 주제 중심 교육과정에 대해 소개하려 한다. 성찰을 통한 주제 중심 교육과정 운영 사례를 지금부터 살펴보겠다.

2장
교육과정 사례1 – 아! 대한민국

〈일산 호수공원 오후〉

"안녕하세요. 오늘은 '독도의 날'입니다."

"독도의 날은 고종 황제께서 10월 25일 칙령 제 41호를 반포하신 날이고…"

호수공원 한쪽이 시끌시끌하다. 6학년 학생 전원이 나와서 독도 피켓을 들고 일반 시민들에게 독도와 '독도의 날'에 대해 설명하고 있다. 길옆에는 아이들이 직접 제작한 독도 관련 홍보물들이 즐비하게 전시되어 있고 독도를 다녀온 후 정성스럽게 만들어진 독도 기행문도 바닥에 예쁘게 정리되어있다. 지나가는 어른들은 어린 학생들이 무엇인가를 열심히 외치는 모습을 보며 호기심 어린 눈빛으로 찾아와 듣기도 하고 눈으로 슬쩍 슬쩍 보며 지나가기도 한다. 하지만 아이들 한 사람 한 사람의 눈빛과 얼굴빛에서는 부끄러움보다는 반드시 이것을 알려야 된다는 의지가 보이기도 한다.

"한국~ 다시 한 번 일어나…." 하는 가사의 음악이 흘러나온다. 아이들은 모든 홍보 활동을 멈추고 음악이 흘러나오는 곳으로 우루르 몰려간다. 본격적인 음악과 함께 6학년 학생 모두가 함께 독도의 날을 기념하는 독도 플래시몹을 열심히 펼친다. 지나가는 분들은 갑자기 벌어진 춤판에 얼떨떨해 하면서도 스마트폰을 들고 연신 찍고 계시다. 아이들의 플래시몹이 하늘 위로 날아갈 듯이 펼쳐진다. 석양과 함께.

〈교실 안〉

"와! 정말 우리처럼 이렇게 활동한 건가요?"

"응. 너희들이 올린 글을 보고 다른 학교에서도 독도의 날 캠페인을 한 거야."

"와 정말 신기해요. 이렇게 많은 학교들이 함께 하다니…"

독도 명예 주민 대표가 올린 글을 보고 전국의 여러 학교에서 10월 25일 '독도의 날'을 기념하는 활동을 했고 그 모습을 촬영해서 유튜브에 올린 영상을 아이들과 함께 보고 있다. 아이들은 고개를 들고 컴퓨터 화면이 보여주는 활동 모습을 뚫어지게 쳐다보며 무척 신기해한다. 눈망울 하나하나에는 무언가 알 수 없는 뿌듯함이 묻어 나온다.

'아! 대한민국' 주제 교육과정을 준비하게 된 이유

아이들은 언제 배우는 것일까? 앞에서 어떻게 언제 배우는지 우리는 어쩌면 알 수 없다는 이야기를 했다. 하지만 위의 예를 함께 하며 생각한 것은 우리 아이들이 스스로에게 감동하고 그것을 활동으로 펼칠 때 '혹시 배우고 있는 것은 아닐까?'하는 생각을 했다. 아이들 얼굴 하나하나에 감동하는 모습이 보인다. 2002년 한일 월드컵 때의 감동은 쉽게 잊히지 않았다. 그리고 그 함성 소리는 우리의 가슴 속 깊은 곳에 지금도 자리 잡고 있을 것이다. 마찬가지로 우리 아이들에게도 이러한 감동을 전해주고 싶었던 것이 '아! 대한민국'이라는 교육과정이었다.

그동안 6학년이 되면 의례적으로 가던 수학여행의 틀에 박힌 형식을 벗어나고 싶다는 마음이 '아! 대한민국' 교육과정을 시작하는 계기가 되었다. 6학년 2학기 사회책에 나오는 1단원 '우리나라의 민주주의'는 1학기 때 먼저 배우게 되는 1단원 '우리 국토의 모습과 생활'과 많은 연결 요소를 가지고 있었지만 배우는 과정이 단절되어 있었기 때문에 두 단원을 연계하는 교육과정을 통해 아이들이 우리나라를 좀 더 사랑하는 계기로 만들어 주고 싶은 마음도 간절했다. 내가 이러한 마음을 갖기 시작했을 때 마침 경기도 교육청에서 독도를 주제로 '나라사랑 역사체험' 공모 활동이 진행되었고 그 활동에 참여하기로 결심하면서 교육과정에 대한 계획이 구체화되기 시작했다.

그리고 먼저 앞에서 성찰했던 의미 있는 경험 부분과 연계하여 생각하기 시작하였다.

'단순히 독도만 다녀오면 될까?'

'교사인 나에게는 의미가 있지만 아이들에겐 그저 힘든 여행 중 하나가 되지 않을까?'

그래서 아이들이 우리나라를 생각할 수 있는 소주제들을 다양한 과목들에서 가져와서 '독도 탐사'라는 활동을 중심으로 연결하는 작업을 통해 '아! 대한민국'이라는 교육과정을 만들어 갔다.

준비 단계 : 주제 선정과 영역 나누기

우선 준비단계로 먼저 각 교과별 단원별 성취 기준을 분석하는 작업부터 시작하였다. 나는 통합적인 접근을 통해 한 달이 넘는 기간 동안 '독도'라고 하는 하나의 주제에 아이들이 푹 빠져 지낼 수 있도록 하고 싶었다.

여기서 중요한 것은 차시별 목표가 아닌 단원별 성취 기준이었다. 차시별로 세세하게 계획을 세우는 것이 얼핏 보기엔 자세하고 좋은 계획처럼 보이지만 실제로 그러한 사전 계획에 맞추어 교육과정 활동을 세부적으로 진행하다 보면 아이들이 깊게 생각하고 탐구할 수 있는 여유를 갖지 못한다. 또한 교육과정을 진행하는 과정에서 아이들이 교사가 예상하지 못한 문제에 부딪힐 때 교사가 적절하게 대응하지 못하게 만드는 방해 요소가 된다.

그리고 과목이나 단원에 따라 주제와 관련성이 명확하게 드러나는 경우도 있었지만 그렇지 않은 경우도 있었다. 다양한 지식들이 어떻게 연계되어 있고 관련되어 있는지 약간은 애매한 상황이지만 오히려 지식을 배우는 학습에만 초점을 맞춘 것이 아니라는 점에서 아이들이 배워나가며 주제와 연계성을 스스로 찾아가는 과정이 더 의미가 있을 것이라고 생각했다. 그래서 찾아낸 단원들이 [그림1]과 같은 단원들이었다.

국어 과목에서 독도라고 하는 우리나라 영토가 일본의 잘못된 영유권 주장에 의해 생긴 문제를 알아가는 것부터 시작하여, 사회 과목에서 이러한 우리의 명백한 영토를 지키기 위해 우리나라의 권력기관들은 어떤 역할들을 할 수 있으며 이미 하고 있는 것이 있는지, 그리고 국어, 사회, 미술, 도덕, 체육, 창체, 실과, 과학 과목을 통해 우리 스스로 독도를 지켜나가기 위해 해야 할 일이 무엇인지 생각하고 행동하는 것이 주제를 연결하는 중요한 요소로 계획되었다. 그림을 그려도 독도와 관련 있게 그리고, 만들기도 독도 모형을 만들고, 체육도 독도 관련 활동을 하고, 실과도 독도 관련 정보 찾기를 하고, 면담도 독도 관련 단체 면담을 하고, 선거도 독도 명예 주민 선발로 진행하고, 독도 탐사를 위한 용기와 법치국가의 공정함을 배우는 교육과정을 만들었다. 모든 것이 '독도'라는 하나의 단어와 '나라 사랑'이라는 마음가짐으로 표현된 주제가 바로 '아! 대한민국'이라 할 것이다.

[그림1]에서 알 수 있듯이 관련 단원들을 묶어 놓았는데 그것을

[그림1] '아! 대한민국' 영역별 단원

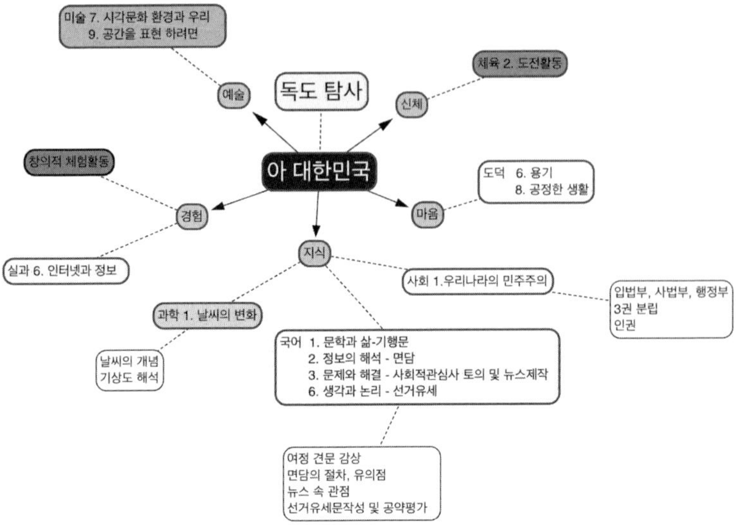

그냥 묶어 놓은 것이 아니라 5가지 영역으로 나누어 놓았다. '지식', '마음', '신체', '예술', '경험' 이렇게 5가지로 묶은 이유는 고학년의 특성을 반영한 것이다. 일단 고학년은 앞에서도 언급한 것처럼 배울 내용이 많다. 그리고 지식적인 측면이 많이 강조되기도 하는 학년이다. 당장 내년에 중학교에 올라가야 하는 학년이기도 하니 부모님들의 걱정 또한 많은 것이 사실이다. 이럴 때 단순히 활동만 나열되어 있다면 그것을 바라보는 학부모님이나 그것을 실행하는 학생 모두에게 막연한 불안감을 줄 수도 있다. 막연한 불안감이나 불확실성이 오히려 사람들에게 무기력함을 만들어 주기도 한다. 아무리 좋은 것을 배운다 하더라도 너무 복잡하여 자신이 무엇을 배웠는지 알지 못한다면, 그 의미가 많이 퇴색할 것이다.

'지식' 영역은 우리가 주지 교과라고 부르는 국어, 수학, 사회, 과학에서 반드시 알고 넘어가야 할 부분을 놓치지 않기 위한 영역이다. 물론 수학 교과의 중요성은 이 글에선 자세히 다루지 않지만 교사, 특히 초등학교 교사라면 수학 교과가 가진 논리적인 특성이 어떻게 배움과 연계되는지 깊이 있게 생각해 보아야 할 부분이라 생각한다. 수학은 주제와 상관없이 따로 배우게 되지만 다른 주지 교과의 중요한 핵심은 놓치지 않아야 된다.

'마음' 영역은 이번 주제에서 우리가 절대 놓치지 말아야 할 중요한 '가치'와 같은 것이라 생각하면 되겠다. 가치라는 말이 너무 무겁게 느껴진다면 그저 이번 교육을 통해 교사가 아이들에게 전하고 싶은 마음이라고 해도 좋을 것이다. '아! 대한민국' 주제에서는 당연히 민족에 대한 자부심과 더불어 어려운 독도 탐사를 무사히 이겨낼 용기가 포함되었다.

'신체' 영역은 다양한 활동이 이루어지게 될 교육과정 운영에서 필요한 신체 활동을 중심으로 설정하였다. 여기에는 체육 시간에 배우게 되는 내용과 함께 독도 플래시몹을 포함하였다.

'예술' 영역은 우리 아이들이 우뇌형이 많다는 사실과 시각적인 배움의 효과가 높다는 것에 바탕을 둔 영역 설정이라 할 것이다.

'경험' 영역은 주제별로 하게 되는 다양한 현장학습이 단순하고 의미 없는 현장학습이 아닌 의미 있고 배움이 있는 현장학습으로 거듭나기를 바라고 잡은 영역이라 할 것이다.

물론 이렇게 5가지 영역으로 나눈 것은 서정초등학교에서의 선택일 뿐이고 다른 학교나 다른 학년에서는 이렇게 영역을 구분하거나 하지 않아도 아무 상관이 없다고 생각한다. 지금 보여드리는 것은 실제 서정초등학교에서 운영되는 하나의 예시일 뿐이다.

주제를 구성하는 세부 활동과 평가 계획 세우기

교육과정 재구성의 두 번째 단계는 위에서 나누고 모아 놓은 단원들을 통해 성찰하고 그 성찰을 통해 하나씩 활동으로 잡아가는 과정이라 할 것이다. 이렇게 여러 가지 활동들을 구상하는 방법에는 크게 2가지 방법이 있을 것이다. 하나는 학급 교육과정을 기반으로 하여 각 반별로 구상해 볼 수 있을 것이며, 또 다른 하나는 같은 학년이 공동으로 집단 지성을 발휘하는 방법이 있을 수 있다. 학급 교육과정 운영이 중요한 학교에서는 큰 틀은 같은 학년 교사들이 함께 정하고 실제 운영 방법에 있어서는 학급별로 구성하고 진행할 수 있을 것이다.

개인적으로 경험한 것에 따르면 혼자 학급 교육과정을 구성한다 생각하고 내용을 구성하는 것은 쉽고 재미있게 구성할 수 있는 장점이 있었다. 같은 학년이 함께 하는 것은 모두의 생각을 맞추어 나가야 하는 부분이 나타나기 때문에 어려운 점들이 있었다. 하지만 모두가 모여서 같은 학년의 의견을 나누고 반영하는 속에서 혼자 구성할 때보다 훨씬 더 좋은 활동과 내용들이 쏟아진다. 2010년 처음으로 교육과정을 재구성하였을 때 독도 관련 캠페인은 생각했지만 독도 플래시몹을 함께 한다거나 그 영상을 유튜브에 올리고 전국적으로 같이 홍보해 보자는 생각은 하지 못했다. 하지만 같은 학년 선생님들과 함께 교육과정을 재구성하며 의견을 나누자 함께 할 수 있다는 용기를 내어 독도 플래시몹이나 유튜브에 영상을 올리는 활동까지 생각할 수 있었던 일이 있었다. 이러한 사실은 교사가 교육과정을 구성할 때 다른 교사와 협력하는 것이 얼마나 소중한 것인지 알게 해 주는 사례라 생각한다.

그리고 이렇게 교육과정을 재구성 하면서 놓쳐서는 안 되는 부분이 바로 '평가'이다. 교육과정을 재구성하고 활동 위주로 진행하더라도 잊지 말아야 할 부분은 단순히 즐거운 활동을 위한 교육과정 운영은 아니라는 점이다. 결국 교육과정이 아이들에게 학습과정을 통해 제대로 이해되고 운영되었는지 평가하는 부분이 반드시 필요하고 그러한 평가는 교육과정을 재구성하면서 함께 계획되어야 한다는 생각이다. 특히 같은 학년이 함께하는 교육과정 운영에서는 평가를 무엇으로 하느냐에 따라서 중점을 두고 가르쳐야 할 부분들에 대한 일정한 기준이 합의될 수 있으므로 평가를 소홀히 하지 않아야 할 것이다.

[그림2] '아! 대한민국' 영역별 단원과 세부 활동

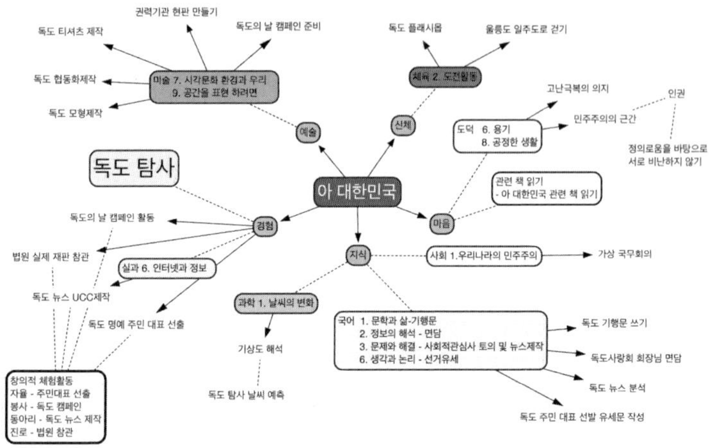

독도 티셔츠 제작
권력기관 현판 만들기
독도의 날 캠페인 준비
독도 플래시몹
울릉도 일주도로 걷기

독도 협동화제작
미술 7. 시각문화 환경과 우리
9. 공간을 표현 하려면
체육 2. 도전활동

독도 모형제작
고난극복의 의지
인권

예술
신체
도덕 6. 용기
8. 공정한 생활
민주주의의 근간

독도 탐사
정의로움을 바탕으로
서로 비난하지 않기

아 대한민국

독도의 날 캠페인 활동
경험
마음
관련 책 읽기
- 아 대한민국 관련 책 읽기

법원 실제 재판 참관
지식
사회 1.우리나라의 민주주의
가상 국무회의

실과 6. 인터넷과 정보

독도 뉴스 UCC제작
과학 1. 날씨의 변화

독도 명예 주민 대표 선출
국어 1. 문학과 삶-기행문
2. 정보의 해석 - 면담
3. 문제와 해결 - 사회적관심사 토의 및 뉴스제작
6. 생각과 논리 - 선거유세
독도 기행문 쓰기

창의적 체험활동
자율 - 주민대표 선출
봉사 - 독도 캠페인
동아리 - 독도 뉴스 제작
진로 - 법원 참관
가상도 해석
독도사랑회 회장님 면담

독도 탐사 날씨 예측
독도 뉴스 분석

독도 주민 대표 선발 유세문 작성

여기서는 개별 활동과 평가 계획을 과목별로 제시하도록 하겠다. 교육과정을 재구성하며 제일 처음 겪게 되는 어려움은 교육과정을 재구성한다는 것과 과목별 교과교육을 한다는 것이 잘 연결되지 않는다는 것에 있을 것이다. 그러다 보니 재구성을 해서 가르치지만 교과서를 다시 가르치는 일이 벌어진다. 더군다나 고학년에서는 특히 가르쳐야 할 내용도 많은데 그것들이 어떻게 연결되었는지 보지 못한다면 교육과정을 재구성한다는 것은 사실 불가능에 가까울 것이다. 그래서 일단 과목별로 이 교과의 어떤 내용 요소가 어떤 활동으로 이어져 재구성되었는지 구체적으로 제시하고자 한다.

국어

1단원. 문학과 삶

독도로 여행을 떠나기 전 먼저 해야 할 부분은 기행문 쓰기이다. 국어 1단원 '문학과 삶'에서 기행문에 대한 기본적인 이해를 배우도록 한다. 여기서 고려해

[사진1] 독도 기행문 쓰기 준비과정

야 할 부분은 교과서와 교육과정이 다르다는 점이다. 이 단원에서 '듣기 · 말하기 · 쓰기'의 교육과정 성취 기준은 '여정, 견문, 감상이 잘 드러나게 기행문 쓰기'로 제시되어 있다. 그래서 보통 국어 교과 '듣기 · 말하기 · 쓰기' 한 단원이 총 6차시로 구성되어 있는데, 기행문에 들어가야 할 요소 3가지(여정, 견문, 감상)에 대해선 교과서에 제시된 부분을 사용해 3차시 정도 진행하도록 구성한다. 그리고 나머지 시간은 실제 독도 탐사에 사용하도록 구성한다. 독도 탐사 기간에 평일이 포함되므로 교육과정 상 시수 확보가 필요하다. 그럴 때 국어 교과에서 사용하지 않은 3차시나 4차시를 사용하게 된다. 이렇게 구성하였기에 실제 독도 탐사를 위해 멀리 갔지만 아이들의 배낭 속에는 기행문을 쓰기 위한 공책이 함께 들어 있었으며 매일 저녁 그날의 일정을 함께 정리하고

나누는 시간을 가질 수 있었다.

언뜻 생각할 때 이런 활동들을 저녁에 모여서 하게 되면 아이들이 힘들어하고 싫어하지 않을까 생각할 수 있지만 독도 탐사 자체가 그냥 가는 것이 아니라 교육의 과정 속 일부라는 사실을 알고 있기에 모두가 열심히 참여하는 모습을 보여준다. 그리고 실제 다녀 온 다음 만들어지는 기행문을 보고 스스로 대견해 하는 모습을 볼 수 있었다. 좋은 기행문을 쓰기 위해서는 반드시 필요한 시간이고 활동이기에 교육과정을 재구성하고 그 활동을 실제 탐사에서 펼치게 되는 것이다.

2단원. 정보의 해석

이 부분의 교육과정 성취 기준은 '면담의 절차와 방법을 알고 효과적으로 면담하기'이다. 아마 이전 학년에서도 면담을 사용하는 활동을 해 본 적이 있는 아이들이 많을 것이므로 6학년 국어과에서는 면담의 진행 절차와 방법을 좀 더 세심하게 다듬는 것에 초점을 맞추었다. 그리고 실제 면담을 해야 하는데 그 면담의 주제를 독도와 관련 있게 구성했다. 실제 2011학년도에는 독도로 출발하기 전 면담에 대한 기본적인 학습을 하고 떠난 다음 울릉도에 있는 독도박물관 관장님과의 면담을 준비했었다. 하지만 현지 여행사와 교사들의 준비 부족 때문에 독도박물관 관장님을 면담하지 못하고 독도박물관에서 해설을 해 주시는 분과 면담을 하게 되었다. 실제 면담의 절차에 따라 진행하지 못한 책임이 교육과정을 좀 더 세밀하게 챙기지 못한 교사들에게 고스란히 돌아온 결과였다 할 것이다. 그래서 2012학년도에는 무리하게 울릉도에 있는 독도박물관 관장님을 면

[사진2] '독도 사랑회' 회장님 초청 강연

담하려고 하지 않고 독도를 먼저 다녀온 다음 우리 고장 고양시에서 독도를 지키기 위해 노력하시는 '독도 사랑회' 회장님을 학교로 초대해 간단한 강연을 듣고 나누며 면담을 진행하는 방향으로 수정하게 되었다. 교육과정을 재구성하고 진행하는 것에는 큰 그림을 그리고 나아가는 추진력도 필요하지만 세밀한 부분까지 신경 쓰는 섬세함도 필요하다고 느끼게 된 활동이었다. 이렇게 면담을 활용하니 예전에 개별적으로 과제 비슷하게 이것저것 면담하던 것에 비해 훨씬 정선된 면담과 결과를 얻을 수 있었다.

3단원. 문제와 해결

이 단원에서 성취 기준은 '사회적 관심사에 대해 토의하고 뉴스에 관점이 반영됨을 안다.'이다. 교육과정을 재구성하면서 이러한 성취 기준에서 한 발 더 나아가 '독도 뉴스 제작'에 도전하게 되었다.

6학년 교육과정이 변화되면서 국어과에서는 '관점'에 대한 이야

기가 1학기, 2학기에 걸쳐서 많이 제시되고 있다. 그만큼 미디어 리터러시와 같은 개념들이 중요해졌다는 것을 알게 하는 부분이라 생각한다. 이러한 점을 반영해서 아이들도 자신의 관점을 가지고 뉴스를 취재하고 그것들을 모아 뉴스를 제작할 수 있다고 생각하게 되었다. 뉴스를 취재하기에 앞서 다양한 신문 기사들을 수집하고 그것들에 대해 토의하는 시간을 가졌다. 이를 통해 뉴스를 보는 눈을 키울 수 있으며, UCC 형태로 제작되는 뉴스는 특별한 장비나 기술이 없어도 제작이 가능하기에 충분히 도전 가능한 과제로 생각되었다. 그리고 실제 만들어진 뉴스를 함께 보며 즐거워하고 그 속에서 스스로에게 뿌듯해 하는 모습은 또 하나의 보너스와 같은 것이었다.

6단원. 생각과 논리

'선거 유세를 듣고 주장하는 말의 적절성을 판단한다.'는 성취 기준을 중심으로 '독도 명예 주민 대표'를 선발하는 활동을 진행하였다. 실제 독도로 향하는 배를 탑승한 사람에게는 독도 명예 주민증이 발급된다. 독도로 가는 배를 타지 못한 사람은 받을 수 없는 특별한 주민증으로

[사진3] 독도 뉴스 제작하기

법적인 효력이나 혜택은 없어도 그것을 가지고 있다는 자부심만은 대단하다.

6학년 전체가 독도를 다녀온 후에 모두가 독도 명예 주민이고 그중 대표를 뽑는 활동을 하는 것이다. 물론 이 부분도 먼저 교과서에서 제시하는 선거 유세문 쓰기와 선거 유세를 판단하는 방법을 배우고 난 후 진행한다. 그 다음 반별로 독도 명예 주민 대표를 선발하고 그 후 6학년 아이들 전체가 함께 모여 6학년을 대표하는 독도 명예 주민 대표를 선발하게 된다. 반별 대표로 선발된 어린이는 반 친구들의 도움을 받아가며 6학년 대표가 되기 위한 준비 과정을 가지게 된다. 일반적인 우리 삶 속의 선거에서는 내가 지지하는 후보의 선거를 도와주는 선거 캠프 형식이 될 것이다. 물론 거창하게 도와주기 보다는 앞에서 배웠던 선거 유세문 쓰기를 어떤 식으로 하면 좋을지 그리고 어떤 지지운동을 하면 좋을지 서로 논의하는 형식이다. 이렇게 선발한 명예 주민 대표는 앞으로 있을 '독도의 날 캠페인'에서 주도적인 역할을 하는 책임을 부여받게 된다. 그러나 실제로는 독도 명예 주민 대표와 교사들이 함께 고민하고 독도의 날 준비를 해야 함에도 교사 위주로 캠페인이 준비되는 경우가 많아서

[사진4] 독도 명예 주민 대표 선발

이 부분에 좀 더 세심한 노력이 필요하다 생각하고 있다. 그럼에도 교육과정의 성취 기준을 독도 탐사와 결합시킨 '독도 명예 주민 대표'는 나름 멋진 선거 유세와 합리적인 선택의 과정을 거치게 되어 그 과정 자체에 큰 의미가 있다는 생각이다.

이상과 같이 국어과에서는 총 4개의 단원이 적용되었으며 총 차시만도 29차시나 된다. 각 단원에서 듣기·말하기·쓰기 부분만 적용되었기에 6차시씩 총 24차시이지만 심화 보충 시수 5차시를 더 투입하였다. 그 이유는 뉴스 제작에 소요되는 시간과 선거 유세를 위한 시간을 확보하기 위해서였다. 그리고 기행문 쓰기는 독도 탐사를 떠나기 전 미리 배우고 갔지만 나머지 단원의 성취 기준, 즉 면담에 대한 성취 기준, 뉴스에 대한 성취 기준, 선거에 대한 성취 기준 등은 독도 탐사를 다녀온 후속 활동으로 진행되었다.

과학

1단원. 날씨의 변화

이 단원은 '날씨의 변화와 계절별 날씨의 특징, 날씨 예보 이해'라는 교육과정 성취 기준을 가지고 있다. 사실 과학의 '날씨의 변화' 단원은 '아! 대한민국'이라는 주제와 크게 관련이 있는 것은 아닐 것이다. 연계하지 않고 가르칠 수는 있지만 그것보다는 조금이나마 연계가 된다면 주제와 연결해서 가르치고 배우는 것이 더 좋다는 생각으로 연결한 단원이다.

실제 독도 탐사를 위해서는 독도 주변의 날씨를 반드시 알아야 하기 때문에 교육과정 주제에 포함하는 충분히 의미가 있었다. 기본적으로 독도라는 곳에 가기 위해선 배를 타야 하고 배를 탈 때 가장 민감하게 알아야 하는 것이 바로 날씨이다. 그래서 이 부분은 독도를 가지 전 독도의 날씨 변화에 대해 설명하고 독도 근처까지 가더라도 날씨에 따라 독도에 발을 디딜 수 없을 수도 있다는 이야기를 자연스럽게 할 수 있는 여지를 만들어준다. 실제 독도에 입도 할 수 있는 것은 30% 정도의 확률이라고들 말한다.

그리고 대부분의 날씨 관련 지식은 독도를 다녀온 후 배우게 되며 그것을 바탕으로 날씨 예보를 직접 해보는 활동으로 마무리를 하게 된다. 여기서 날씨 예보 부분은 국어에서 뉴스 만들기와 연계하여 뉴스 프로그램 말미에 날씨 뉴스를 넣어 프로그램의 완성도를 높이기도 하였다.

비록 과학 과목이고 날씨라는 개념이나 활동이 '아! 대한민국'이라는 주제와는 조금 멀게 느껴지더라도 이렇게 연결해 놓고 함께 배우고 고민하다 보면 아이들도 그것에 대해 나름 연관이 있다고 생각하고 받아들이는 모습을 보여주었다.

사회

1단원. 우리나라의 민주주의

이 단원은 '우리나라 민주정치의 각 요소 및 기구들의 구조적 이해와 삶 속에서의 민주주의'라는 성취 기준을 가지고 있다. 특히 사회과에서는 민주정치의 3개 권력기관에 대해 이해하고 더불어 인권에 대한 공부도 함께 해 나가야 한다.

어찌 보면 16차시라는 시간을 가지고서 이 부분에 대해 깊이 있는 이해를 한다는 것 자체가 어려운 일일 것이다. 그러다 보니 예전엔 이 부분을 가르치기가 너무 힘들다는 생각을 많이 했고 그저 좋은 학습지나 영상 자료를 함께 보며 생각하고 토론하는 형식의 수업을 많이 했던 것 같다. 그리고 입법부, 사법부, 행정부의 하는 일과 특징에 대해 자세히 알아보고 생각할 시간이 부족하다는 이유로 각 기관이 하는 일을 나누어 조사하고 발표하는 수업도 많이 했던 것이 사실이다. 하지만 개인적으로 그런 수업을 하고 나서 느끼는 허탈감 또는 왠지 무엇인가 빠진 것 같고 제대로 배우기보다는 그저 이 부분을 배우고 넘어갔다는 생각만이 많이 들었던 것 같다. 그러한 반성에서 시작하여 어떻게 하면 이 단원의 의미가 살아나고 아이들의 삶과 연계할까 고민한 단원이기도 하다.

그래서 제일 처음 고민하고 연결한 부분이 독도를 지키기 위한 권력기관들의 역할에 대해 논의해 보는 것이었다. 그리고 그러한 논의를 통해 가상 국무회의를 진행할 수 있겠다는 생각도 했다.

하지만 한 가지 문제가 더 있었다. 바로 기본적으로 알고 있어야 할 '각 기관의 역할과 특징에 대해서 어떻게 가르칠 것인가?'의 문제였다. 기본적인 배경지식이 없는 상태로는 독도와 연계하더라도 그 수준은 매우 낮을 것이고 오히려 활동을 중심으로 하다가 중요하게 알아야 할 지식들을 놓치는 상태가 되지 않을까 걱정이 많아졌던 것이 사실이다. 그때 적용한 방법이 우뇌를 활용한 방법이었다.

우뇌의 특징인 이미지화하는 방법을 고민하기 시작하였고 그 일환으로 각 권력기관의 심벌마크를 목판에 조각하는 활동을 생각하게 되었다. 첫해, 즉 2010년에는 6학년 교육과정 속에 실과 목공이 있어 그 시간을 활용했었는데 2011학년도 실과 교과가 개정되고 나서부터는 5학년 과정으로 목공이 내려가 미술 시간과 연계한 활동으로 진행하게 되었다. 물론 목판에 조각하는 시간은 너무 오랜 시간이 소요되어 교과 시간에는 자신이 맡아야 할 기관을 정하고 조각을 하는데 필요한 기본적인 안전 지도만 하게 되었다. 그렇게 시작된 각 부처 현판 만들기 활동은 실제 아이들에게서 좋은 반응들을 얻어낼 수 있었던 활동이다.

"선생님~ 선생님~"

아침부터 우리 반 친구 하나가 나를 애타게 불렀다. 무슨 일인가 싶어

"왜? 무슨 일이야?"

"선생님~ 뉴스를 보는데… 뉴스를 보는데…"

"엉! 그래서?"

"선생님~ 뉴스를 보는데 제가 조각하고 있는 마크가 나왔어요. 제가 파고 있는 마크가 나왔다구요."

실제 2010년도 제자가 아침에 나에게 달려와서 했던 이야기이다. 그동안 그 아이가 뉴스를 보지 않다가 그날 처음 본 것이 아니라 그동안 뉴스를 보긴 했지만 아무 의미 없이 보아왔던 것이었다. 하지만 자신이 학교에서 정한 마크를 목판에 새기고 있는 중에 뉴스를 보니 자신이 새기고 있는 마크가 눈에 보인 것이다. 그

[사진5] 권력기관 심벌마크 목판 만들기

리고 그 제자는 그 뉴스가 너무 신기해서 한참을 뚫어지게 보았다고 한다.

작년에도 이와 비슷한 경험이 있었는데 우리 학교 계단에 보면 국토해양부에서 나눠준 스티커가 붙어있다. '우측통행을 합시다!'라는 스티커를 이 활동이 시작된 후에서야 아이들이 보기 시작했다. 그러면 나는 모르는 척 "이미 3년 전부터 붙어있던 거야. 그걸 몰랐어?" 라고 장난기 어린 말로 한마디 해 주면 되는 것이었다.

아이들은 어느 순간부터 자신들이 새기고 있는 마크에 관심을 가지기 시작했고 그 마크를 찾아내는 눈을 가지게 된 것이다. 그리고 그 마크를 찾아내는 눈을 가지게 된 순간 다른 마크도 함께 보이게 되었던 것 같다. 이러한 경험은 우리 인간의 뇌가 얼마나 시각적인 자극에 민감하게 반응하고 있는지 알게 하는 반응이었으며 그로 인해 아이들은 정치 단원에서 다루어지게 되는 다양한 기관에 대해 친근한 접근을 시도하기 시작했다. 그리고 자신이 새긴 마크 뒤판에는 그 마크가 어떤 일을 하는 곳인지 현재의 장관이나 국회의원 들은 누구인지 등을 조사하여 간단히 적고 발표하는 시간을 가졌다.

발표가 끝난 후엔 그 마크를 자신의 책상 위에 올려놓고 자신이 그 마크의 장(혹은 장관)이 되어 사회 수업을 진행하는 것이다. 즉 국방부 마크를 새긴 친구는 국방부 장관이 되는 것이고 청와대 마크를 새긴 친구는 대통령이 되는 것이다. 실제 아이들은 대통령을 상징하는 청와대를 차지하기 위해 서로 가위바위보를 치열

하게 하기도 하였다. 그리고 각 부 장관과 대통령까지 담당하고 남은 친구들은 다시 다른 권력기관을 새기게 하였는데 3명은 법원 마크를 새기게 하여 사법기관을 대표하고 3명이 1명의 주심과 2명의 부심의 역할을 하기도 하고 3심제(지방법원, 고등법원, 대법원)를 연결하기도 했다. 그리고도 남은 아이들은 국회 마크를 새기게 하여 국회의원이 되도록 하였는데 국회의원이 된 아이들을 다시 많은 쪽과 적은 쪽으로 모둠을 지어주어 여당과 야당으로 구분시켜 주기도 하였다. 이렇게 하고 나면 우리 반 전체가 정치 단원을 배우는 동안 정치에 참여하는 실질적인 주인공이 되어 배울 수 있었고 이런 상태로 가상 국무회의를 진행할 수 있었다. 가

[사진6] 고양 지방 병원 방문

상 국무회의에서는 일본의 독도에 대한 태도에 대해 우리가 어떤 식으로 대응할 수 있을지 이야기하는 시간을 가졌다.

그리고 이번 단원에서 반드시 배우고 넘어가야 할 인권 부분은 민주주의의 근간이 되는 부분이기도 하고 최근 문제가 되고 있는 학교 폭력과도 연계되어 있는 부분이 커 실제 사법기관인 고양지원을 방문하도록 계획하고 방문하였다. 각 지역별로 지방법원 같은 곳은 미리 예약을 통해 법원을 방문할 수 있도록 해 주는 것으로 알고 있다. 2012학년도 고양지원 방문에서는 초등학생들은 실제 재판과정을 볼 수 없다는 고양지원 자체 내부규정을 깨고 실제 재판과정을 볼 수 있었고 우리학교의 사례를 참고해 앞으로도 개방할지 여부를 결정한다고 했었다. 그래서 2012학년도 6학년들은 더욱더 진지하게 법원의 실제 재판과정을 참관하였고 엄숙하고 진지한 태도로 좋은 인상을 남길 수 있었다. 만인 앞에 평등한 법이 실제로 행해지는 과정을 진지하게 보고 온 친구들의 태도는 다른 어떠한 설명보다 훌륭한 인권과 법에 대한 배움의 기회가 되었다는 생각이다.

도덕

6단원. 용기, 내 안의 위대한 힘

이 단원은 '어려움을 이겨내고 극복하며 선한 일의 실현을 노력한다. (용기)'라는 성취 기준을 가지고 있다. 어려움을 이겨내고 극복한다는 내용이 어렵고 힘든 독도 탐사와 연결되어 있다고 생각하고 배정한 단원이다. 그리고 그 어려움 속에서도 선한 일을 실천해야 한다는 것은 실제 독도 탐사 중 만나게 된 여러 가지 어려움에서 우리가 어떤 태도를 보여야 할지 기준이 되는 내용이기도 하다.

8단원. 공정한 생활

마찬가지로 이 단원에서는 '공정의 의미와 중요성을 인식하고 공정하게 행동하는 태도를 기른다. (정의)' 가 성취 기준이다. 이 단원의 성취 기준은 사회과에서 다루어야 하는 '인권'과 관련해서 정의라고 하는 가치가 연결되어 있다 생각했다. 결국 인권이라는 것의 기본 바탕에는 모두가 인정할 수 있는 정의로움이 있어야 한다 생각했다. 법 앞에서는 모두가 평등하다는 것이 바로 정의를 실현하는 중요한 생각이 아닐까?

결국 이번 도덕과에서 요구하는 성취 기준은 '용기와 정의'이다. 용기는 독도 탐사에서 필요한 마음이었고 정의는 인권을 다루는 곳에서 필요한 마음이었다. 실제 도덕 교과는 각 단원별 구성자체가 사례를 이해하고 자신의 생활을 반성한 다음 실천하는 구성으로 3차시씩 배정되어 있다. 하지만 대부분의 도덕 교과가 현재 아이들이 처해있는 삶과 동떨어져 있는 상태로 주어진 내용의 텍스트를 중심으로 교과서 순서에 따라 진행되다 보니 마음으로 다가서지 못하는 경우가 많았다.

"선생님! 도덕 교과는요, 한마디로 요약하면 '좋은 사람이 되라'로 요약할 수 있어요."

어쩌면 아이들의 이런 반응은 당연한 듯이 보이기도 한다. 하지만 이렇게 주제에 포함되어서 그 주제의 다양한 활동에 필요한 마음을 익히게 되었을 때 도덕과에서 추구하는 마음가짐을 더 깊이있고 현실감 있게 배울 수 있고 실천할 수 있다는 생각이다. 교사는 이런 마음들이 실제 어떻게 연결되어 있는지 그리고 그것을 실천하는 아이들을 격려하는 역할을 해주면 되는 것이었다. 주제 중심 교육과정은 어찌보면 이렇게 분절적으로 의미 없이 진행되던 교과들에 생명력을 불어넣기도 하였다.

체육

2단원. 도전활동

이 단원에는 '동작 도전 활동에 대한 종합적인 이해와 수행'이라는 교육과정 성취 기준이 제시되어 있다. 체육에서 이 부분은 매트운동과 기계체조 같은, 기본적으로 강한 체력을 요구한다. 그리고 두려움을 극복하고 도전하는 정신도 함께 요구한다. 그런 의미에서 힘든 일정

[사진8] 독도 탐사 플래시몹

이 펼쳐질 독도 탐사와 연계하여 구성하였다.

　독도는 실제로 학교에서 새벽에 출발하여 오후 시간이 되어야 도착할 수 있는 곳이고, 그 중간에 차와 배를 계속해서 타야 하는 힘든 여정을 견뎌야 한다. 그런 일정을 소화하기 위해서는 강인한 체력이 필요할 수밖에 없다.

　그래서 이 단원은 도덕에서의 '용기'와 연결된다. 다른 사람들 앞에서 용기 있는 행동을 위한 마음가짐을 가지고 '독도 플래시 몹'을 배워야 하는데, 이를 위해서는 강한 체력과 함께 용기 있는 마음도 요구되는 것이다.

미술

7단원. 시각문화 환경과 우리

　이 단원에서의 성취 기준은 '주변의 시각문화 환경의 아름다움을 발견하고 특징을 이해한다.'이다. 주변의 시각문화 환경에 대해서 각 정치권력 부처들이 가지고 있는 심벌마크를 연결하였다. 각 권력기관들이 만들어서 사용하는 심벌마크는 그냥 대충 만들어진 것이 아니기에 그 속에 포함된 여러 가지 미적인 아름다움을 연결한 것이다. 그리고 그렇게 만들어진 심벌마크들은 다시 교실에 전시가 되어 우리 주변의 시각적인 아름다움을 표현하기도 하였다.

9단원. 공간을 표현 하려면

'원근을 나타내는 방법을 이 해하고 평면 위에 공간을 표 현하는 방법 알기'라는 성취 기준을 가지고 있는 단원으로 독도 큰 그림 그리기와 독도 모형 만들기의 두 가지 활동 으로 진행하였다. 실제 우리 가 알고 있는 독도의 모습은

[사진9] 독도 모형 만들기

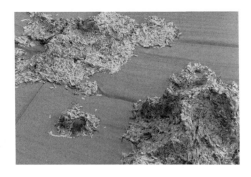

바다 속에 잠겨있는 거대한 독도의 일부분임을 협동화를 함께 그 려가며 알게 되는 활동이다. 이런 활동을 통해 보이지 않는 부분 에 대한 생각의 폭을 넓혀가고 독도를 단순히 작은 섬으로만 바라 보지 않는 마음도 키울 수 있었다. 마찬가지로 독도 모형 만들기 도 평면위에 독도의 지형도를 그려보고 그 위에 입체물로 독도를

[사진10] 독도 큰 그림 협동화 만들기

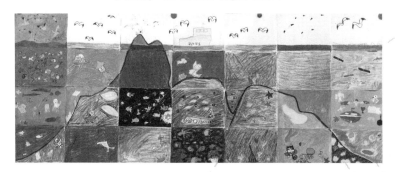

만들어가는 과정를 거쳐 가며 독도 모형 만들기를 진행한다. 예전 학년에서 배웠던 등고선을 활용하여 밑바탕에 평면의 독도 지형도를 그려보고 그 등고선의 의미를 생각하며 입체를 쌓아가는 활동은 아이들에게 여러 가지 지식의 실제 활용에 대한 생각을 심어줄 수 있었다. 그리고 마지막으로 독도의 계절에 따른 풍경을 색을 통해 표현하도록 하고 전시하는 활동이었다.

실과

6단원. 인터넷과 정보

'인터넷을 이용하여 다양한 정보 속에서 필요한 정보검색'이라는 성취 기준과 부합될 수 있도록 독도 관련 정보 검색을 기본으로 하는 활동을 전개하였다. 그리고 국어 시간 뉴스 제작에서 필요한 영상 만들기 시수도 실과의 시간을 활용할 수 있었다. 더불어서 독도 명예 주민 대표로 뽑힌 친구와 함께 인터넷 커뮤니티 게시판에 독도의 날을 알리는 글을 게시하고 함께 하자고 제안하기도 하였다. 그리고 '독도의 날' 플래시몹을 유튜브에 게시하고 모두 공유하는 경험을 나

[사진11] '독도의 날' 플래시몹 활동

누었다.

창의적 체험활동

창의적 체험활동은 그 활동의 성격 자체가 일반 교과와는 구분되는 성질을 가지고 있다. 창의적 체험활동은 교과 활동에 비해 상대적으로 더 주관적인 속성을 가지고 있다고 생각한다. 교과 교육과정에는 없는, 아이들의 예측 불가능한 자신만의 경험과 느낌이 살아있다는 점이 바로 창의적 체험활동의 중요한 속성일 것이다. 이런 창의적 체험활동의 속성이 주제 중심 교육과정에서는 아주 중요한 역할을 담당하는 것 같다. 다양한 활동을 하는 데 그런 활동을 교육과정과 매끄럽게 연결시켜 주는 윤활유와 같은 역할을 하는 것이다.

'아! 대한민국' 주제에서는 창의적 체험활동의 4가지 기본 활동이 모두 포함되어 진행되었다. 자율 활동으로 독도 주민 대표 선발 및 '독도 사랑회' 회장님 면담 시간을 진행하였다. 봉사 활동의 일환으로 일반 시민들을 만나 직접 '독도의 날'을 소개하고 홍보하는 활동을 할 수 있었다. 동아리 활동으로 국어 시간과 실과 시간만으로 부족한 독도 뉴스 만들기 시간도 확보할 수 있었다. 법원을 참관하며 미래 공정한 생활인으로 성장하기 위한 진로교육도 함께 할 수 있었다. 이렇게 창의적 체험활동이 아이들의 경험을 만들 수 있다는 속성은 앞에서 이야기한 것처럼 자신만의 스토리를 만들어가는 중요한 역할을 한다고 느끼고 있다.

　총 100차시가 넘는 기간 동안 아이들과 교사가 함께 나라를 사랑하는 마음가짐 하나로 묶여져 활동하였다. 물론 그 중심에는 '독도 탐사'가 있어 더욱더 활기찬 활동들이 이어졌지만 무엇보다도 하나의 주제로 모두가 한마음으로 움직였다는 것이 제일 소중하고 중요하게 얻은 것이 아닐까 하는 생각이 들었다. 특히 이번 주제를 진행하면서 가장 크게 감동 받았던 것은 10월 25일이 '독도의 날'임을 알리고 그날 일반 시민들을 만나며 홍보하던 우리 아이들의 모습이었다. 더불어 전국에서 많은 다른 학교들이 유튜브에 올린 10월 25일 행사 모습이었다. 처음 유튜브에 서정초등학교 플래시몹 동영상을 올리고 그것을 다른 학교에도 제안하자는 이야기를 나눌 때에는 과연 어떤 학교가 우리와 함께 하겠냐며 그저 가볍게만 생각했었다. 같은 학년 선생님들과 함께 고민하고 독도 명예 주민 대표로 선발된 어린이들과 함께 고민하고 진행한 결과 전국의 여러 학교에서 함께하는 모습을 보았을 때 느꼈던 그 감동은 지금도 생생하다.

3장
교육과정 사례 2 - 행복한 미래

〈시청각 실 안〉

오늘은 바로 '행미시'를 하는 날이다.

짝짝짝짝!!

잔잔한 감동이 모두의 가슴을 쓸어내리고 있다.

아이들 모두 박수만 칠 뿐 누구도 이 분위기를 흩뜨려 놓으려고 하지 않는다.

무대 위에서는 그 상황을 모르기라도 하는 듯이 한 어머님께서 자연스럽게 무대에서 내려오시고 계시다.

뒤편에 한 줄로 자리 잡고 보시던 어머님들은 연신 눈물을 훔치고 계시다.

'행미시'는 '행복한 미래를 위한 시간, 15분'이라는 글의 앞 글자를 따서 만든 우리 학년만의 용어이다. '행미시'의 모태가 된 것은 외국의 유명한 TED라는 프로그램과 우리나라의 〈세상을 바꾸는 시간, 15분〉이 될 것이다. 그 프로그램들을 보고서 감동받았기에 그것을 아이들과 실현하고 싶었다. 왜냐하면 학교란 공간이 나에겐 꿈을 실현하는 장소이기 때문일 것이다. 나의 꿈을 혼자 꾸는 것이 아닌 아이들과 함께 꿀 수 있는 곳. 그곳이 바로 학교라는 공간이기에 이런 생각들을 했던 것 같다.

진로교육에 대한 성찰에서 시작한 '행복한 미래'

'행복한 미래' 주제는 '진로교육'과 깊은 연관이 있는 주제이다. 초등 5·6학년부터 시작되는 진로 관련 교육은 중학교의 구체적 직업 탐색기를 거쳐 고등학교의 깊은 심화 탐색까지 이어진다. '좋은 직업', '나쁜 직업'의 개념이 아닌 자신이 원하는 자신에게 맞는 직업을 찾기 위한 국가 수준 교육과정 체계라는 생각이다. 하지만 교사 스스로 국가 수준 교육과정을 다시 성찰하지 못한다면 그저 형식적으로 정보를 알려주고 마는 단순한 수업이 될 수 있는 수업이기도 하다. 즉 교사가 국가에서 요구하는 교육과정을 다시 곱씹어보고 성찰해야 한다는 이야기이다.

단원별 성취 기준을 분석해서 주제망을 그리면, '행복한 미래'와 연결된 단원들은 [그림1]과 같다. 이 단원들을 기초로 하여 행복한 미래에서 해야 할 다양한 활동들은 [그림2]에 들어있다.

[그림1] '행복한 미래' 영역별 단원

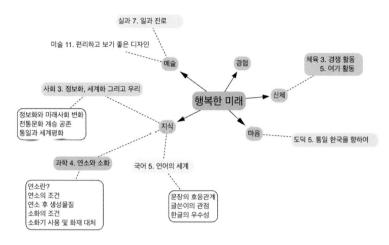

[그림2] '행복한 미래' 영역별 단원과 세부 활동

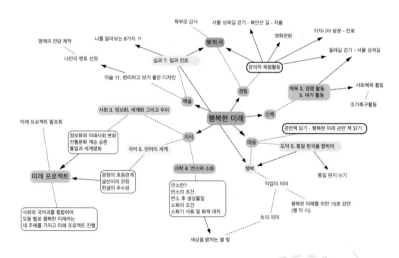

그렇다면 이렇게 다양한 활동을 구상하게 된 이유는 무엇일까? 처음 '행복한 미래'에 대해 다음과 같은 생각이 들었다.

'초등학교 고학년, 이제 곧 중학생이 되는 아이들. 미래에 대한 불안감에 힘겨워하는 아이들에게 필요한 진로교육은 무엇일까?'

'미래에 어떤 직업이 있고 그래서 어떤 직업을 준비해야 하고 등등의 이야기보다는 행복한 미래를 살아가기 위한 마음을 다지는 것이 먼저가 아닐까?'

여기서는 직업과 진로에 대한 고민을 하며 그것이 자연스럽게 '행복'과 연계될 수 있어야 한다고 생각했다. '행복'을 중심에 두고 생각하기 시작하자 다양한 활동들이 떠오르기 시작했고 그 결과 물이 [그림2]와 같은 다양한 활동들의 마인드맵으로 그려지게 되었던 것이다.

그렇다면 교육과정에 대해 이와 같은 성찰 과정을 거치지 않았을 때는 어떤 결과가 나왔을까? 예전에 이런 성찰 없이 그저 교육과정이 곧 교과서라 믿고 가르쳤던 나의 모습을 돌아보면 그 답을 알 수 있다. 바로 교과서 속에서 가르쳐야 할 학습목표 즉 차시별 학습목표를 중심에 두고 가르치다 보니 '행복'과 진로교육을 의미 있게 연계하지 못하고 그저 교과서 속의 정보를 잘 구분하고 외우도록 하는 것에 초점을 맞추었다. 예를 들어서 교과서 속에 제시된 내용 중 일과 직업을 구분하고 설명하는 것이 나온다. 단순히 일과 직업을 어떻게 구분하는지 개념적으로 나온 것을 아이들에게 잘 알려주는 일, 그리고 일과 직업에 대해 구분하는 글을 쓸 수 있고 기억하도록 하는 일을, 내가 해야 하는 것이라 믿었던 것 같다. 하지만 돌이켜 생각해보면 아무리 고학년 아이들이라고 하더라도 지금 현재의 아이들에게 일과 직업의 구분이 그렇게 중요한 일인 것일까? 아이들은 이 부분을 어떻게 받아들일까? 이런 생각을 하고 나니 다음과 같은 생각이 떠올랐다.

'가르친다는 것 그것이 곧 배움을 의미하지 않는다.'

이런 성찰을 하다 보니 새로운 것이 눈에 들어오기 시작했다. 아이들에게 어떤 질문을 던져야 할지 나만의 발문이 떠오르기 시작한 것이다. 그중 하나가 바로 다음과 같은 질문이었다.

"도둑은 직업인가요? 도둑질은 일인가요?"

물론 그 개념적 내용을 엄정하게 하면 당연히 직업이 아니라는 대답이 나온다. 그러나 사실 직업을 일과 구분할 때 보상을 받는

[그림3] '행복한 미래' 주요 활동

[사진1] 자신을 8가지 'ㄲ'로 표현하기

다는 단순한 것으로 접근하게 된다면 도둑도 하나의 직업이 될 수 있을 것이다. 왜냐하면 도둑질을 해서 그 '보상'으로 가족이 생활할 것이기 때문이다. 개념적으로 이렇구 저렇구 하는 것보다 실질적으로 고민하도록 만드는 이런 발문이 앞으로 이어질 활동과 연계되어 있고 그 활동을 통해 스스로 이 질문에 답하는 순간 아이들은 그 순간의 느낌을 강렬하게 받아들이는 듯 보였다. 그렇다면 이제부터 '행복한 미래'에서 펼쳐진 활동들에 대해 하나하나 알아가 보도록 하겠다. 이번에는 앞에서 했던 과목별 활동 설명이 아니라 여러 과목이 서로 유기적으로 결합하여 만들어 낸 '행복한 미래'에서의 활동들을 중심으로 설명하고자 한다.

　'행복한 미래'에서 펼쳐진 활동들은 총 6가지 정도 되겠다. "나를 알아보는 8가지 'ㄲ'활동"부터 '미래 프로젝트'까지 어떤 활동은 한 가지 과목과의 관련이 있지만 어떤 활동은 여러 가지 과목이 함께 섞여있기도 하다. 한 가지 과목으로 되어있을 때 배정된 시간이나 여러 과목이 섞여있을 때 배정되어 있는 시간이나 결국은 같은 것이다. 활동에 따른 시간이지 과목별로 나누어진 시간이 아니라고 생각하면 쉽게 접근할 수 있다. 활동 하나씩 예를 들어 설명하며 이 부분에 대해서노 자연스럽게 설명이 되어 질 것 같다.

나를 알아보는 활동

여기서는 실과 7단원 '일과 진로'의 4차시가 적용되었다. '나'를 알아보는 방법에는 아마 여러 가지가 존재할 것이다. 우리가 사용하는 방법은 예전에 상담 연수를 받으며 알게 된 방법으로 자신을 8가지 'ㄲ'[1]으로 표현해 보며 좀 더 쉽게 지금 자신의 모습을 돌아볼 수 있어서 도입한 것이었다. 스스로 생각하는 자신의 모습을 표현하고 자신이 표현한 것을 다른 친구들과 나누며 좀 더 자신을 객관적으로 바라볼 수 있도록 한다.

더불어서 객관적으로 자신을 바라보기 위해 자신의 모습을 3가지로 나누어서 바라볼 수 있는 활동도 하게 되는데, '내가 생각하는 나의 모습', '친구가 생각하는 나의 모습', '부모님이 바라보는 나의 모습' 이렇게 3가지 측면에서 '나'를 바라보고 객관화하는 시

---

1. 8가지 'ㄲ' : 목표와 비전의 '꿈', 지혜의 '꾀', 의지의 '깡', 전문성의 '꾼', 적성의 '끼', 인간관계의 '끈', 상황파악의 '낌새', 인격의 '꼴' 이렇게 8가지를 통해 자신을 돌아보는 활동.

[사진2] 자신의 모습을 3가지로 나누어 바라보기

간을 가져보았다. 무엇을 하건 '나'로부터 시작되지 않는 것은 없으며 '지금의 나'를 위한 시간이어야 한다는 성찰과 맞닿아 있다. 실과 '일과 진로'에 대한 공부를 넘어서 '진정한 나'를 찾는 것부터 하고 싶었던 활동이라 생각하면 좋겠다.

"엄마 아빠는 저를 너무 크게 보시는 것 같아요. 전 이렇게 작은데…"

"친구들이 저 보고 제가 표현한 나보다 훨씬 더 크고 멋지다 해주어서 너무 기뻤어요."

어쩌면 우리는 우리 자신에 대해 스스로가 가장 잘 알지 못하고 있는지도 모른다는 생각과 함께 활동이 이루어졌다.

세상을 밝히는 불빛

과학 4단원 '연소와 소화' 10차시가 적용되었다. 과학 단원은 어찌 보면 주제와 연계해서 가르치기 어려운 과목일 수 있다. 하지만 과학의 속성을 들여다보면 여러 가지 주제와 오히려 잘 맞는 부분도 많다는 것을 알 수 있다.

"도둑은 직업일까?"

이 질문에 아이들은 각자의 생각을 이야기하고 공책에 그 내용을 적어놓았다.

'도둑은 직업이라고 생각한다. 예전에 도적도 직업이었듯이 도둑도 어쩌면 도둑질로 인해 깨달음을 얻고 다른 직업을 찾을 수 있게 하는 또 다른 직업이라 생각한다.'

이와 같은 글을 적고 과연 도둑은 직업인지 고민하는 시간을 가졌다.

그리고 과학 시간 '연소와 소화' 단원의 첫 번째 실험 '초 관찰하기'를 진행했다. 이 실험은 과학 시간 초를 바라보며 연소에 대한 기본적인 개념들을 배우기 위한 것이다. 하지만 초에는 그러한 과학적 지식만이 아닌 세상을 바라보는 성찰이 담겨있다. 바로 세상을 밝히는 초의 의미를 아이들에게 질문한다.

"초의 특징이 무엇이라 생각하니?"

이 질문에 아이들이 저마다 여러 가지 생각을 내놓았다.

"초는 너무 밝아요."

"초가 타면서 주위를 밝히고 있어요."

"초는 점점 줄어들고 있는 것 같아요."

아이들의 생각을 듣고 다시 질문했다.

"맞아. 초는 자신의 몸을 태워서 세상을 밝혀주고 있어. 자. 그

[사진3] 초 관찰하기

럼 아까 선생님이 했던 질문을 떠올려 보자. 도둑은 직업일까? 초와 연관 지어 생각해 보면 어떨까?"

"선생님, 초가 세상을 밝혀 주듯이 우리가 말하는 직업은 혹시 초와 같은 것이 아닐까요?"

"그렇게 본다면 도둑은 직업이 아닌 것 같아요. 다른 사람의 물건을 훔쳐오는 일은 세상을 밝히는 것은 아니잖아요."

이러한 이야기를 나눈 후 아이들은 다시 직업의 의미에 대해 초와 관련지어 자신의 생각을 공책에 써 보았다.

'지금 내 왼손에는 촛불이 있다. 내 손에 있는 촛불이 어두운 교실을 밝게 만들고 있다. 이처럼 모든 직업은 세상의 빛이 되어준다.'

앞에서 아이는 어른이 아니라고 했다. 아무리 직업과 일에 대한 구체적인 개념을 아이들에게 설명하더라도 초를 보고 자신이 직접 느끼고 생각한 것보단 못하지 않을까? 직업에 대한 개념적 설명만으론 아이들에게 마음으로 다가가진 못할 것이다. 그리고 이렇게 초를 보며 생각한 직업에 대한 의식은 살아가며 접할 수 있는 다양한 빛을 보며 다시 직업을 생각할 수 있는 단초가 될 것이

라 생각한다. 과학이라는 과목이 정서적으로 아이들에게 다가갈
수 있는 방법이라는 생각이다.

행복한 미래를 위한 시간, 15분

이 활동은 이번 주제 '행복한 미래'에서 핵심이 되는 활동이다.
강연을 하시는 부모님도 감동받고 강연을 받는 우리 아이들도, 그
리고 그것을 지켜보는 교사와 다른 학부모까지 오로지 감동으로
시작해서 감동으로 끝나는 활동이다. 보통 이렇게 특별한 활동은
그동안 교육과정에 있었던 것이 아니라 대부분 학급운영이나 방

[사진4] 〈행복한 미래를 위한 시간, 15분〉 학부모 강연

과 후에 이루어졌으나 이것을 주제를 중심으로 재구성한 교육과정에 포함시키게 된 것이다. 창의적 체험활동 시간을 확보하여 학년 전체가 모여 2시간 정도의 시간이면 충분히 '행미시'를 진행할 수 있었다. 짧은 시간이지만 시간과는 상관없는 잔잔한 감동이 계속 남는 활동이다.

TED나 〈세상을 바꾸는 시간, 15분〉은 소위 세상에서 '유명하다' 하는 사람들이 나와서 자신만의 경험과 생각들을 짧은 시간 나누는 프로그램이다. 하지만 우리가 하고 있는 '행미시'는 TED와 〈세상을 바꾸는 시간, 15분〉처럼 짧은 시간의 강연 형식은 같지만 그 진행자는 사뭇 다르다. 소위 세상에서 말하는 유명한 인사를 모셔 와서 하는 것이 아니라 우리 아이들 부모님을 연사로 모셔서 이야기를 나누는 시간이다. 그리고 그 주제는 '행복한 미래'이다.

9월 교육과정 설명회에서 학부모님들에게 10월에 있게 될 '행미시'에 대한 안내가 이루어진다. 그래서 학부모님들 중 '행미시'에 나오시는 분들은 9월 교육과정 설명회를 시작할 때부터 마음의 준비를 하시게 된다. 그리고 준비하는 동안 담임과 계속해서 교류하며 아이들과 어떤 내용을 가지고 어떻게 만날 것인지 고민하고 협의하는 과정을 거치게 된다.

학부모님의 강연 내용을 교사인 내가 먼저 살짝 보게 되는데 작년에는 강연 내용을 읽다 말고 눈시울을 붉히고 있는 내 모습을 보게 되었다. 한 사람의 부모님으로서 아이들에게 들려주는 이야기에 거짓이 어디 있으랴? 내용 한 구절 한 구절 진심이 담겨 있고 삶의 고뇌가 담겨 있었다. 그리고 그런 이야기를 들을 우리 아이들이 행복하다는 생각이 들었다. 강연이 개최되는 날, 연사로 나오는 학부모는 떨리고, 그것을 지켜보는 아이들은 설렌다. 이야기를 들려주는 학부모는 아이들 중 누군가의 엄마이고 동시에 동네 어른이기 때문이다. 그런 분의 강연에 아이들은 감동받는다. 그분의 강연이 바로 아이들의 삶과 직접적으로 연관된 것이기 때문이다.

명예의 전당

이 활동은 미술 11단원 '편리하고 보기 좋은 디자인'과 실과 7단원 '일과 진로'가 함께 적용되는 활동이다. 실과 '일과 진로' 단원은 앞에서 4차시를 사용하고 남은 4차시를 사용하게 된다. 그런데 이 활동은 앞에서 제시된 활동들과 다른 점이 있다. 바로 한 과목으로 진행되는 활동이 아니라 서로 다른 2가지 과목이 섞여있다는 것이다. 이럴 때 생각해야 할 것은 이 활

[사진5] '나만의 멘토' 입체물 만들기

동을 할 때 미술 시간엔 미술 관련 내용만, 실과 시간에는 실과 관련 내용만 활동으로 진행하는 것이 아니라는 점이다. 미술과 실과라는 과목의 내용 요소와 성취 기준은 가져오되 시간은 구분하지 않는다. 미술 7시간과 실과 4시간, 모두 11시간 동안 '명예의 전당' 활동을 펼치게 된다. 어찌 보면 각 과목의 특성이 사라지는 듯 보이기도 하지만 실제 우리 아이들에게 중요한 것은 각 과목을 분절해서 배우는 것이 아니라 그것들이 연결되어 있다는 생각을 하도록 하는 것이다. 그런 의미로 접근하면 미술과 실과가 합쳐진 '명예의 전당' 활동 시간에는 그 주제에 어울리는 내용을 미술과 실과에서 충분히 연결해낼 수 있다.

이렇게 합쳐진 시간에 아이들은 자신의 멘토를 찾는 활동을 펼쳐간다. 이미 '행복한 미래를 위한 시간, 15분'을 통해 아이들은 자신 주변의 부모님도 행복하게 살아가고 있고 그 행복은 높은 지위나 돈을 많이 버는 것만이 아니라는 것을 알고 있다. '명예의 전당'은 아이들이 위대한 인물만을 찾는 것이 아니라 그저 내 마음을 움직인 인물을 찾아가는 활동으로 이것이 여기서 가장 가치 있는 성찰이 된다. 아이들은 이 활동을 통해 자연스럽게 자신의 꿈을 찾아내기도 하고 우리 주변의 소중한 분들에 대해 생생한 시선으로 바라보는 경험도 하게 된다. 실과 시간 도서관에서 책을 찾아보기도 하고 인터넷을 검색하며 찾아낸 나만의 멘토는 미술 시간 '명예의 전당' 입체물로 만들어 자신의 책상위에 올려놓고 매일 매일 자신의 멘토와 대화를 하는 시간을 가지며 자신을 다지는 활동을 하게 된다. 행복이란 것을 찾아가는 길에 만난 나만의 멘토, 그리고 그 멘토와의 매일 매일의 만남을 통해 아이들이 이제 스스로 자신의 마음을 좀 더 잘 들여다 볼 수 있지 않을까 하는 생각을 가지게 되었다.

'○○의 멘토 : 스티비 원더 - 시력은 잃어도 꿈은 잃지 않는다.'

'○○의 멘토 : 요기 베라 - 난 슬럼프에 빠진 것이 아니다. 단지 치지 않았을 뿐이다.'

'○○의 멘토 : 아인슈타인 - 지식보다 중요한 것은 창의성이다.'

'○○의 멘토 : 히카르도 카카 - 절대 두렵지 않다. 그 이유는 나를 믿는 10명의 동료가 있기 때문이다.'

아이들 스스로 선택한 멘토이기에 그 멘토의 말 한마디 한마디가 아이들의 마음을 움직인다. 그리고 꿈을 가지되 그러한 꿈을 실현할 수 있는 마음가짐을 배울 수 있었다. '히카르도 카카'를 멘토로 정한 아이는 평소 축구에만 빠져있어 걱정이 많은 아이였다. 하지만 '명예의 전당' 활동을 통해 축구도 결국 혼자만의 경기가 아니라 주변 동료를 믿고 의지해야만 한다는 사실에 집중할 수 있었다. 나만을 생각하는 모습에서 벗어날 수 있는 시작점이 될 수 있었다.

전통과 미래의 공존

이 활동은 체육 3단원 '경쟁 활동'과 5단원 '여가활동'이 적용되는 활동이다. 이 활동에서 중요한 내용은 우리의 인생에서 행복이라는 것의 필수 조건 중 하나가 바로 건강이며 이러한 건강은 학교를 다니면서 하게 되는 체육 시간만이 아니라 평소 생활 속 여가활동으로 다질 수 있다는 것이다. 아이들이 자신의 부모님이 현재 즐기시는 여가활동을 생각해 보는 것부터 시작한다. 그리고 그런 다양한 여가활동의 운동적 의미에 대해서도 생각해 본다.

여기서 중요한 것 중의 하나가 체육을 바라보는 시각이다. 최근 학교교육에서 체육활동을 강조해야 한다는 말이 많이 나오고 있다. 입시 위주의 교육으로 인해 우리 아이들은 체육 시간조차도 보장받지 못하고 그 시간에 자율학습을 하는 경우도 많다. 그래서 아이들의 체력이 전체적으로 떨어져있다. 그리고 그렇게 떨어진 체력은 나라 전체적으로도 건강하지 못한 사람들을 많이 만들게 된다. 그래서 학교교육에서만이라도 체육교육을 강조하려는 분위기가 있다.

하지만 어찌 보면 너무나 당연하고 옳은 이야기 같지만 여기에 혹시 함정 같은 것이 있는 것은 아닐까? 혹시 체력을 키워야 한다는 생각을 하면 어떤 생각이 떠오르는가? 축구를 잘하고 농구를 멋있게 하며 오래달리기도 잘하는 사람? 강인한 체력에서 강인한 정신이 나온다? 이런 생각을 뒤로하고 다시 한 생각은 다음과 같다.

'꼭 강인한 체력과 정신력이어야 하는 걸까?'

사실 우리가 일상적으로 살아가는 데 더 많이 필요한 것은 한 번에 쏟아 붓는 힘이 아니라 꾸준히 힘을 지속하고 때에 따라 강약을 조절하는 능력이 더 필요하지 않을까? 물론 스포츠를 통해서 그러한 능력이 발전하지 않는 것은 아니지만 그러한 능력을 위해 스포츠 활동을 늘려야 한다는 생각은 무엇인가 빠진 것 같다는 생각이 든다. 나이가 들어갈수록 건강에 신경을 쓸 수밖에 없는데 그 건강을 유지하는 방법이 꼭 스포츠나 운동이 아니어도 된다는 생각이다.

우리네 아이들도 마찬가지 아닐까? 정말 아이들이 스포츠를 그렇게 모두 원한다면 각 학교의 특기적성 프로그램이나 스포츠클럽에는 가입하지 못해 아우성치는 아이들이 넘쳐나야 하지 않을까? 스포츠나 운동을 좋아하는 아이들이 있는 것은 사실이지만 스포츠나 운동을 많이 해야 제대로 자랄 수 있다고는 하지 않았으면 좋겠다. 오히려 스포츠나 운동에 빠져있는 아이들을 보면 스스로의 에너지를 제대로 분배하지 못하고 운동 쪽에만 쏟아 부어 다른 소중히 배워야 할 부분들을 놓치는 경우를 종종 볼 수 있었다. 우리 아이들에게 필요한 것은 강인한 체력과 정신력이 아니라 조화롭게 자신을 가꾸고 조절할 수 있는 움직임과 운동이 필요한 것은 아닐까?

생태 관련 공부와 생태 탐사를 하며 예전보다 훨씬 건강해진 그리고 조화롭게 나를 다루는 법을 배웠다. 우리 아이들 중에서도 그러한 활동들이 쌓여가며 자연스럽게 스스로의 체력을 향상시키고 조정력을 배우는 아이들을 많이 보았다. 눈에 확 띄게 보이는 변화는 아닐지 모르지만 이런 활동들이 우리가 추구하는 조화로운 인간, 다른 말로 전인적 인간으로 아이들이 성숙하는 데 더 큰 도움이 될 것이라고 생각한다. 이렇게 체육을 바라보니 아이들과의 여가활동 하나하나에 새로움이 느껴진다. 무엇을 하건 그것을 통해 길러야 할 것은 조화로운 자신을 만드는 것이다.

이런 활동의 일환으로 '행복한 미래'와 연계하여 진행한 것이 '서울 산성 둘레길 걷기' 프로그램이었다. '행복한 미래'에서 '미래 프로젝트'와 연계된 것으로 이 활동은 결국 행복이라는 것을 찾아가는 과정 중 만나게 되는 '나'는 우리 민족의 일원임을 깨닫고 그리하여 '우리 것'에 대해 알아가는 과정이다. 이를 위해 '현대와 전통이 공존하는 곳'을 가보고 싶었다. 그리고 그곳을 걷는 것 자체가 '걷기'라는 하나의 훌륭한 체육활동이라고 생각했다. 걷는다는 것은 체력만을 키우는 것이 아닌 '나'를 돌아보고 생각할 수 있도록 만드는 하나의 수행과 같은 과정이라 생각하기 때문이다. 그리고 또 하나의 이점이라면 1학기

[사진6] 서울 산성 둘레길 걷기

에 다루었지만 이 책에서는 설명하지 않은 '지혜로운 우리 민족'이라는 주제에서 배우고 경험했던 곳의 다른 부분을 볼 수 있다는 점이었다.

"와~ 우리나라 서울에 이런 산성길이 있다는 것이 신기해요~"

"여기서 보면 광화문이 다 보여요."

물론 아이들은 올라가는 것 자체를 힘들어 하기도 한다. 하지만 분명한 것은 힘들다는 느낌보다 더 큰 자부심을 가지고 내려오는 아이들의 모습이었다. 경복궁이 단순히 궁궐로서의 아름다움만이 아닌 우리나라 서울 한복판에 있다는 사실이 중요한 것처럼 산성길 걷기도 아이들에게 체육 시간은 무조건 뛰고 경기하는 것만이 아닌 자신을 돌아보고 자연과 인간의 조화가 중요하다는 생각을 하게 만드는 활동이었다. 그리고 앞으로도 이런 둘레길 걷기와 같은 활동들을 통해서 자신을 돌아보고 생각하는 사람으로 자라기를 바라는 교사들의 마음도 담겨있는 활동이다.

미래 프로젝트

이 활동은 국어과의 5단원 '언어의 세계'과 사회과의 3단원 '정보화, 세계화 그리고 우리', 도덕과의 5단원 '통일 한국을 향하여' 그리고 창의적 체험활동을 연계한 것이다. 국어 '언어의 세계'에서는 '문장의 호응 관계 파악과 글쓴이의 관점 파악 그리고 한글의 우수성까지 알게 한다.'가 성취 기준이며, 사회 '정보화, 세계

[사진7] 모둠별 선택 주제 마인드맵 만들기

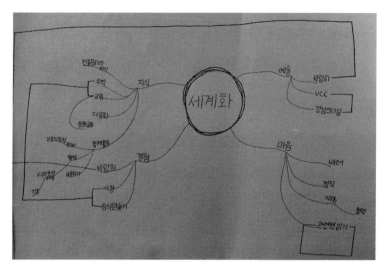

화 그리고 우리'에서는 '과학기술과 정보화에 따른 미래사회 변화
를 알고 전통의 공존과 통일과 세계 평화를 알아간다.'가 성취 기
준으로 제시되어 있다. 도덕과의 성취 기준은 '진정한 통일 모습
을 이해하고 미래의 한국상 실현을 위해 노력하는 자세'인데 이
부분은 사회과의 성취 기준과 밀접한 관계가 있다. 이러한 국어
과와 사회과 그리고 도덕과를 이어주는 내용을 미래를 위해 우리
가 알아야 할 것으로 잡고 이러한 내용을 배우기 위한 활동을 '미
래 프로젝트'로 정한 것이다.

이 활동은 미래를 살아가야 할 아이들 스스로가 그럼 행복한 미
래를 위해 무엇이 필요할지 프로젝트 형식으로 문제를 설정하고
조사하고 발표하는 과정까지 경험하도록 하는 것이다. 이번 활동

[사진8] 모둠별 선택 주제 발표와 전시

[사진9] 프로젝트 주제 발표회

은 지금까지 교사 주도로 짜여진 주제 중심 교육활동을 하는 것이 아닌 자신들이 스스로 주제를 정하고 교육활동을 구성하는 프로젝트 방식의 경험을 본격적으로 하게 된다.

이러한 프로젝트 방식의 학습에서도 주의할 점이 있다. 바로 이런 활동을 가정에서 과제로 하는 것이 아닌 학교에서 정규 시간에 하도록 하는 것이다. 그리고 그렇게 하려면 결국은 교육과정을 재구성하고 시간을 확보해야 한다. 여러 가지 이유가 있을 수 있지만 개인적으로 중요하게 생각하는 이유는 바로 아이들을 '관찰'하는 선생님이 아이들 옆에 있어야 하기 때문이라 생각한다. 우리 교사들은 아이들과 함께하는 배움을 이야기하면서도 그 아이 개개인에 대해 잘 모르는 경우가 많다. 교사가 그 아이를 이해하지 못하는데 그 아이에게 어떤 배움이 일어날 수 있단 말인가? 결국은 교사가 옆에서 관찰하며 그 아이의 변화를 민감하게 인식하고 그것에 대한 적절한 응답을 해 주는 일이 무엇보다 소중하다는 생각이다. 아이들은 정규 시간에 교사의 도움을 받아가며 프로젝트를 진행해야 한다.

아이들과 함께 교육과정 성취 기준에 어울리는 주제를 선정하는 절차를 거치고 모둠별로 선택한 주제에 대해 자신들만의 주제 중심 교육 마인드맵을 만들어 간다. 그리고 그 마인드맵에 있는 활동들을 스스로 구안한다. 이러한 과정에서 그동안 여러 가지 주제를 배우며 익혀왔던 모든 경험들이 쏟아지는 모습을 볼 수 있다. 특히 앞에서 언급한 마인드맵의 5가지 영역(마음, 지식, 경험, 예술)은 아이들이 스스로 주제를 중심으로 탐구하는 것에 중요한 나침반 역할을 하는 것을 보게 되었다. 신체 영역은 반 전체가 함께 여가활동 중심으로 진행하고 있었기에 자신들만의 마인드맵에서는 제외했다. 그저 재미있고 황당한 활동만이 아닌 자신들이 꼭 가야 할 중요한 지점을 놓치지 않는 데 도움이 되는 모습이었다.

먼저 주제를 선정하기 위해 중심이 되는 교과인 사회 교과를 분석해 본다. 사회 교과에서 나오는 핵심적인 내용 요소들을 추출한 다음 그것을 중심으로 다른 교과까지 포함하여 총 6가지의 주제가 선정되었다. 사회과와 도덕과에서 공통으로 나오는 '통일'이라는 주제부터 시작해서 '세계화', '인류공영', '전통과 세계의 만남', '정보화와 미래'의 주제가 선정되었고, 행복한 미래를 위해 우리 것의 소중함을 알아보는 것의 중요성을 국어과의 성취 기준과 맞추어 '한글의 재발견'이 주제로 선정되었다. 이렇게 정해진 주제는 각 모둠별로 주제에 필요한 마인드맵을 영역별로 정리하고 주어진 사회, 국어, 도덕, 창체 시간을 활용하여 프로젝트를 진행하였다. 프로젝트가 진행되는 동안 아이들은 매일 프로젝트 진행 상황을 글로 표현했으며, 표현에서 국어 시간 배우게 되는 문장의 호응 관계를 주의하며 글쓰기를 할 수 있도록 하였다. 이런 식으로 교육과정에서 요구하는 성취 기준을 달성하면서 진행한 프로젝트는 발표회를 끝으로 마무리된다. 프로젝트 발표회는 교실에서 각 모둠이 준비한 발표물들을 돌아보며 공유하는 활동으로 진행된다. 아이들은 각 모둠이 준비한 발표물에 흥미를 가지고 접근하였으며 서로 필요한 정보를 공유하고 배우는 모습을 보여주었다.

우리 교사들은 우리의 교육을 이야기할 때 교사 위주의 교육이 문제이고 아이들이 주도하는 교육을 해야 한다는 생각을 많이 가지고 있는 것 같다. 하지만 이 또한 하나의 오류일 수 있다는 생각이다. 고학년을 여러 해 맡아 보았지만 아이들이 처음부터 무엇인가 스스로 해 나가는 경우는 극히 드물었으며, 만약 한다 하더라도 그 수준이 천차만별이어서 수준이 일정하게 유지되지 못하는 경우가 다반사였다. 몇몇의 똑똑한 아이들을 위한 교육이라면 그런 방법도 괜찮을 수 있지만 우리가 만나는 아이들은 다양성을 기본으로 가진 아이들이라는 점이 어려움의 첫 시작이었다. 그래서 자기 주도적인 학습을 하면 좋은 교육인 것처럼 이야기하는 것을 경계하지 않으면 자칫 우리 스스로 중요한 것을 놓칠 수 있다는 생각을 하게 되었다. 교육과정에 포함되는 정규 수업에 시간을 확보하고 진행해야 한다는 것은 이런 경우를 생각해서이다. '자기 주도적으로' 하라고 하면서 과제식으로 집에서 해 오기를 바라는 순간 자기주도는 뒷전이고 부모님의 숙제가 된다. 혹은 열심히 하는 친구와 그냥 이름만 올린 친구로 철저히 나눠진 결과물을 볼 수 있다.

비록 주제 중심 교육과정은 전체적인 구상과 디자인 등은 교사가 하지만 그 속에서 벌어지는 각각의 활동에서는 아이들이 중심이 되어 선택하고 활동하도록 한다. 그리고 '미래 프로젝트'처럼 좀 더 자유로운 '자기 주도적' 학습을 하더라도 철저히 교육과정의 정규 수업 시간을 확보하고 그 시간에 교사와 함께 준비하고 나아갈 수 있도록 해야 한다. 이것이 우리가 추구해야 하는 자기 주도적인 학습의 모습이라고 생각한다.

실제 '미래 프로젝트'에서는 아이들이 자신들에게 필요한 현장학습 계획도 세우고 오후 수업 시간을 활용하여 다녀오기도 했다. 이럴 때 교사는 현장학습에 가는 목적을 정확히 체크하고 안전상 문제가 될 부분을 해결해 주고 다녀온 결과물을 발표 내용에 녹여낼 수 있도록 안내해 주면 되는 것이다. 이렇게 했을 때 어떤 아이라도 함께 프로젝트 학습 즉 자기 주도적인 학습의 주인공이 될 수 있었으며 그 결과 또한 모두와 공유할 수 있었다. 그리고 주인공이 된 아이들 하나하나는 모두 그 프로젝트에 몰입하는 모습을 보여주었다. 이러한 경험들로 볼 때 다음과 같은 생각이 든다.

'배움이라는 것은 혹시 자기 주도적으로 하느냐 하지 않느냐의 문제가 아니라 얼마나 몰입할 수 있느냐 없느냐의 문제가 아닐까?'

'행복한 미래' 주제를 진행하는 동안 창의적 체험활동 시간을 활용하여 함께 영화 감상도 하고 직업체험 현장학습도 다녀왔다. 물론 영화의 내용도 '행복'이라는 핵심을 염두에 두고 선정하였고 아이들에게 진로교육의 핵심이 행복임을 다시 일깨워주었다. 최근 어린이들을 대상으로 하는 유료 공간이 많이 생겼기 때문에 직업체험 현장학습은 그러한 곳들 중 한 곳을 선택해서 다녀오면 좋다. 구체적인 직업체험을 해보는 것은 우리 아이들의 막연한 미래에 대한 아니 어쩌면 현재에 대한 불안감을 조금은 덜어주는 계기가 되는 것처럼 보였다. 지금 우리 주변에서 일하는 사람들의 일을 경험해 보는 것이 어떤 느낌인지 몸으로 알아보는 것이 필요하다. 자신을 좀 더 잘 들여다 볼 수 있도록 만드는 일이라는 생각이 들었다. 책으로 100번 설명을 듣는 것보다 한 번 가서 해보는 것이 더 소중한 시기라는 생각이다.

2011년 한국직업능력개발원이 실시한 조사에서 '행복하다'고 답한 성인 남녀 664명의 학창시절에 대해 설문한 결과에 따르면, 지금 행복한 생활을 하고 있는 성인 남녀는 학창시절 가정생활이 행복했던 사람이 가장 많았으며 그 다음으로 희망 직업에 대한 생각이 있었던 사람이었다고 한다. 그에 비해서 '학업이 우수해서 행복했다'고 답한 사람은 3.5%로 가장 적은 응답률이 나왔다. '행복한 미래'라고 하는 진로교육을 중심으로 하는 주제 중심 교육과정에서 이 부분에 대한 생각이 가장 밑바닥에 깔려 있었던 것 같다. 행복이라는 것은 단순히 성적이나 돈으로 살 수 없다는 것을 먼저 인식하고 그것에 대한 이야기를 나눌 수 있는 마음가짐이 중요하다. 그것이 이번 주제에서 아이들과 나누고 싶었던 교사들의 마음이었을 것이다. 이런 마음에서 '행복한 미래를 위한 시간, 15분' 활동이 나오게 되었고 '세상을 밝히는 불빛'을 서로 연결시킬 수 있었다.

아이들이 자기 욕구를 깨닫는 능력을 계발하는 것은 매우 중요하다. 그래야 진정 자유로운 결정을 내릴 수 있기 때문이다. 그러려면 자기 자신이 원하는 것과 다른 사람들이 자신에게 바라는 것을 분간할 줄 알아야 한다. 그래야 욕망과 의무 사이의 균형이 잡혀 행복을 찾을 수 있기 때문이다.[2]

『물고기는 물고기야』라는 그림책이 있다. 그 그림책을 보며 위의 말을 떠올렸던 것 같다. 행복하다는 것은 먼저 자기 자신의 위치와 가치를 인정하는 것부터 시작이며 결국 그렇게 하기 위해선 자신에 대해 알아야 한다. 그런 이유로 '나를 알아보는 8가지 ㄲ' 활동을 하게 되었다. 진로교육을 생각하면서 가졌던 이러한 성찰들이 결국은 우리 아이들과 우리 교사들을 함께 성장시켰다 생각하고 결국 행복이란 어디 멀리 있는 것이 아닌 내 마음 속에 있다는 것을 알게 해준 소중한 주제였다.

---

2. 에언스트 프리츠-슈베어트, 『행복부터 가르쳐라』, 베가북스, 2011, p. 98

4장
교육과정 사례 3 – 진실과 거짓

〈교실 안〉

방학식을 앞두고 있는 교실 안.

왁자지껄한 소리도 들리고…

"자! 지금 자기 책상을 시험 볼 때처럼 옆 사람과 떨어지게 만드세요."

"잉? 선생님 오늘 시험 봐요?"

"음…. 그럴까?"

"어… 선생님 그러는 게 어디 있어요! 오늘은 방학식이잖아요?"

"흐흐~ 일단 자리 배치부터 하세요."

아이들은 이리저리 책상을 옮기면서 자신들이 왜 이래야 하는지 궁금해 한다. 친구들과 이런 저런 이야기를 하면서…

"음. 이제 다 되었네요. 그럼 왜 선생님이 이렇게 자리를 배치하라고 했을까? 누가 한번 추리를?"

"오늘 단원 평가나 시험을 보는 것은 아니겠죠? 선생님!"

"맞아! 맞아! 어떻게 오늘 시험을 볼 수 있어요?"

"아니야. 선생님이 그랬잖아. 혁신학교가 왜 혁신학교냐고. 졸업하는 날 아침까지도 공부하는 게 혁신학교라고 했어. 아마 오늘 시험 볼지노 몰라. 힝~"

"좋아요. 그럼 시험을 볼까?"

"아니요!"

"좋아요. 그럼 모두 지금 자신의 의자 위로 한번 올라가 볼래요?"

아이들은 웅성웅성 무슨 일인지 궁금해 하며 자신의 두 다리로 의자 위에 올라선다.

"자. 그럼 이제 양 옆으로 손을 뻗어 볼까요?"

아이들은 선생님이 하라는 대로 손을 뻗어본다. 어떤 친구는 다른 친구와 손이 닿기도 하지만 어떤 친구는 혼자 허공에 손을 흔들고 있다.

"그럼 이제부터 선생님이 왜 이런 이상한 행동을 시키는지 이야기할게요. 오늘이 무슨 날인지는 다 알고 있죠? 네. 오늘은 방학식입니다. 즉 이제부턴 각자가 자신의 집에서 방학을 보내야 한다는 이야기이지요. 이제까지 우리는 함께 학교에 와서 함께 공부하고 더군다나 책상끼리 딱 붙여놓고 옆 사람, 앞사람, 뒷사람 가리지 않고 함께 이야기하며 배워왔어요. 하지만 방학은? 지금 여러분이 책상을 뚝 떨어뜨려놓고 양 옆의 친구들과 일정한 거리를 유지하며 지내야 하는 것이 방학이랍니다."

"아하~"

아이들은 의자에 자신의 두 다리로 올라간 채로 선생님의 말을 듣고 있다.

"이제 방학이란 것이 무엇인지 좀 감이 오죠? 물론 방학 중에도 친구들과 만날 수 있지만 우리가 학교에서 함께 배울 때와는 거리가 있다는 이야기예요. 그리고 더 중요한 것은 여러분이 지금 의자에 올라와 있다는 사실이랍니다. 지금 의자에 올라가 있으니 느낌이 어때요?"

"약간 무서운 느낌도 들어요."

"재미있어요. 그런데 혼자라는 느낌도 들어요."

"네, 바로 그 느낌. 무슨 말인고 하면 이제 바로 옆에 친구가 없다는 것은 자신의 두 다리로 스스로 서 있을 수 있어야 한다는 이야기랍니다. 자신을 지탱해 주는 것은 옆의 친구가 아니라 바로 '나' 자신이 되어야 한다는 이야기예요. 지금 여러분이 각자의 의자에 자신의 두 다리로 올라서 있는 것처럼요. 선생님이 바라는 여러분의 방학 생활은 방학 과제를 열심히 하는 것도 의미 있고 재미있게 보내는 것도 의미가 있지만 더 중요한 것은 여러분이 스스로를 믿고 자신의 두 다리로 씩씩하게 잘 서 있다가 다시 돌아오는 거랍니다. 그래서 다시 만날 땐 한층 더 안정적인 친구가 되어서 만나길 바라는 거예요."

[그림1] '진실과 거짓' 영역별 단원

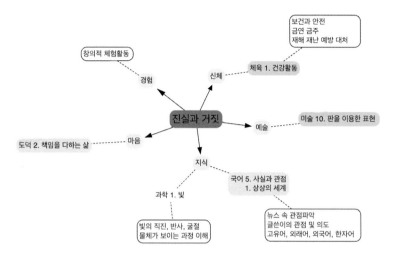

[그림2] '진실과 거짓' 영역별 단원과 세부 활동

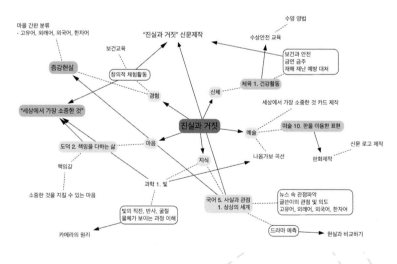

아이들의 표정 하나 하나 흐트러짐 없이 진지한 모습이다. 자신들에게 이번 여름방학이 어떤 시기가 되어야 할지 고민하는 눈빛이기도 하고 앞으로 펼쳐질 방학 동안의 자신을 다짐하는 모습이기도 하다. 아이들과의 여름방학은 이렇게 시작되었다.

'진실과 거짓'이라는 주제는 1학기를 마무리하며 막연하게 생각하던 '참된 삶'의 의미가 '자신을 사랑하고 존중하는 것'에서부터 시작된다는 것을 깨우쳐주고 싶은 마음에 정해진 주제이다.

방학을 앞두고 진행되는 마지막 주제이다 보니 총 시간도 50차시 정도로 짧은 주제이다. 하지만 그 속에서 담고자 하는 마음은 어떤 주제에도 밀리지 않는 큰 생각을 가지고 접근했다. 이 주제와 관련된 활동들은 다음과 같다.

〈진실과 거짓〉 주제에서는 크게 3가지 활동을 중심으로 구체적인 접근을 하고자 한다. 여기에는 '증강현실', '진실과 거짓 신문 만들기', '세상에서 가장 소중한 것'이 수업 활동으로 계획되었다. 앞의 두 주제에서 다루던 방식보다 좀 더 프로그램 내용과 과정에 집중해서 설명하고자 한다.

증강현실

이 수업은 국어 듣기·말하기·쓰기 1단원 '상상의 세계'와 5단원 '사실과 관점'에 나오는 '고유어, 외래어, 외국어, 한자어' 내용

과 연계된 활동이다. 증
강현실이라는 주제를
수업에 도입한 것은 우
리의 세상이 점점 디지
털화 되어가고 있고 그
것의 정점에 있는 모습
이 증강현실이라는 생
각을 했기 때문이다. 현
실과 디지털의 만남이
증강현실의 핵심이고
우리는 그것을 그저 스
마트폰이라는 도구로
자연스럽게 접하고 있
을 뿐이다. 이런 세상에
서 아이들은 자칫 현실

[사진1] 모둠별 상가건물 사진 찍기

[사진2] 상가 이름 분류하기

세상과 디지털화된 세상을 구분하지 못하는 모습을 보일 수 있다
는 생각이 들었다. 그런 대표적인 경우가 게임에 빠져있는 아이
들의 모습일 것이다. 그래서 아이들에게 현실과 디지털이 어떻게
연결되어 있는지 보여주는 것이 도움이 될 것이라 생각했다. 모
든 최첨단 기술도 결국은 그 바탕이 '현실'에 있음을 알게 하고 싶
었다. 그래야 현실과 디지털 세상, 즉 상상의 세상을 구분할 수 있
을 테고 그것이 바로 우리 삶의 진실 중 한 부분이라 생각했다.

증강현실 수업에 필요한 도구로는 투명 OHP필름과 네임펜, 그리고 카메라가 있어야 한다. 사실 카메라보다 스마트폰이 더 편리하긴 하다. 그래야 모둠별로 찍은 사진을 교사에게 바로 보낼 수 있고 그것을 바로 인쇄해서 줄 수 있기 때문이다. 아무튼 증강현실 수업에는 특별한 도구가 필요한 것은 아니라는 말을 하고 싶다.

수업에서는 처음에 증강현실에 대한 간단한 안내를 한다. 물론 이 안내는 국어 드라마 수업과 같이 하게 된다. 왜냐하면 드라마라고 하는 것의 진실은 현실에 기초한 허구라는 것이기에 현실에 기반 한 증강현실과 연계해서 설명할 수 있기 때문이다. 그리고 이어서 우리가 조사할 것에 대한 설명을 하게 된다. 여기서는 국어 시간 배우는 우리 주변의 다양한 언어 중 고유어를 찾으러 간다는 사실에 대해 설명을 해준다. 아이들은 간단한 설명을 듣고 우리 마을에 있는 상가건물을 찾아 출발한다. 상가건물의 한 부분에 한 모둠씩 위치를 지정해준다. 각 모둠이 해야 할 일은 모둠별로 일정한 장소(나중에 다시 돌아와서 그 자리에 올 수 있는 장소)를 정하고 모둠별로 지정된 건물의 상가 이름이 잘 나올 수 있는 사진을 찍는 것이다. 사진을 찍고 돌아오는 시간은 1차시 정도면 충분하다. 물론 학교와 마을의 상가건물의 거리에 따라 달라질 수 있다.

다음으로 이어서 할 일은 분류하는 일이다. 일단 교사는 아이들이 모둠별로 찍은 사진을 출력해준다. 아이들은 출력물에 찍혀있는 간판 이름을 모둠에서 협의하여 글자 하나하나를 포스트잇에 옮겨 적는다. 포스트잇에 옮겨 적는 일은 4가지 언어로 분류하기 편하게 하기 위해서이다. 이 분류하기 시간을 통해 교육과정에서 달성해야 할 성취 기준에 대한 수업을 진행할 수 있다. 이렇게 알게 된 것을 바탕으로 증강현실을 직접 제작한다.

　증강현실을 제작하는 것은 교사가 뽑아준 사진 위에 투명 OHP 필름을 대고 건물 모양과 간판 모양을 따라 그리면 된다. 여기서 중요한 것은 간판의 이름은 따라 쓰지 않는다. 왜냐하면 간판의 이름까지 따라 쓰게 되면 너무 복잡한 모습이 되어버려 나중에 써야 할 글이 잘 안보일 수 있다. 건물의 모양과 간판의 모양을 따라 그렸다면 이제 그 간판 모양의 위쪽에 그 간판 글자가 속한 언어

[사진3] 투명 OHP 필름으로 건물 모양 따라 그리기

의 종류를 적어준다. 이렇게 적은 후 이제 실제 현장에 다시 돌아가 현실과 디지털의 만남, 즉 증강현실을 경험하는 활동을 한다.

모둠별로 사진을 찍었던 장소로 돌아가 자신들이 만든 증강현실 도구로 다시 그 건물을 보게 된다. 지나가는 어른들 중 궁금해하시는 분들이 있으면 설명과 함께 보여드리도록 한다. 부모님이 함께 나가서서 아이들의 설명을 들어보는 것도 좋은 방법이다.

이렇게 함으로써 아이들은 지금 배우고 있는 '진실과 거짓'이라는 주제를 '현실과 디지털'이라는 주제와 연결하여 생각할 수 있다. 그리고 모든 최첨단 기계들의 본바탕에는 언제나 이런 현실적 원리들이 있다는 사실에 대해서도 함께 이야기 나눌 수 있다. 최근 우리나라의 교육 흐름 중 하나가 미래 교육을 지향하며 최첨단 기기들을 활용하여 수업을 하는 것이다. 스마트교육이라 이름 붙여진 활동들에서 필수로 요구되는 것이 스마트패드와 같은 최첨단 도구들이다. 하지만 진정한 스마트교육은 그런 최첨단 도구들을 다루는 것도 포함하지만 그 원리에 대해 자연스럽게 알아갈 수 있도록 하는 것에 있는 것은 아닐까 하는 생각을 해 본다. 지금의 시대는 단순히 정보를 이용하는 것에서 더 나아가 그 정보를 더 가치 있게 활용할 수 있는 것, 자신의 것으로 새롭게 창조할 수 있는 것이 중요하다는 생각이다. 그러기 위해서는 그 정보의 원천에 대한 이해가 높아야 한다는 생각이다. 그리고 그 정보의 원천 또한 현실에 기초하고 있다는 것을 생각해야 한다.

'진실과 거짓' 신문 제작

이것은 국어 '관점에 따른 뉴스'를 배우면서 진행되는 주요 활동이다. 과학에서 배우는 빛에 대한 부분과도 연관이 있어서 우리가 보는 것이 실제로는 보는 것이 아니라 보이는 것이라는 사실과도 연결된다. 이 세상 모든 것들에 '성답'이라는 것이 과연 있을 수 있는지? 만약 정답이라는 것이 없다면? 그렇다면 진실은 무엇인지? 혹시 우리가 알고 있는 '진실이' 진실이 아닐 수도 있다는 사실에 대한 글쓰기를 신문 만들기로 집약하는 것이다.

먼저, 관점에 따라 다르게 쓰인 뉴스를 분석하며 우리가 보는 관점이 얼마나 중요한지 다시 한 번 점검하고 우리 주변에 어떤 것을 새로운 관점으로 바라볼 것인지 이야기를 나눈다. 이 이야기를 나누는 과정에서 자연스럽게 자신이 취재해야 할 뉴스거리를 찾아내는 과정을 거치게 된다. 체육 시간에 다루는 흡연과 음주에 대해서도 이 관점을 가지고 접근하는데 아이들과 함께 이런 이야기를 할 수 있다.

"어른들이 스트레스를 풀기 위해 술을 마신다고 하는데 정말 그럴까?"

"흡연을 해도 스트레스가 풀린다고 하잖아? 정말일까?"

어찌 보면 흡연의 안 좋은 점과 음주의 안 좋은 점만을 부각해서 하는 수업보다 이런 기본적인 의문들, 아이들의 삶 속에서 접할 수 있는 의문들을 가질 수 있도록 하는 것이 '진실과 거짓' 수업에서 중요한 점이라 생각한다. 이러한 의문들을 중심으로 각자 혹은 모둠별로 어떤 뉴스를 취재할지 정하게 된다.

다음 단계는 수업 시간을 활용하여 뉴스에 필요한 정보를 모으고 설문조사를 진행하고 뉴스 기사를 쓰는 활동을 하면 된다. 이때 진실과 거짓이라는 양면성에 대한 의문이 뉴스 기사에 녹아날 수 있도록 계속해서 피드백해 주는 것이 중요하다. 그리고 수학 시간 배운 비율 그래프 그리기를 활용하여 신문을 좀 더 아름답게 제작할 수 있도록 하는 일도 교사가 챙겨주어야 할 일일 것이다.

'술의 진실과 거짓', '담배의 진실과 거짓', '홍삼음료', '위안부', '올림픽의 진실과 거짓', '독도는 우리 땅', '스마트폰의 진실과 거짓', '컴퓨터 셧다운제, 과연 좋은 것일까?', '유기견의 진실과 거짓', '환경 보존을 할 것인가? 개발할 것인가?', '성사천 환경, 그다지 나쁘지 않다.', '난지공원의 비밀', '명품? 짝퉁?', '학원 예습의 진실과 거짓'

이상은 아이들이 '진실과 거짓' 신문에 실은 뉴스의 제목들이다. 각 내용들을 다 소개할 수는 없지만 그 내용들에는 모두 진실이라 생각

[사진4] '진실과 거짓' 신문 제작

하는 것들에 대한 비판적인 관점들이 들어있다는 것을 알 수 있다. 그리고 더 의미 있었던 것은 그동안 학교에서 배웠던 것들에 대해 의문을 가지고 새롭게 접근해 보려는 시도를 하고 있다는 것이었다. 선생님이 평소 하던 학원에 대한 이야기, 우리가 갔었던 난지공원, 성사천 캠페인의 경험, 스마트교육에서 배운 교육 내용 등 자신들이 배웠던 것들에 대해 뉴스를 만드는 작업을 진행했다. 1학기 마지막 활동으로 이보다 좋을 수가 없었다. 배움 중심 수업이라는 것에서 제일 중요한 것이 바로 '자기 생각 만들기'인데, '진실과 거짓' 신문 만들기에서 보여준 아이들의 글은 성찰을 통해 자기 생각을 만들어가는 모범적인 사례라는 생각이 들었다.

이렇게 만들어진 신문은 아이들 각자의 손에 쥐어지게 되고 그 것을 받아들고 읽으며 짓는 아이들의 미소는 교사인 나를 춤추게 만든다. 그리고 이 신문을 주변 어르신들과 함께 나누어 읽으며 함께 협력하고 자신들만의 표현을 한 결과를 경험할 수 있었다. 우리가 말하는 배움의 가장 중요한 형태가 아닐까?

세상에서 가장 소중한 것

마지막 활동인 '세상에서 가장 소중한 것'은 도덕에서 배우게 되는 '책임'을 중심으로 소중한 것을 책임감을 가지고 지켜가야 한다는 이야기부터 시작하게 된다. 그리고 그런 소중한 것을 지키기 위해서는 무엇이 소중한지 알아야 하기 때문에 아이들과 그 부분에 대해 이야기를 나눈다.

"너희들이 생각하는 세상에서 가장 소중한 것은 무엇이니?"

여러 가지 이야기들이 나오게 되는데 주로 외부에서 소중한 것을 찾는 경우가 많다. 아이들 각자의 답을 남겨둔 채 "선생님이 너희 각자에게 세상에서 가장 소중한 것을 선물하고 싶다."고 말하고 "그 선물을 받기 위해 조금의 수고가 필요하다."는 설명을 해준다. 그러면서 자연스럽게 '세상에서 가장 소중한 선물'을 담을 카드를 제작하게 한다. 이때 아이들에게 "그 카드에는 소중한 선물을 받기 위한 자신의 마음을 담아야 한다."는 이야기를 해주고 제작에 들어가게 된다. 아이들은 소중한 것은 소중히 만들어진 곳에 담아야 한다는 생각을 가지고서 자신이 배웠거나 알고 있는 좋은 내용들을 글로 쓰거나 그림을 그리게 된다. 아이들이 자신만의 소중한 카드를 제작하고 나면 그것을 거두어들이고 그날 오후에 교사들은 함께 바로 그 속에 세상에서 가장 소중한 선물을 담는 작업을 시작한다.

교사들이 할 일은 세상에서 가장 소중한 것을 담을 카드 가운데에 '거울종이'를 붙여주는 것이다. 양면테이프를 이용해서 붙여주면 오랜 시간이 걸리지 않아도 붙여줄 수 있다.

방학식 날, '이 장 처음에 소개한 방학을 맞이하는 자세에 대한 수업에 이어서 '세상에서 가장 소중한 것'을 담은 카드를 나눠주는 시간을 갖는다.

"자, 이제 모두 자리에 앉아보렴. 방학 동안 두 다리로 튼튼히

[사진5] 세상에서 가장 소중한 카드

버티고 지낼 너희들에게 선생님이 주는 1학기 마지막 선물이 여기 있단다."

아이들은 교사의 손에 들려있는 '세상에서 가장 소중한 카드'를 보며 과연 무엇이 담겨있을지 궁금해 한다. 일부 아이들은 선생님 손에 들려있는 카드의 두께가 거의 변하지 않았다는 것을 보고 선생님이 편지를 썼을 것이라고 수근 거리기도 한다.

"여러분이 세상에서 가장 소중한 선물을 받기 위해 제작했던 카드들이 여기 선생님 손에 있어요. 자 이걸 받고 싶죠? 하지만 이걸 받기 전에 약속 할 것이 있답니다. 먼저 절대 이야기하지 않기 그리고 마지막으로 다른 사람 카드 절대 보지 않기랍니다. 지킬 수 있나요?"

"네~"

아이들은 약속한 것처럼 이야기도 하지 않고 다른 사람 것도 보지 않는다. 그저 자신의 카드를 뚫어지게 바라볼 뿐!

이때 느낄 수 있는 감동은 아이들만 느끼는 것이 아니었다. 교

[사진6] 방학식에서 세상에서 '가장 소중한 카드'를 읽는 반 아이들

사인 나도 이 순간 아이들의 마음이 그대로 전해지는 느낌이었다.

"세상에서 가장 소중한 보물은 다른 곳에 있는 것이 아닌 바로 자기 자신이란다!"라는,

우리의 외침을 아이들은 정확하게 느끼고 받아들이고 있었다.

〈진실과 거짓〉에서 나오는 '세상에서 가장 소중한 선물'은 바로 영화 〈쿵푸팬더〉를 보고 생각한 활동이었다. 교사라는 직업 때문일까? 무엇을 보든 교육과 연관시키는 버릇은 주제를 중심으로 하는 교육과정 운영에서 더욱더 중요한 역할을 했는데 그것은 특히 여기서 잘 드러났다. 〈쿵푸팬더〉에 나오는 장면 중 주인공

이 보게 되는 '용의 문서'라는 것이 있다. 그것을 보면 최고의 고수가 될 수 있지만 그 '용의 문서'를 펼치는 순간 주인공은 크게 놀란다. 왜냐하면 어떤 비법이나 방법이 있지 않고 그저 주인공 자신의 얼굴이 보일 뿐이었으니까. 그리고 영화에서 말하는 부분도 바로 그 부분이었다. 특별한 비법이 있기보다는 그저 자신을 믿고 스스로 앞으로 나아가는 것이 중요함을 말할 뿐이다. 이것이 지금 우리 아이들에게 가장 필요한 말이 아닐까 하는 생각을 하게 되었다. 그래서 활동으로 만들게 된 것이다.

아이들은 무엇인가 소중한 것을 밖에서 찾는 경향이 강하다. 어른들도 별반 다르지 않다. 하지만 지금 현재 나에게 있는 것을 소중히 하는 마음이 우리가 가져야 할 배움이 아닐까? 그리고 그것이 바로 우리 인생의 진실이라 생각한다.

우리가 얻을 수 있는 교훈들

교육과정을 재구성한다는 것, 교과서 이외의 다른 교재와 많은 활동을 통해 교육한다는 것은 어쩌면 우리에게 많은 용기가 필요한 것일 수 있다. 특히 6학년의 경우 다음 해에 중학교에 입학해야 하는 현실과 초등학교에서 배운 내용이 연계되지 않아 혼란스러워 할 자녀들을 생각하며 걱정하시는 것은 어찌 보면 너무나도 당연한 것이다. 이런 현실적인 고민들에 대해 어떤 생각을 가지고 대해야 하는 것일까?

'이런 교육이 좋은 방향이니 그냥 이렇게 계속 가야 해. 이해 못하는 분들은 어쩔 수 없어.'

아마 이러한 생각을 가진 교사는 거의 없을 것이다. 그 대신에 이런 현실이 있기에 교육과정을 재구성하기보다는 그대로 진행하고, 교과서 이외의 교재를 사용하기보다는 교과서 지식들을 철저히 알 수 있도록 교육하며, 활동 중심으로 교육하기 보다는 입시에 도움이 될 수 있는 방향으로 교육의 방향을 잡아가는 것이 우리의 현실이지 않을까? 하지만 이렇게 교육하면서 결국은 스스로 이것이 답은 아니라는 생각을 가지고 생활하게 되는 것 또한 현실이라는 생각이다. 그렇다면 이런 형국에서 어떤 선택을 할 수 있는 것일까? 그리고 교육과정을 재구성하여 가르칠 때 지금의 현실과 어떻게 연결할 수 있는 것일까? 서정초등학교 인터넷 카페에 올라온 2013학년도 학부모 오리엔테이션 게시물에는 다음과 같은 내용이 있다.

서정 2년을 경험하고 인근 일반 중학교에 입학한 큰 아이는 학교생활에 큰 문제없이 잘 적응하고 있다. 그러나 인성교육의 결과는 분명한 차이를 보였다. 초등학교 때 길러진 인성교육은 정말 중요하다. 권하고 싶은 말은 선생님을 믿고 응원하는 것이다. 공부? 걱정 안 하셔도 된다.

현재 6학년 부장으로 4년째, 1년이 지나면 아이들은 중학교로 떠나고 그 모습을 지켜보는 일이 내가 하는 중요한 일이 되었다. 그러다 보니 중학생이 된 아이들의 이야기도 많이 듣게 되고 그 속에서 여러 가지 답을 찾아보기 위해 노력해 보았다. 그런데 올해 초 학부모님들이 진행하신 1학년 입학생 학부모 오리엔테이션에서 나온 이러한 이야기를 듣고 참 많은 생각을 했던 것 같다. 그리고 개인적으로 품어왔던 배움의 모습과 학부모님들이 느끼고 계신 배움의 모습이 크게 다르지 않다는 것에 안도하기도 하였다. 물론 정답이 있는 것은 아닐 것이다. 이렇게 주제를 중심으로 배웠다고 인성교육이 무조건 잘되고 그렇지 않아서 인성교육이 제대로 되지 않는다고 하는 경우는 없다고 확신한다. 다만 주제를 중심으로 배운다는 것이 인성교육과 같은 곳에 좋은 영향을 준다는 것과 교과서를 처음부터 끝까지 다 하지 않아도 중학교에 가서 학습을 하는 데 특별히 불편함이 없다는 것은 알 수 있다.

주제 중심 교육과정을 운영하며 고학년 아이들의 웃음을 보았고 빛나는 눈빛을 볼 수 있었다. 이렇게 행복한 배움을 이야기할 수 있다는 것이 주제 중심 교육과정의 가장 큰 수확이라 할 수 있을 것이다.

다만 마지막까지 조심해야 할 부분이 있다. 바로 '평가'이다.

그저 아이들이 행복하게 학교생활을 하도록 하는 것이 과연 이제까지 이야기한 주제 중심 교육과정의 핵심일까? 어쩌면 행복만 중요하게 되는 순간 다시 부모님들의 걱정과 아이들의 고민은 더욱더 커질 것이라 생각한다. 오히려 이렇게 활동이 많을수록, 교과서를 벗어나는 활동과 교재를 자주 사용할수록 그것을 포함하면서도 핵심을 놓치지 않을 평가가 수반되어야 아이들은 제대로 성장하지 않을까? 그래서 초등 고학년의 특성을 살려 평가에 특별히 신경을 쓸 수밖에 없었다. 하지만 평가의 방향과 방법의 문제가 여전히 남아 있었다.

아이들이 학교에서 배운 내용에 대해 아이들이 학원이나 가정에서 문제집에 나오는 문제를 풀어낼 수 있는지 없는지를 가지고 평가하려는 경향이 우리 학부모님들에게 있는 것 또한 사실이다. 그렇지만 과연 아이들이 문제집의 문제를 잘 풀어낸다고 제대로 배운 것일까? 그리고 지금 현재 초등 고학년이라 하더라도 문제집을 잘 풀 수 있는 능력이 과연 필요한 것일까?

이것은 '아이는 어른이 아니다.'라는 생각과 연결되어 있는 문제다. 지금 현재 초등학교에 다니는 아이라면 그런 문제집을 풀며 자신이 배운 내용을 평가받는 것이 아니라 자신이 알고 있는 내용을 자신의 말로 다시 설명하고 글로 쓸 수 있는지 평가받는 것이 좋겠다는 생각을 하게 되었다. 이것은 다시 지식이라는 것이 분절적으로 접근할 때보단 그것의 연결성을 살려 통합적으로 접근할 때 더 큰 의미가 생긴다는 생각과도 연결되어 있다. 그래서 평가의 방향은 아이가 어떤 지식을 얼마나 잘 외우고 있는지를 점검받는 데 있는 것이 아니라 아이 자신이 알고 있는 지식을 생각하면서 그것들이 자신이 살고 있는 세상과 어떻게 연결되어 있는지 자신만의 독창적인 표현으로 나타낼 수 있는가에 두어야

[사진7] 주제별 달적이

서정 주제별 달적이

- 주제별로 학생들의 생활모습과 학습상황을 알려드리는 주제별 달적이입니다. 자녀의 학습과 생활태도에 도움이 되시기를 바라며 학교와 소통하는 계기가 되기를 희망합니다.

6학년 이름 : 000000

교과명	영역	단원명	수행평가주제	평가방법	평가결과 (매우잘함)	평가결과 (잘함)	평가결과 (보통)	평가결과 (노력요함)	평가결과 (미흡)	비고
국어	듣기	3.다양한 주장	토의활동에 참여하기 (건강한 사람에 대해 생각해 보면서 건강하지 못한 상황에 대한 책을 없는 주 토의활동에 능동적이며 적극적인 모습)	관찰평가						
국어	쓰기	6.탄당한 근거	해결방안이 드러나는 글쓰기 (문제에 대해 탄당성 있고 명확한 해결방안이 드러나는 건설문 쓰기를 할 수 있음)	지필평가						
국어	말하기	6.탄당한 근거	건설문 발표하기 (해결방안이 명확이 드러나는 건설문을 쓰고 신뢰감있는 태도를 바탕으로 설득력있게 건설할수 있음)	관찰평가						
국어	문법	6.탄당한 근거	문장의 건결관계 연습하기 (글에서 문장의 건결관계를 이해하고 주장에 대한 근거의 건결을 정확히 파악할 수 있음)	지필평가						
사회	사회지식	우리경제의성장과정 과 미래	나의 발전에 대한 글쓰기 (우리나라 경제의 성장과정을 이해하고 다른 나라와의 무역과 국제기구의 역할에 대해 이해하고 있음)	지필평가						
수학	수와연산	1.분수의 나눗셈 2.소수의 나눗셈	분수와 소수의 나눗셈 해결하기 (분수 나눗셈 방법을 스스로 발견하고 이해하며 여러 가지 문제를 다양한 방법으로 해결할 수 있음)	지필평가						
수학	수와연산	1.분수의 나눗셈 2.소수의 나눗셈	분수와 소수의 나눗셈 해결하기 (소수의 나눗셈 방법을 스스로 발견하고 이해하며 여러 가지 문제를 다양한 방법으로 해결할 수 있음)	지필평가						
과학	과학지식	2.산과 염기	용액 분류하기 (여러 용액들을 산성, 염기성, 중성으로 정확히 분류할 수 있으며, 산과 염기의 차이점을 정확히 알고 있음)	지필평가						
재량	자기주도적학습	기본생활 습관교육	기본적 생활태도의 실천 (기본생활습관의 중요성을 알고 실천하는 태도를 가지고 있다)	관찰						
미술	감상	7.시각문화 환경과우리	미술 작품 감상하기 (친구들의 작품을 보고 서로 이야기 나누어 자신의 생각을 정리해서 표현할 수 있음)	관찰						
실과	운동기능적역량	4.생활 속의 전기.전자	전자 치료 꾸미기 (치료도에 따라 전자 부품을 조립하여 전자 치료 꾸밀 수 있음)	작품분석						
실과	인지적 역량	4.생활 속의 전기.전자	생활 속의 전기 전자기기 사용 이해하기 (전기.전자 용품의 발전과정을 이해하고 전기.전자 용품의 안전한 사용방법에 대해 정확히 알고 설명할 수 있음)	관찰						

생활 모습

- 국어 건설문쓰기 평가에서 주어진 조건에 맞추어 글쓰기를 어려워하는 모습임. 혼자 생각하고 쓴 평소 건설문에서는 자신의 생각을 제대로 표현할 수 있었지만 주어진 조건에 맞추어야 하는 평가에서는 어려움을 보이는 듯 함. 아직 조직적인 글쓰기와 같은 논리적 쓰기에 약한 모습이라 생각함. 좀 더 많이 읽고 많이 생각하고 많이 쓸 수 있으면 도움이 될 것이라 생각함.
- 수학 분수와 소수의 나눗셈에서 단원평가와는 다르게 실제 지필평가에서는 어려움을 보임. 평소 실수가 많은 편이고 스스로 그것을 알고 있는데 쉽게 고쳐지지 않는 듯 함. 특히 문제를 설명하는 문제에서는 어려움을 보임. 좀 더 차분하게 문제 하나하나를 생각하는 습관을 연습하는 것이 좋겠음.
- 사회 우리나라 경제부분에서 전체적인 이해도는 우수하나 구체적인 사례를 가지고 쓰는 평가의 조건에 부합되는 글을 조금 어렵게 씀.
- 과학 산과 염기는 대체적인 내용이해는 잘 되어있으나 그것을 글로 표현하고 설명하기에는 어려움을 보이고 있음.
- 전체적으로 글쓰기에 대한 연습이 더 많이 필요할 듯 함. 글쓰기를 제대로 하기위해서는 좀 더 많은 책을 읽으며 생각하는 시간을 가지면 좋을 듯 함.
- 모르는 것이 있으면 언제든 손을 들고 질문한다. 무엇을 배우건 진지하게 하고 밝고 착하다는 느낌이 강하다.
- 자신있게 친구들에게 자신을 소개하는 모습이다.
- 진단평가-분수와 소수의 연산,도형의 전영역, 평균 어려움 보임.
- 집에서 막내냐고 물어보니 막내라고 한다. 학교에서도 막내처럼 밝고 건강하고 명랑하다.
- 전담 선생님들께서 000이의 밝고 건강함을 여러 번 칭찬하심. 000이의 밝음이 친구들에게 좋은 명향을 주고 있다 생각함.

한다.

안녕하세요. 엄마?

저 ○○에요. 제가 우리나라의 경제에 대해 설명해 드릴게
요. 먼저 우리나라 경제의 특징에 대해 설명해 드릴게요. 우리
나라의 경제는 '자유'와 '경쟁'으로 이루어져있어요. 자유가 너
무 많다면 사람들이 손해 보는 일이 생길 것이고, 또 경쟁이 너
무 많으면 거리에는 싸우는 사람들만 남을 거예요. 그렇다고
자유가 너무 적다면 사람들이 자신의 적성에 맞지 않는 일들을
하게 되어 경제적 발전에 도움이 되지 않을 것이고, 경쟁이 너
무 없다면 물건을 사려고 경쟁하는 것이 줄어들어 물가가 내려
갈 거예요. 따라서, 이 자유와 경쟁을 적절히 조절하기 위해 공
정거래위원회(정부)가 필요하죠. 그 다음은 우리 경제의 성장
과정에 대해 설명해 드릴게요. 우리나라 경제는 1950년대부터
약 50년간 '한강의 기적'을 일궈냈어요. '경제개발 5개년 계획'
을 통해 경공업 → 중화학공업 → 첨단산업 순으로 발전했어
요. 그런 발전과 함께 학교, 집, 통신 기술 등도 함께 발전했지
요. 하지만 그런 발전을 일궈내는 동안 여러 경제 위기도 많았
어요. 먼저 1950년 6·25전쟁으로 인해 인구가 줄어들고 시설
이 파괴되었어요. 그리고 그 후 경제 성장을 이뤄내다가 1970
년대 오일쇼크가 일어났죠. 원유값이 급격히 올라 나라 전체의
물가가 비싸졌죠. 또 1997년에는 '외환위기'가 찾아왔어요. 우
리나라에 외화가 부족하게 되자 IMF(국제통화기금)에서 외화
를 빌려와 빚이 생긴 거예요. 하지만 그런 여러 경제위기들을

국민, 기업, 정부의 노력을 통해 극복했어요. 마지막으로 무역에 대해 설명해 드릴게요. 무역이란 나라와 나라 사이에 서로 물건을 팔거나 물건을 사는 일이예요. 물건을 파는 것을 수출, 사는 것을 수입이라고 해요. 이 무역과 비슷한 개념도 있어요. 나라와 나라 사이에서 서로 물물교환하는 것을 '교역', 나라 안에서 물건을 사고 파는 것을 '거래'라고 해요. 또 세계무역기구(WTO)와 자유무역협상(FTA)이 있어요. 우리나라는 얼마 전에 미국과 FTA를 맺었죠? FTA는 서로 FTA를 맺은 나라 간에 여러 가지 규칙, 관세 등을 없애서 자유롭게 무역을 하는 거예요. 또 세계 무역기구는 전 세계의 무역을 관리하기 위해 여러 가지 법이나 규칙을 제정하죠. 이상으로 저의 설명은 끝났어요.

— 2012학년도 6학년 OOO 학생의 글

이런 식의 표현이 평가의 방향이 되고 나니 주제가 끝난 후 치르게 되는 평가 문제에서도 객관식의 지식을 알고 있는지 테스트하는 것이 아니라 전체적인 내용을 얼마나 이해하고 그것을 자신의 표현으로 할 수 있는가가 중요한 문제가 되었고 결국 그 방향은 서술형·논술형 문제를 출제하는 것에 두게 되었다. 물론 이러한 평가에서 어려운 점은 결과에 대한 객관성일 것이다. 그래서 지금도 계속 평가에 대해서 고민하고 공부해야 하는 것도 현실이다. 하지만 예전의 중간고사나 기말고사처럼 객관식으로 5지선다형의 25문제 풀이를 출제하는 것보다는 훨씬 좋은 것이라고 믿고 있다. 그리고 이렇게 객관식 위주의 평가를 치루지 않는다해서 앞에서 한 학부모의 이야기처럼 중학교에 가서 어려움을 겪지는 않는다.

하지만 아무리 좋은 평가의 방향을 가지고 접근하더라도 그것이 실제 아이들과 학부모들께 이해되지 못한다면 어떻게 해야 할까? 그렇다면 고학년 아이들과 학부모님들이 함께 공감할 수 있는 평가통지에 대해 고민해야 한다. 그래서 나온 것이 바로 '달적이'였다(2013년도에는 달적이라는 말 대신에 '학교생활이야기'로 명칭이 바뀌었다). '달적이'는 주제가 끝나고 그 주제를 공부하며 있었던 각 개인별 교과 성적과 학교생활 모습을 담은 안내서와 같은 것이다. 하지만 무엇인가 아쉬운 평가가 아닐까 하는 생각을 하게 되었다. 왜냐하면 우리의 교육에 대해, 배움에 대해 실제 아이들은 어떻게 느끼는지 궁금했기 때문이다. 특히 고학년이기에 그런 부분이 더 필요할 것이라는 생각이 들었다.

"교육과정을 3가지로 보아야 합니다. 국가에서 제시한 계획된 교육과정, 그리고 교사에 의해 실천하는 교육과정, 마지막으로 아이들에게 실현된 교육과정으로 말이지요."

서정초등학교 이우영 교장선생님의 말씀이다. 이렇게 3가지의 교육과정이 존재하고 이 교육과정 간의 간극을 좁히는 것이 필요하다는 말씀을 들으며 나는 결국 우리 교사 관점에서의 평가도 중요하지만 아이들 각자가 느끼는 평가도 중요하다는 생각을 했다. 그래서 '달적이'라는 교사의 평가와 더불어 아이들이 스스로 자신을 평가하는 자기평가도 동시에 진행하게 되었고, 그 결과물을 아이들이 주제별로 작성한 주제공책과 더불어서 배부하게 되었다. 그것도 한 학기에 한 번 평가 결과를 보내는 것이 아니라 주제가 끝난 후에 보냈다.

교육과정을 재구성하고 이에 따라 주제 중심으로 바꾸고 있는 서정초등학교의 평가 방식에 대해 많은 분들이 관심을 보여주었다. 그중 한 분에게 서정초등학교의 평가에 대해 보낸 메일을 소개하면 다음과 같다.

평가는 교육과정을 설계하는 단계에서 방향을 잡아주는 역할을 하기 때문에 무척 중요한 부분이라 생각합니다. 먼저 교육과정을 구성하고 나중에 평가를 생각하는 것이 아니라 평가를 먼저 생각하고 교육과정을 생각해야 할 정도로요. 물론 동시에 같이 생각하면 좋겠죠?

처음 서정에 왔을 때 가장 큰 문제 중 하나가 도시형 학교가 과연 남한산초등학교와 같은 시스템으로 돌아갈 수 있느냐 하는 것이었습니다. 예를 들어서 평가를 없애고 독서에 치중한다거나 하는 등의. 물론 독서를 열심히 해도 분명 좋은 학력은 길러질 수 있다 생각합니다만 도시형 학교가 가져야 할 기본적인 외부 요인에 의해 그런 부분은 실행되기 어렵다는 판단을 했습니다. 그렇다면 어떻게 평가를 할 것인가가 남게 되겠죠?

그 생각 중 한 가지가 점수화를 절대 하지 말자!

아이들의 성장을 도와줄 수 있는 평가를 하자!

지속적인 평가를 하자!

이와 같은 이야기들을 나눌 수 있었습니다.

그 이야기 중에 나온 것이 바로 서정에서의 '달적이'입니다.

말 그대로 처음 생각은 매달 아이의 상태(지적, 정서적)를 가정으로 알려주고 그것에 대한 피드백을 받는 것이었죠. 하지만 매달 그것을 한다는 것이 얼마나 힘든 줄 알게 되는 데는 오랜 시간이 걸리지 않았습니다.

그러던 중 다행인지 몰라도 주제 중심 교육과정을 실행하게 되었고 자연스럽게 주제별로 달적이를 보내자고 결정이 되었던 것 같습니다. 그러다 보니 주제가 끝나고 지필평가도 보고 그 결과와 수행평가, 행동기록 등을 합쳐서 가정으로 보내게 되었지요. 여기에는 많은 장점과 동시에 단점도 존재했습니다. 장점은 일단 부모님들께서 우리 아이의 상태에 대해 좀 더 자세히 객관적으로 알게 되었다는 것이죠. 그러다 보니 학교의 일에 의구심을 가지시는 일이 줄어들고 그리고 점수화 하지 않는다는 불만도 잠재울 수 있었다 생각합니다. 단점은 학년별로 이것이 다르다보니(학년끼리는 통일) 어떤 학년은 한 학기에 3~4번 '달적이'가 나갈 때 1~2번 나가는 학년도 있고, '달적이' 내용이 다 다르다보니 그 내용의 해석을 가지고도 이야기가 나오고 등등. 하지만 개인적으로는 '달적이'를 통한 부모님과의 소통은 굉장히 좋은 방법이라 생각합니다.

그리고 이러한 달적이 형태가 가지는 가장 중요한 점은 단순히 부모님과의 소통이 아니라 교사 자신의 성장을 위해서도 좋았다고 생각합니다. 무슨 말인고 하니 '달적이'를 쓰기 위해 꼭 해야 할 일이 무엇이었을까요? 바로 아이들을 관찰하는 것! 바로 이것이었죠. 지금까지 우리 교육에서 과연 아이들을 얼마나 주의 깊게 관찰 했을까요? 기껏해야 학기말에 종합의견 쓰면서 아이들에 대해 글을 쓰는 수준(저 자신이 그랬다는 이야기입니다.)이다 보니 어떤 친구는 무엇을 써야할지 생각도 나지 않는 현실이. 비록 '달적이'라는 녀석이 힘들었지만 제 개인적으로 아이들을 좀 더 잘 알게 되는 중요한 것이 되었다는 것은 변하지 않을 진실입니다.

그런데 우리 학년은 특히 고학년이잖아요. 그래서 학력에 대한 고민들이 많으세요. 그 고민들을 해결하기 위해 나온 것이 바로 '자기평가'랍니다. 자기가 스스로 자신을 평가하는 자기평가와 선생님이 평가한 '달적이', 이 두 가지가 동시에 집으로 가게 되고 거기에 덧붙여 주제별로 작성한 공책과 수학 단원 평가 결과가 나온 오답노트 등도 함께 보낸답니다. 그리고 자기평가는 그 뒷장에 부모님이 저에게 하고 싶은 말을 써서 다시 답장으로 주시는 것이고요. 이렇게 한 번 평가가 나갈 때마다 부모님 입장에서는 다양한 평가 결과와 자신의 아이를 관찰하고 기록한 선생님의 정성을 느낄 수 있기에 그 만족도가 높다 생각합니다.

주제별 평가는 주제가 끝날 때 국어, 수학, 사회, 과학 4가지 과목을 평가하는데 1블록에 다 본답니다. 즉 80분간 4가지 과목 평가이고 문제는 서술형 혹은 논술형이며(수학 일부 단답형 포함) 주제별로 배웠기에 그 주제와 어울리는 문항을 출제합니다. 그리고 여러 과목을 복합적으로 배웠기에 문항 자체도 복합적인 형태로 제시하구요. 예전 학교에서 가르쳤던 제자 녀석들이 6학년이 되었을 때 살짝 서정에서 우리 아이들이 보는 문제를 보여주고 풀어보라고 했더니 돌아온 대답은 "선생님 이 문제가 국어 문제인가요? 과학 문제인가요? 뭔가요? 도대체!" 라는 대답이었답니다. 평가에 따라 가르치는 것이 달라지듯이 가르치는 것에 따라 평가도 달라지겠죠? 음, 이런 대답을 원한 것인지 모르겠지만 일단 이렇게 보냅니다. 도움이 되셨기를 바라면서.

다시 앞에서 언급했던 학부모의 이야기를 살펴보면, 주제 중심 교육과정이 아이들의 배움에서 왜 중요한지를 알 수 있다. 바로 "초등학교 때 길러진 인성교육은 정말 중요하다."는 점이다. 우리는 학교라는 공간이 인류 문명의 소산인 지식의 전달 기관이라는, 어쩌면 학교라는 공간의 의미에 대해 잘못된 이해를 가지고 있는 것인지 모른다. 하지만 실제로 학교가 담당하는 역할은 지식의 전달 기관이라기보다는 각 개인이 자신의 길을 자신의 힘으로 걸을 수 있도록 하는 힘을 키우고 준비하는 곳이 아닐까? 결국 학교에 등교하는 그 순간부터 학교교육이 시작되는 것이고 집에 돌아가는 순간과 집에서 생활하는 순간에도 교육이 이루어지고 있는 것이 아닐까? 이런 아이들에게 가장 중요한 것은 그렇다면 무엇이겠는가? 결국 그 답은 올바른 인성을 바탕으로 앞으로 펼쳐질 수많은 변수에 대응하며 스스로를 지켜나가고 키워갈 수 있도록 하는 것, 그리고 그것이 되기 위해 튼튼하고 확실한 인성적 뒷받침이 있어야 한다는 것이 어쩌면 우리가 말하는 삶과 배움이 하나가 되는 모습 중 하나가 아닐까?

주제 중심 교육과정을 운영하고 있다는 것은 단지 좋은 프로그램들의 나열이나 경험이 아니라 그 속에 담겨있는 우리 아이들의 삶과 함께 하는 것이다. 그리고 그것을 통해 얻게 되는 인성적 배움이 가장 중요하다고 생각한다.

우리는 머리를 채우는 것을 배움이라고 이야기한다. 하지만 모든 것에는 근원이 있다. 한강도 도도히 흐르고 있지만 그 근원이 저 멀리 깊은 산속 옹달샘이고, 로마의 과거 속 영화도 작은 한 마을에서 부터 시작되었듯이⋯ 모든 것에는 시작되는 시작점이 있고 그 시작점이 각각의 배움의 중요한 지점이라 생각한다. 그렇다면 머리를 채운다는 것 즉 배움이라는 것의 근원은 무엇일까? 혹시 그것은 '내 마음속'이 아닐까? 즉 내 마음속을 가득 채웠을 때 그 채워진 것이 넘쳐흘러 가는 곳이 바로 우리의 두뇌이고 우리는 이것을 진정한 배움이라 말할 수 있지 않을까? 가슴을 적시지 않고 가슴을 채우지 않는 배움이라는 것이 있을까? 다시 한 번 가슴을 채우는 마음을 담는 교육에 대해 생각해 본다.

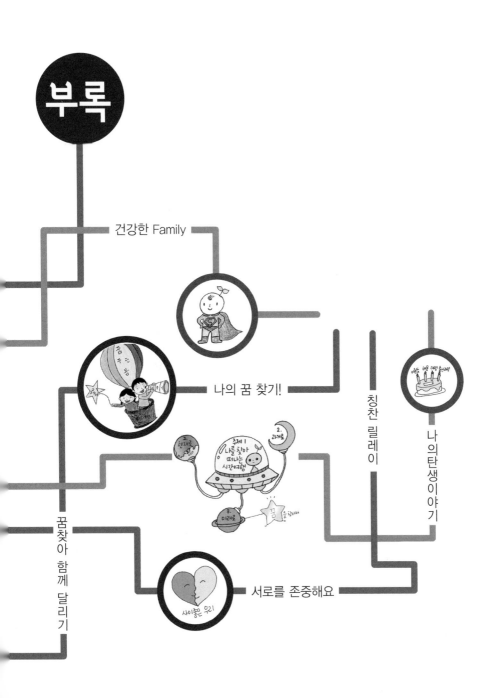

부록

건강한 Family

나의 꿈 찾기!

칭찬 릴레이

나의 탄생이야기

꿈찾아 함께 달리기

서로를 존중해요

1단계
주제 선정을 위한 교과 마인드맵

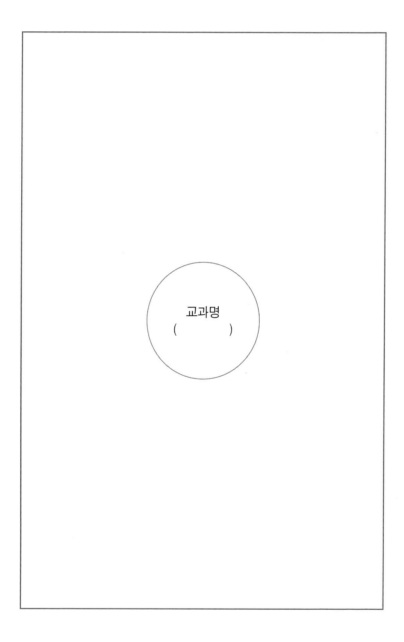

교과명
(   )

2단계 주제 선정
3단계 주제별 관련 교과 단원 추출 및
        주제별 교과 구성표 작성

주제명	과 목	단 원

4단계
주제별 상세 교과 구성안 작성

교과 주제	국어	수학	사회	과학	체육
	음악	미술	실과	영어	창체
총 시수					

교과 주제	국어	수학	사회	과학	체육
	음악	미술	실과	영어	창체
총 시수					

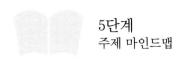

5단계
주제 마인드맵

주제명
(　　　　　)

6단계
주제 재구성 이유 작성

주제 (핵심가치)	
연결가치	
핵심역량	
재구성 이유	

7단계
주제별 통합 활동 재구성표 작성

교과	단원 및 성취기준	통합 활동	통합활동 학습목표	시수

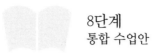

8단계
통합 수업안

통합 활동	통합 활동 목표	활동차시

통합 교육과정 활동 내용	■ 활동1 - 1. 내용 요소 2. 핵심 질문 3. 활동 내용 ■ 활동2 - 1. 내용 요소 2. 핵심 질문 3. 활동 내용 ✏ 수행평가 :

삶과 교육을 바꾸는
맘에드림 출판사 교육 도서

교사는 수업으로 성장한다

박현숙 지음 / 값 12,000원

그동안 교사는 수업에서 아이들을 만나지 못해왔다. 관계와 만남이 없는 성장의 결손을 낳았다. 그리하여 우리 아이들과 교사들은 모두 참 아프고 외로웠다. 이 책에서는 교사, 학생, 학부모, 지역사회가 공동체로서 서로 관계를 맺을 때에만 배움은 즐거운 활동으로서 모두가 성장하는 삶의 일부가 될 수 있음을 보여준다.

수업 딜레마

이규철 지음 / 값 14,000원

이 책을 관통하는 키워드는 '사람'이다. 저자의 노하우를 전수하는 것이 아니라, 수업 속에서 딜레마에 맞닥뜨려 고통받고 있는 선생님들의 고민을 담고, 신념을 담고, 그것을 이겨내기 위한 한 분 한 분의 마음을 담고 있다. 이런 고민 속에 이 책을 집어 든 나를 귀하게 여기며 다시 한 번 교사로 잘 살아보고 싶은 도전을 하게 한다.

좋은 엄마가 스마트폰을 이긴다

깨끗한미디어를위한교사운동 지음 / 값 13,500원

스마트폰에 대한 아이들의 집착은 대단하다. 스마트폰은 '재미있고 편리하다.' 그러나 스마트폰 때문에 아이들은 시간을 빼앗기고, 건강이 나빠지고, 대화가 사라지며, 공부와 휴식, 수면마저 방해를 받는다. 이 책은 이러한 사례들을 생생하게 소개하고 부모들에게 아이들의 스마트폰 사용에 어떻게 대응해야 하는지 대안을 제시한다.

엄선생의 학급운영 레시피

엄은남 지음 / 값 14,000원

34년 경력의 현직 교사가 쓴 생동감 넘치는 학급운영 지침서. 초등학교에서 아이들은 문자와 숫자를 익히는 것보다 학교와 교실에서 낯설고 모험적인 사건을 겪으면서 더 많은 것을 배운다. 이 책은 초등학교에서 교과서 지식보다 더 중요한 역할을 하는 학교생활과 학급문화를 만드는 데 담임교사의 역할을 다룬다. 교사와 아이들이 서로 존중하고 신뢰하는 관계를 어떻게 만들어야 하는지 구체적인 경험과 사례로 설명해준다.

진짜 공부
김지수 외 지음 / 값 15,000원

혁신학교가 추구하는 '진짜 공부'와 '진짜 스펙'이 무엇인지 보여주는, 졸업생들의 생동감 넘치는 경험담. 12명의 졸업생들은 학교에서 탐방, 글쓰기, 독서, 발표, 토론, 연구, 동아리, 학생회 활동을 통해 자신들이 생각하지도 못한 진짜 공부를 경험했음을 보여준다. 이 책을 통해 수능시험이 아니라 정말로 청소년 시기로 하고 싶을 즐기면서 성장하는 것이 우리 사회에 필요한 것임을 새삼 느낄 수 있다.

수업 디자인
남경운, 서동석, 이경은 지음 / 값 15,000원

서울형 혁신학교의 대표적인 수업 혁신을 담은 이야기. 아이들이 서로 협력하면서 배우는 수업을 목표로 삼은 저자들은 범교과 수업모임을 통한 공동 수업설계를 대안으로 제시한다. 아이들은 교사의 설명을 통해 배우는 것이 아니라 서로 '옥신각신'하며 함께 문제에 도전할 때 수업에 몰입하고 배우게 된다. 이 책은 이러한 수업을 위해서 교사들이 교과를 넘어 어떻게 협력하고 수업을 연구해야 하는지 잘 보여준다.

아이들이 가진 생각의 힘
데보라 마이어 지음 / 정훈 옮김 / 값 15,000원

미국 공교육 개혁의 전설적 인물 데보라 마이어가 전하는 교육 개혁에 대한 경이롭고도 신선한 제언. 이 책은 학교 혁신의 생생한 기록을 통해 우리가 학교에서 무엇을 왜 가르치고 배워야 하는지에 대한 근원적인 성찰을 담고 있다. 아이들이 지성적으로 생각하는 마음의 습관을 배우는 것이 얼마나 중요하고 그것을 위해 학교가 무엇을 해야 하는지를 일깨워준다.

어! 교육과정? 아하! 교육과정 재구성!
박현숙 · 이경숙 지음 / 값 16,500원

교육과정 재구성을 고민하는 교사를 위한 현장 지침서. 이 책은 저자들이 학교 현장에서 교육과정 재구성이라는 화두를 고민하고, 실행한 사례들이 담겨져 있다. 책의 내용은 주제 통합 수업, 교과 통합 수업, 범교과 주제 학습, 교과 체험 학습, 프로젝트 수업 등 학교 현장에서 적용해 큰 성과를 본 것들을 세밀하게 소개하면서 교육과정 재구성 작업의 노하우를 펼쳐 보인다.

행복한 나는 혁신학교 학부모입니다

서울형혁신학교학부모네트워크 지음 / 값 16,000원

이 책은 학부모가 자신의 눈높이에서 일러주는 아이들의 혁신학교 적응기일 뿐 아니라, 학부모 역시 학교를 통해 자신의 삶을 고양시켜가는 부모 성장기라는 점에서 대한민국의 모든 학부모에게 건네는 희망 보고서이기도 하다. 혁신학교가 궁금한 학부모들이 이 책을 통해 혁신학교 학부모로서의 체험을 미리 하는 데 부족함이 없을 것이다.

일반고 리모델링 혁신고가 정답이다

김인호, 오안근 지음 / 값 15,000원

교육 환경이 열악한 지역에 있던, 서울의 한 일반계 고등학교가 혁신학교로서 4년간 도전과 변화를 겪으면서 쌓은 진로, 진학의 비결을 우리 사회 모든 학생, 학부모, 교사, 시민 등에게 낱낱이 소개해주는 책. 이 책은 무엇보다 '혁신학교는 대학 입시에 도움이 안 된다.'는 세간의 편견을 말끔히 떨어 없앤다. 이 책에서 저자들은 '결과' 중심 교육과정을 '과정' 중심으로 바꾸고, 교내 대회와 동아리 활동, 봉사 활동을 장려함으로써 대학 진학이란 놀라운 결과가 어떻게 이루어질 수 있었는지 보여주고 있다.

우리가 신뢰하는 학교, 어떻게 만들 것인가?

데보라 마이어 지음 / 서용선 옮김 / 값 15,000원

이 책의 저자인 데보라 마이어는 보수와 진보를 막론하고 미국 공교육 개혁 분야에서 가장 신뢰받는 실천가이자 이론가로 평가받는다. 학교 안에서 '신뢰의 붕괴'를 오늘날 공교육이 직면한 가장 큰 도전으로 인식한다. 이 책의 원제 'In Schools We Trust'에서 나타나듯, 저자는 신뢰할 수 있는 공교육의 조건이 무엇인지 자신의 경험 속에서 제안하고, 탐색하고, 성찰한다.

교사, 어떻게 살아야 하는가

김성천 외 지음 / 값 15,000원

오랫동안 교육 현장에서 교육과 연구를 병행해온 저자 5인이 쓴 '신규 교사를 위한 이 시대의 교사론'. 이 책은 학교 구성원과의 관계 맺기부터 학교 현장에서 맞닥뜨리게 되는 여러 가지 문제들과 극복 방법, 교육 개혁에 어떻게 주체로 설 수 있는지, 어떤 과정을 통해 개인의 성장을 도모해야 하는지 등 신규 교사의 궁금점에 대해 두루 답하고 있다.

리셋, 교육과정 재구성

서울신은초등학교 교육과정 연구회 모임 지음 / 값 16,000원

서울형 혁신학교인 서울신은초등학교 교사들이 1학년부터
6학년까지 모든 학년의 교육과정을 재구성하고 실천한 경험을
모두 담았다. 이 책에 소개된 혁신학교 4년의 경험은 진정한
학습이란 몸과 마음을 통해 경험함으로써, 생각이나 감정을 다른
사람과 주고받음으로써, 과거 경험을 새로운 지식으로 다시
생각함으로써 실현된다는 점을 잘 보여주고 있다.

다섯 빛깔 교육이야기

이상님 지음 / 값 16,000원

충북 혁신학교(행복씨앗학교)인 청주 동화초등학교의 동화 작가
출신 선생님이 아이들과 함께 보낸 한해살이 이야기다. 이오덕
선생의 "아이들의 삶을 가꾸는 교육"을 고민하던 저자가 동화초
아이들을 만나면서 초등학생의 특성에 맞도록 활동 중심의
교육과정을 재구성하는 한편, 표현 위주의 교육을 위한 생활
글쓰기 교육을 실천하면서, 학교 교육을 아이들의 놀이와 생활,
삶과 연결시키고자 노력한 교단 일지를 바탕으로 구성되었다.

만들자, 학교협동조합

박주희 · 주수원 지음 / 값 14,500원

이 책은 학교협동조합이 무엇인지, 어떤 유형의 학교협동조합이
가능한지, 전국적으로 현재 학교협동조합의 추진 상황은 어떠한지
국내외 사례를 통해 소개하고 안내하는 한편, 학교협동조합을
운영하는 원리와 구체적인 교육방법을 상세하게 풀어놓고 있다.
저자들의 실천적 지침들을 따라가다 보면 학교협동조합은 더 이상
상상이 아니라 학교 구성원의 필요와 의지, 실천으로 극복할 수
있는 실현 가능한 미래라는 점을 알게 된다.

땀샘 최진수의 초등 수업 백과

최진수 지음 / 값 21,000원

초등학교에서 20여 년간 아이들을 가르쳐온 저자가 초등학교
수업에 대해서 기록하고 연구하고 실천하며 쌓아온 경험을
바탕으로 초등학생들과 수업을 함께하는 방법을 담고 있다.
아이들의 학습 동기, 아이들이 수업에 참여하는 방법, 칠판과
공책을 사용하는 방법, 모둠 활동, 교과별 수업, 조사와 발표
등 초등학교 교사가 아이들을 가르칠 때 알아야 할 가장
기본적이면서도 가장 중요한 모든 것을 다루고 있다.

혁신 교육 내비게이터 곽노현입니다

곽노현 편저 · 해제 / 값 17,000원

서울시 18대 교육감이자 첫 번째 진보 교육감으로서 혁신 교육을 펼쳤던 곽노현은, 우리 사회 전반을 아우르는 주요 교육 현안들을 이 책에서 포괄적으로 다루고 있다. 2014년 3월부터 1년간 방송된 교육 전문 팟캐스트 '나비 프로젝트' 인터뷰에 출연한 전문가들과 나눈 대화와 그에 대한 성찰적 후기를 담고 있다. 이 책은 그야말로 우리가 '지금 알아야 할 최소한의 교육 이야기'를 포괄하고 있다.

무엇이 학교 혁신을 지속가능하게 하는가

권성호, 김현철, 유병규, 정진헌, 정훈 지음 / 값 14,500원

독일 '괴팅겐 통합학교', 미국 '센트럴파크이스트 중등학교', 한국 혁신학교의 사례들을 통해 성공적인 학교 혁신의 공통점을 찾아내고 그것을 지속가능하도록 만들기 위해서 필요한 것은 무엇인지를 보여준다. 독자들은 이 책에서 괴팅겐 통합학교의 볼프강 교장이 말한 것처럼 "좋은 학교"를 만들기 위한 학교 혁신에 세계적으로 보편적이라고 할 만한 공통점을 찾을 수 있다.

교과를 꽃 피게하는 독서 수업

시흥 혁신교육지구 중등 독서교육 연구회 지음 / 값 16,500원

이 책은 지난 5년 동안 진행된 혁신교육지구 사업의 일환으로 학교에서 고군분투하며 독서교육을 이끌어왔던 독서지도사들이 실천 경험을 엮어낸 것으로 청소년기 학생들에게 장래 진로, 사랑, 우정, 삶의 지혜를 찾는 데 도움을 주는 독서교육을 잘 보여주고 있다. 특히 이 책에 소개된 국어, 수학, 과학, 사회, 도덕, 미술, 역사 등 다양한 교과와 연계한 협력수업은 독서교육의 새로운 전망을 보여주는 결실이다.

혁신학교의 거의 모든 것

김성천, 서용선, 홍섭근 지음 / 값 15,000원

저자들은 이 책에서 혁신학교에 대한 100가지 질문에 답하면서 혁신학교의 역사, 배경, 현황, 평가와 전망을 구체적인 증거를 통해 설명하고 있다. 이 책에 서술된 혁신학교에 관한 100문 100답을 통하여 우리 사회에 필요한 교육은 무엇인지, 교사와 학생들이 더 즐겁게 가르치고 배우면서 성장할 수 있는 교육을 위해 필요한 것이 무엇인지, 그것을 위해서 우리 사회 시민 각자가 자신의 위치에서 무엇을 하면 좋은가를 더 깊이 생각해볼 기회를 얻을 것이다.

교실 속 비주얼씽킹

김해동 / 값 14,500원

이 책은 비주얼씽킹 기본기부터 시작하여 교과별 수업, 생활교육, 학급운영 등에 비주얼씽킹을 응용하는 방법을 설명하고 있다. 특히 교사들이 초등학교 1학년부터 고등학교 3학년까지 국어, 수학, 영어, 과학, 사회 등 모든 교과 수업에 비주얼씽킹을 활용할 수 있도록 수업 지도안을 상세하면서도 간결하게 제시하고 있다. 또한 독자들이 책 내용에 대해 더욱 풍부한 이미지와 자료를 접할 수 있도록 저자의 블로그로 연결되는 QR코드를 닮고 있다.

교육과정–수업–평가 어떻게 혁신할 것인가

이형빈 지음 / 값 15,500원

이 책은 교육과정 사회학자 번스타인(Basil Bernstein)이 제시한 '재맥락화(recontextualized)'의 관점에 따라 저자가 장기간에 걸쳐 일반 학교 한 곳과 혁신학교 두 곳의 수업을 현장에서 면밀하게 관찰하고 심층 인터뷰와 설문조사를 통한 연구를 바탕으로 무기력과 불평등을 재생산하는 교실을 민주적이고 평등한 구조로 바꾸기 위해 교육과정-수업-평가를 어떻게 혁신해야 하는지 제안하는 내용을 담고 있다.

혁신학교 효과

한희정 지음 / 값 15,000원

이 책에서 혁신학교 효과를 살펴보기 위해서 저자는 혁신학교가 OECD DeSeCo 프로젝트에 제시된 '핵심 역량'을 가르치고 있는지, 학생·학부모·교사가 서로 배우는 교육 공동체를 이루고 있는지, 학생의 발달을 위한 다양한 교육과정을 운영하고 있는지, 교사의 자율성과 전문성을 강화하고 있는지, 자치적이고 민주적인 학교문화를 가지고 있는지, 지역사회와 협력하고 있는지를 다른 일반 학교와 비교하여 설명한다.

교실 속 생태 환경 이야기

김광철 지음 / 값 15,000원

아이들이 자연과 친해지고 즐길 수 있도록 교육하는 것은 쉬운 일이 아니다. 특히 도시 지역에서는 더욱 어렵다. 그래서 이 책은 도시 지역 학교에서도 쉽게 실천에 옮길 수 있는 다양한 생태·환경교육을 폭넓게 다루고 있다. 이 책에서 저자는 계절에 따라 할 수 있는 20가지 환경교육 프로그램을 제시하고, 그 방법, 순서, 재료 등을 상세히 설명해준다

이제는 깊이 읽기

양효준 지음 / 값 15,000원

교과서에는 수많은 예화와 발췌문이 들어가 있다. 이런 자료들은 교육부가 교육과정에서 요구하는 기준에 맞춰 어떤 이야기, 소설, 수필, 논픽션 등에서 일부만 가져온 토막글이다. 아이들은 교과서에 수록된 작품이나 이야기 전체를 읽지 못한 상태에서 단편적인 지문만 읽고 이해를 해야 하기 때문에 책을 읽으면서 생각하고 공감할 수 있는 기회와 흥미를 찾을 수 없게 된다. 이 책은 이러한 문제를 개선하기 위해서 한 권이라도 책 전체를 꾸준히 읽어가는 방법인 '깊이 읽기'를 대안으로 소개하고 있다.

인성의 기초가 되는 초등 인문학 수업

정철희 지음 / 값 15,500원

이 책은 아이들의 올바른 인성 교육을 위한 새로운 방법으로서 인문학 수업을 제시하고 그것을 저자가 학교에 적용한 실천 사례를 통해 설명하는 내용을 담고 있다. 이 책에서 설명되고 있는 인문학 수업은 교사가 신화, 문학, 영화, 그림, 역사적 인물의 일대기 등에서 이야기를 찾아 아이들에게 제시하고, 아이들이 그 이야기에 나오는 여러 문제와 인물 등에 대해 자신의 감정을 스스로 공책에 기록하고 일상의 경험과 비교하고 토의와 토론을 통해 자신의 생각을 발전시키는 수업이다.

독자 여러분의 소중한 원고를 기다립니다

맘에드림 출판사는 독자 여러분의 소중한 원고를 기다리고 있습니다. 원고가 있으신 분은 nurio1@naver.com으로 원고의 간단한 소개와 연락처를 보내주시면 빠른 시간에 검토하여 연락을 드리겠습니다.